古人生存手冊

艾公子——著

自序

讀書讀到了一條史料，差點傻眼。

北宋末年，朝廷曾以巨額財富向金兵「買和平」，國庫一下子就空了。於是，宋欽宗下了一道聖旨，凡此前得到宋徽宗賞賜金帶之人，務必如數上繳朝廷，不許隱瞞。而很快就有官員上奏，說李師師的金帶必須追繳回來。

李師師作為前任皇帝宋徽宗的「紅粉」，得到過不少賞賜。然而，當王朝面臨末路的時候，朝廷並不打算放過她——儘管她只是一個邊緣人，但也必須為國家的末路負責。

北宋覆滅後，李師師流落南方，年老色衰的她，有時會被同樣南渡的官員請去家裡唱歌。其實，他們也不是真的想聽她唱歌，只是想從她的落魄中照見自己的影子而已。

就這樣，一代名妓成為了時代變局的一面鏡子，有人看見了胡鬧，有人看見了悲劇，有人看見了家國，有人看見了自己⋯⋯。

好奇是人類的天性。我們喜歡讀歷史，本質是源於「未知」，可能是這一整段歷史我都不熟悉，也可能是某一些細節我並不瞭解。但一個理想的歷史講述者，不會只滿足於透過自己的講述去滿足讀者的好奇心，而是希望從更高的維度上去激發讀者的共情。

就像在李師師的個案裡，我們就看到了三種共情：首先，她必須被動地與朝廷的困境共情；其次，南渡官員主動與她的困境共情；最後，我們作為歷史的閱讀者，對李師師的遭遇產生了共情。

如今流行說的「破防」，實質上就是共情的另一種表述方式。

現在擺在您面前的這本書，集中講述古代名人的生活日常，正是基於好奇與共情的雙重考慮。書中講到了古代的皇帝、皇儲、名醫、作家、學霸、貴族、詩人等不同身分和職業的人生，也講到了古代的替身、名妓、海盜、贅婿、窮人等邊緣群體，還講到了古代的旅遊、休假、留學、看病、飲食、貿易、相親、選秀、

文軒筱閣小俄延
啓牖新秋候已
逢兩旬風光異乐
許初冬景色又
依然迎霜鈴樹株
叢密向晚黄華
淡澹鮮毎自矜乾
知道妙無作
不遅

初冬圓照圖作

炒作、創富等具有「當代性」的話題。

如果這些題材，足夠引起您的好奇，那麼，希望您讀完掩卷時，能夠對書中人和書中事產生一些共情。他們的驕傲與失落、無奈與掙扎、精明與失算、堅持與放棄，何嘗不是我們正在經歷或看見的？

讀一段歷史，如經歷一種人生。讀一百段歷史，如經歷一百種人生。一個人的生命有限，而讀史可以無限延長生命的長度，拓寬生命的寬度。

是為序。

目錄

自序

第一記・浮生記才

一、名醫的職業規劃——人生不需要一條路走到黑 014
二、讀書人的成名捷徑——古代頂級脫口秀選拔賽 027
三、古代留學記——外國的菁英人才，為何拼了命要來大唐？ 036
四、文人的自我炒作——在沒有網路的古代，如何將作品傳播出去？ 047
五、古人的修仙往事——道友們是如何修仙的？ 054
六、古代學霸的日常比拚——和一群狀元在一起考試是什麼體驗？ 065

第二記・浮生記情

一、美人禍國往事——被牽連和辜負的，是誰的世界？ 082
二、文人的情書——我有一首詩想讀給你聽 092
三、古代第一情聖——慧極必傷，情深不壽 105

第三記・浮生記奇

一、西醫往事——康熙為它按讚，孫中山靠它創業 118
二、贅婿的逆襲——靠老婆不丟臉 128
三、武狀元簡史——歷史上的「武林盟主」 138
四、明清海盜簡史——古代的大海賊王 148
五、史官的變遷——從地位崇高到毫無節操 159
六、古代替身簡史——歷史上的「影」 168

第四記・浮生記趣

一、古人的相親——無論在哪朝哪代，都躲不過相親「鄙視鏈」 178
二、「皇上，駕崩了！」——為什麼皇帝多短命？ 186
三、大宋美食指南——有錢和有權的人都吃什麼？ 192
四、君臣的密折來往——他們不只是在搞笑？ 202
五、古人的休假指南——古人比現代人更會享受假期 212

第五記・浮生記權

一、廢帝的保命日常——權力的遊戲 220
二、儲位爭奪戰——無情最是帝王家 232
三、古代公務員職場「摸魚」記——要有識明主的慧眼 244
四、皇帝的工作日常——窺探那些認眞工作的皇帝都在想什麼？ 251
五、皇帝的殺伐日常——總是在糾結，要不要殺個人 258
六、皇帝的旅遊日常——是玩樂，也是工作 268
七、皇帝的整人日常——天子也喜歡「惡作劇」 276

第六記・浮生記富

一、古代富豪發家祕笈——發財是有技巧的 292
二、古人請客的套路——「豪門盛宴」往事 303
三、皇帝的致富經——一國之主的賺錢之道 316
四、明清巨富家族往事——財富來得快，去得也快 334
五、富貴王公的日常——藝術與「有閒階級」 342

第一記：浮生記才

一、名醫的職業規劃——人生不需要一條路走到黑

湖北蘄州荊王府內，大明王朝的富順王朱厚焜有一樁心事。他的一個孫子染上了怪病：愛吃燈花（燈芯餘燼結成的花形）和生米。每當油燈或是蠟燭點起，這個孫子一聞到燈花的氣味，就大鬧著要吃，倘若不給就會哭個沒完沒了。而且，這個孫子不愛吃熟米飯，卻喜歡吃沒煮過的生米。

王府的醫生弄不清是什麼病症，只道是「王孫中邪了」。

王孫越發面黃肌瘦，一家人急得不行。後來旁人告訴富順王，同郡有一位年紀輕輕的鄉村「神醫」能起死回生，妙手回春。朱厚焜一聽，那還等什麼啊，連忙叫人請「神醫」進府診治。

來人名叫李時珍。

01

李時珍一番望聞問切，詳細詢問病情後，診斷王孫患了「蟲癖」。他開了一劑殺蟲治癖的藥，研製成小孩子喜歡吃的蜜丸，王孫吞服以後，愛吃燈花和生米的怪病一下子就痊癒了。

從此以後，李時珍經常出入荊王府，王府上上下下、男女老少得了什麼病，大都去請李時珍診治。荊王府家族成員的好幾例怪病，都被李時珍的妙方治癒了。這些醫案，後來被李時珍寫入了《本草綱目》。

李時珍的家鄉湖北蘄州，早在南北朝時就已設州了，從南宋開始，直到清末，都是政治軍事重鎮，如今更是出了名的「博士街」。這裡前扼長江水，後倚大別山，是「山環水抱」之地，英傑代興，所轄的蘄春縣內還廣為流傳著一句話：「水漫紅石頭，狀元滿街游」。

李時珍的祖父是位走鄉串戶的「鈴醫」，父親李言聞曾擔任過太醫院的吏目，也是當地有名的醫生，從一開始，李言聞就希望他的小兒子好好讀書，光宗耀祖。

用今天的眼光來看，李時珍出生在一個中醫世家，似乎從醫是一件順理成章的事情。然而，在封建社會中，中醫的地位並不高。民間有「三教九流」的說法，用於概括各種行業的身分地位及高低貴賤，中醫屬於「中九流」之列，排在秀才之後，畫師之前，「一流秀才二流醫，三流丹青四流皮，五流彈唱六流金，七僧八道九棋琴」。

李時珍五歲時，被父親送去上私塾，就等一朝科舉考試進入仕途，出人頭地，實現家族的階層躍升。

李時珍也不負眾望，打小便聰穎過人。十四歲那年，也就是嘉靖十年（一五三一年），李時珍參加了在黃州舉行的童試，在兩門考試「四書義」和「試帖詩」中都取得了不俗的成績，順利考中了秀才。

李言聞大喜，對李時珍的光宗耀祖之路充滿了信心。

但這位父親沒有高興多久，憂愁就接踵而至。因為李時珍此後「三試於鄉不售」，他在一五三四年、一五三七年、一五四〇年這三次的鄉試中都落榜了。

李時珍在第二次科考那年病了，差點死去。

他在《本草綱目・草部》中寫道：「予年二十時，因感冒咳嗽既久，且犯戒，遂病骨蒸發熱，膚如火燎，每日吐痰碗許，暑月煩渴，寢食幾廢，六脈浮洪。遍服柴胡、麥門冬、荊瀝諸藥，月餘益劇，皆以為必死矣。」

骨蒸病就是結核病，屬於由結核桿菌引起的慢性傳染病，以肺結核最為常見。

李時珍還曾自述從小苦於「羸疾」，身體消瘦，虛弱不強。年輕的時候，「歲歲病目」，眼睛每年都會出問題，視物不清，用了許多藥都沒有治好。

後人猜測，李時珍三試不第，可能與其體弱多病有關，更可能與當時不夠公正的人才選拔體制有關。

自宋代以來，儒士口耳相傳著一條箴言：不為良相，則為良醫。

相傳，范仲淹在年輕尚未得志時，曾去靈祠求籤禱告，詢問日後能否成為宰相。在得到否定的籤後，他便說，倘若不能實現的話，就去當一位良醫吧。

良相固然可恩澤天下，但如果不成，那麼能實現救人利物心願的就莫過於良醫了。作為良醫，上可療君親之族，下可救貧民之厄，中可以保身長全。

李時珍已無心再考，決心學醫，為民眾解疾苦。他立下誓言：「身似逆流船，心如磐石堅。望父全兒志，至死不畏難。」

李言聞理解並同意了兒子的請求，把幾十年來的醫學經驗傾囊相授。

02

李時珍多年的寒窗苦讀，並非徒勞。他的儒學功底，為他日後從事醫學藥學研究、行醫治病，打下了堅實的基礎。儒家規範了醫學的行為，醫家也實踐了儒家的理念。

李時珍治好了富順王孫子的怪病之後，就一直與王府保持著密切的關係。後來，富順王的嫡子病了，又請了李時珍來診治。

在診療過程中，他知道富順王因為溺愛庶子，所以有廢除世子另立儲王的打算，這位世子因而憂鬱成疾。所謂「心病還須心藥醫」，李時珍開了一張名為「附子和氣湯」的藥方。

附子是一味中草藥，與「父子」諧音，在熟知儒家文化的李時珍看來，歷史上很多戰亂都是起於廢立王位。

富順王是個聰明人，他看過藥方後，琢磨了一下李時珍的話，明白了話中之意，決定放棄原來的想法，世子的病也很快就好了。

富順王去世後，他的嫡子順利繼承了王位。

這件逸事，被顧景星寫進了《李時珍傳》。但實際上，這個故事是顧景星小時候在茶肆間聽說的，並不大可靠，而且富順王朱厚焜素來享有「賢王」的美譽，他的元妃沒有生兒子，他去世後，繼位的是他的庶子朱載坱。

不管怎樣，得益於荊王府的大力宣揚，李時珍的大名傳到了封藩在武昌的楚王朱英㷧耳中。有一日，楚王的世子突然昏厥，不省人事，三十三歲的李時珍奉召前往搶救，手到病除。王妃對他感激不盡，親自拿著金銀錦帛來答謝，他卻絲毫不取，於是楚王聘他為「奉祠正」（正八品，主管祭祀），兼管王府「良醫所」事務，也就是負責主管王府的醫療保健工作。

不久，朝廷下了一道詔書，要在全國選拔一批有經驗的醫生，填補太醫院的缺額，楚王便舉薦了李時珍。

嘉靖三十八年（一五五九年），四十二歲的李時珍從武昌來到了北京。太醫院地處大明門東側，欽天監之南，也就是今天東郊民巷西口路北附近。李時珍任職不久，就由滿心歡喜轉為垂頭喪氣。

當朝皇帝明世宗朱厚熜，迷信仙道，好長生不老之術。上有所好，下必逢迎，其周圍聚集了一批「有神通」的方士，煉丹修仙，推選長生之術。就連太醫院中的醫官們都為了迎合皇帝的需要，也翻遍歷代本草古書，企圖從中搜索長生不老之藥，又向全國收集各種祕不外傳的「仙方」。這些所謂的丹藥往往都含有砒霜、水銀、鉛錫、雄黃、朱砂等。

李時珍查閱了大量文獻資料後，對服食仙丹成仙的謬論進行堅決的批駁。他高聲疾呼，丹藥能長壽的說法，絕不可信。他還列舉了古代諸多服食丹藥後斃命的例子，誠懇地向皇帝進言。

自然，逆耳的忠言沒有討來什麼好臉色。

李時珍轉移了他的精力，他的神識暢遊在太醫院浩瀚紛繁的醫書海洋中，並終日遊走在御藥庫、壽藥房及京城著名的藥店，如位於菜市口的鶴年堂等。據傳他還到過西山一帶採集草藥，進行本草研究。

任職不到一年，李時珍就向上級提交了辭呈，放棄了別人豔羨的太醫院職位，打點行裝，從北京回到了故鄉蘄州。

03

嘉靖四十年（一五六一年），回到家鄉的李時珍，把家搬到了雨湖北岸的紅花園。在一片紅花綠葉掩映的石榴花地中，他修建了新居「薖所館」。

《詩經》中有言，「考槃在阿，碩人之薖」，意思是遠離世俗隱居到山崗之上，偉岸的形象啊，心神疏朗。

就在這裡，李時珍給自己取號「瀕湖山人」，開始了餘生的著述生涯。

在刊印出版《瀕湖脈學》和《奇經八脈考》後，《本草綱目》的編撰工作也正式啟動了。由於準備充分，開頭進行得很順利，但是寫著寫著，問題出現了。最使李時珍頭痛的是，以前各醫家有許多互相矛盾的說法。比如一種名為遠志的藥物，南北朝著名醫藥學家陶弘景說它是小草，像麻黃，但顏色青，開白花；而宋代馬志卻認為它像大青，並責備陶弘景根本不認識遠志。

藥名混雜，使人難以弄清藥物的形狀和生長的情況。過去的本草書，雖然作了反覆的解釋，但是由於有些作者沒有深入調查研究，而是在書本上抄來抄去，所以越解釋越糊塗，導致矛盾百出，莫衷一是。

在父親的啟示下，李時珍認識到，「讀萬卷書」固然重要，但「行萬里路」更不可少。於是，他既「搜羅百氏」，又「採訪四方」，深入實際，進行調查。

從一五六五年開始，李時珍在兒子李建元和弟子龐憲的伴隨下，到廣闊的大自然中去，到各地收集藥物標本和處方，向捕蛇者、漁人、樵夫、農民、車夫等各種各樣的人請教。為了重新獲得草藥的真實藥性並更加準確地描述它們的療效，他甚至在行醫與採藥過程中還對許多草藥進行了親身體驗，再現了「神農嘗百草」。

曼陀羅花，一種重要的麻醉藥，是李時珍第一次將這種朝開夜合的花收入了醫書中。他在解釋這個名稱時說：「法華經言，佛說法時，天雨曼陀羅花。」

聽說這種花人吃了之後，會手舞足蹈，嚴重的還會麻醉。為了驗證其功效，他特地上武當山採摘了當地的曼陀羅花，並釀了曼陀羅花酒，邀請徒弟一同暢飲。

他在《本草綱目》中是這樣描述他品嘗後的感受及功效的，「予嘗試之，飲酒半酣，更令一人或笑或舞引之，乃驗也」，「割瘡灸火，宜先服此，則不覺苦也」。

儒家主張聖人無常師，不恥下問，《本草綱目》中有相當一部分就是李時珍從勞動人民處收集得來的。有一天，他採藥回客棧的路上，瞧見幾個車夫圍著一口大鍋煮著一種他不曾見過的野草。他感到很好奇，便耐心地向車夫請教，車夫就告訴他，鍋裡的草叫鼓子花，又名旋花，有舒筋活血的功效，對長年累月幹苦差事的他們來說，再合適不過了。

李時珍一五一十地記錄了車夫的話，後經過親自試驗，肯定了鼓子花的功效。

李時珍還曾隨捕蛇者一同上龍峰山，觀看捕蛇的過程。這種蛇叫「蘄蛇」，也就是蘄州所產的一種地道藥材——白花蛇，俗稱五步蛇。蘄蛇主治中風濕痹、麻木不仁、筋脈拘急、大風疥癬等症，從唐代開始就是貢物，到了明朝時，官府豪紳常向百姓攤派此蛇，其情形正如唐代柳宗元在《捕蛇者說》中所說一樣。

李時珍在《本草綱目》中對蘄蛇的形狀和捕捉方法都作了細緻入微的真實介紹，正是實踐出真知的結果。

之前李時珍反對服食丹藥時，方士們站出來反駁：「古書上記載，水銀無毒，服食可以成仙，是一種長生藥。」李時珍告訴他們，前人遺留下來的經驗和知識可以參考，但是一定要經過分析，不能盡信書上所言。

他雖然堅決反對服食仙丹，卻主張以科學的態度來應用煉丹的方法。他認為水銀內服有毒，但是可以研製外用，用於醫治瘡疥等病。此外，他還利用煉金術燒制外用藥物，並把研究的資料記載在《本草綱目》中。

依據藥物臨床使用的療效，李時珍改進了許多藥物的炮製工藝。比如巴戟天的製作，按照古法，應當先用枸杞水泡一宿，撈出來用酒浸半天，再撈出來和菊花一同熬制，最後去掉菊花，擦乾方可用於治療。

然而有一次，他碰上了急症，一時間找不到巴戟天的成藥，急症也等不得他慢條斯理地去炮製了，所以他只用溫水急忙把它泡軟，去掉內芯就給病人服用了，最後療效也沒有什麼差別。可

見，古法也並非要守成不變。

《本草綱目》就是在這樣的態度下完成的，三易其稿，一寫就是二十七年。

成稿那年，李時珍六十一歲。

04

《本草綱目》是十六世紀以前中國本草學集大成之作，書中所收集的資料廣博，「上至墳典，下至傳奇，凡有相關，靡不收集」。實際上，這本書是李時珍一家三代辛勤勞動的成果。兒子李建元為此書精心繪製了一千多幅精美的插圖，四個兒子負責校正書稿，四個孫子幫忙抄寫，其中還有他的弟子龐憲的功勞。

可是，這部一百九十二萬字，共五十二卷的巨著，卻遭到了官府和書商的冷眼。

一般來說，刻印這樣的大型書籍，只有朝廷和官府有這個實力。就算在當時最大的印刻中心南京，一般的書商也是看都不看的，書商們最感興趣的是小說、戲曲、叢書類書籍。在他們眼中，印刷《本草綱目》既不是奉旨刊印，又不是巨賈行善捐資，實在太不值得了，沒賺頭。

當時的李時珍遠非今天這樣名聞天下，不過是所謂的荊楚名醫罷了。他在南京滯留了一年，都沒能找到願意出版的出版商。

萬般無奈之下，他想到，倘若他的《本草綱目》能得到當時的文壇盟主王世貞的贊許和題序，應該能借助其名聲而給該書的出版帶來一絲生機吧。

於是，李時珍乘船到離南京不太遠的太倉，拜謁了有過一面之緣的王世貞，向他表示「願乞一言，以托不朽」。

只是，這一次的拜訪並不是那麼順利。據說當時李時珍和王世貞關於道家尋仙煉丹的意見不一，王世貞的心情不是很好，就沒有為《本草綱目》寫序，反而寫了兩首絕句戲贈李時珍，其中一首說：「華陽真逸臨欲仙，誤注本草遲十年。何如但附賢郎舄，羊角横搏上九天。」

不管怎樣，王世貞終究是給予了口頭承諾，只是這個遲來的序，要到十年後的萬曆十八年（一五九〇年）春上元日才出現。

這一年，七十三歲的李時珍再次拜會了王世貞。「生平剛正不阿，從不對人妄贊一詞」的王世貞，以其深厚的文化底蘊寫下了一篇讚譽有加的序文。序中，他以飽滿的熱情、絕世的文采，深刻闡釋了《本草綱目》的豐富內涵，並且不忘向書商大力推薦這本巨著。他說：「藏之深山石室無當，盍鍥之，以共天下後世味《太玄》如子云者？」

有了王世貞的金口加持，金陵書商胡承龍拍板決定出版這部書。

萬曆二十一年（一五九三年），《本草綱目》的雕刻終於完成。同年，李時珍去世，他逝世後的第三年，《本草綱目》在南京正式刊行，世稱「金陵版」。

當年十一月，李時珍的兒子李建元帶著這部巨著和李時珍的遺表覲見了萬曆皇帝，萬曆親批了「書留覽，禮部知道，欽此」的聖旨。至此，《本草綱目》的流傳已成水到渠成之勢。

05

大約在李時珍生活時代的九百年前，唐朝也有一位良醫。

根據《舊唐書》記載，他的年齡可能達到了一百四十多歲。關於他的年齡，還存在爭議，最保守的估計，也是清朝紀曉嵐在編纂《四庫全書》時計算的一百零一歲，更主流的看法則認為是一百二十五歲或一百四十二歲。總之，他是中國正史記載中活得最久的人之一。

這位神醫就是孫思邈。

孫思邈少年時體弱多病，曾患寒疾，醫藥費幾乎耗盡家產，於是他立志學醫。二十二歲時，他開始為親朋好友行醫治病，因療效好而享有很高的威信，聲望日著。

他是第一個痲風病治療專家，曾治療六百餘名痲風病人，並親自撫養、照顧治癒了六十多人。

「初唐四傑」之一的盧照鄰染痲風病多年，一直都醫治不好，在病情的折磨下，非常消極悲觀。那年，盧照鄰因事進京，臥病於長安光德坊官舍，遇到了當時也在長安的孫思邈，在孫思邈的治療下，他的病情漸漸有了起色。

恰逢此時，唐高宗要去避暑，召孫思邈同行。這樣一來，盧照鄰的治療就無法繼續了，只能回四川去。不久後，孫思邈也還鄉了，兩人再也沒有機會見面，只是書信往來。

幾年後，盧照鄰因病辭官，慕名到孫思邈曾提及的太白山養病，卻聽信道士的蠱惑，服用「仙丹」，導致病情雪上加霜。孫思邈逝世後，他精神上備受打擊，加之病情惡化、全身潰爛，只得絕望自殺了。

以孫思邈的醫者仁心，倘若知道後來發生的這些事，心裡一定非常難受。畢竟他終身都秉持著「人命至重，有貴千金，一方濟之，德逾於此」的信念。

孫思邈在京城長安居住了十多年，除診療工作之外，還從事醫學研究和著述。他竭盡畢生精力，花費數十年推出了醫學巨著《千金方》（包含《千金要方》和《千金翼方》），被譽為中國歷史上第一部臨床醫學百科全書，涵蓋內外科、婦兒科、五官科、皮膚科、急救、食療、養生、氣功、按摩等領域。

《千金方》不僅對中國醫藥學產生了極為深遠的影響，而且對日本醫學也頗有影響。

唐永徽元年（六五〇年）的秋天，孫思邈奉命去診治一位將軍。到了地方一看，這位將軍的後背嵌著一支斷箭的箭頭，血跡斑斑，不時有惡臭膿水流出。

原來，這位將軍遠征時被流矢擊中，箭頭沒入位置刁鑽，前面來看過的醫生都束手無策，表示「這根本拔不出來了啊」。

眾人早就聽說過孫思邈的神醫之名，都把滿含期待的目光落到了他身上。然而，孫思邈一開口就是「這我現在也拔不了」，眾人目光一暗。但孫思邈接著說：「給我三個月，這箭不用拔，也會自己掉落的。」果然，從冬季到翌年春，在孫思邈的醫治下，箭鏃就不拔而落了。

這是《千金方》中最後記載的一個病例。

孫思邈醫術高超，醫德高尚，不僅在平民中享有聲望，隋唐兩朝帝王將相對他也是敬重有加，史上有三御請之說。但他無心仕途，三拒入仕——拒絕隋文帝楊堅在登基前「征為國子博士」；拒絕唐太宗「召詣京師」授以爵位；拒絕唐高宗召見授予「諫議大夫」。

他終身不仕，隱於山林，以奇特神異、名醫名儒、似僧似道的姿態而馳名中外。

二、讀書人的成名捷徑——古代頂級脫口秀選拔賽

誰的青春不迷茫？年輕的曹操也曾迷茫過。

據《三國志》記載，曹操「少機警，有權數，而任俠放蕩，不治行業」，又「好飛鷹走狗，遊蕩無度」。

儘管曹阿瞞天資聰穎，但是由於整天不務正業，放浪形骸，再加之出身宦官家庭，當時還沒什麼人看得起他，所以這個有錢有勢的官二代也有著煩惱。

名臣橋玄一向以舉賢任能聞名，他見到曹操後，一眼就看出此人前途不可估量，對其大加讚賞，還想在百年之後將妻兒託付給曹操照顧，兩人遂結為忘年交。

能得到橋玄這樣一位「大咖」的肯定，曹操也算是小有名氣了。但是，橋玄認為這樣還不夠，如此出眾的青年才俊，應該讓世人皆知。於是他對曹操說：「小曹啊，你現在還未能成名，可以去請許子將老師給你寫個評論。」

言外之意就是，許子將說你行，你就行了。

曹操一聽，趕緊收拾行囊，前去拜訪。

01

許子將，就是許劭，汝南平輿人，是當時知名的「脫口秀主持人」和「選秀評審」，他最擅長品評人物和議論時事。

我們這代人可謂親眼見證了選秀節目的突飛猛進，十幾年來，各種選秀節目如雨後春筍般不斷湧現，紅極一時。

而在東漢末年，也有一檔「選秀節目」吸引了大眾的目光，那就是許氏兄弟的「月旦評」。月旦評是由出身汝南許氏望族的許劭及其堂兄許靖共同創辦，以臧否人物、評議時事為主。每月，許氏兄弟會圍繞不同的主題，針對當時的人物進行評說，且往往是直言不諱，不避權貴，每月初一公開發表評論結果。

月旦評一經流傳，深入人心，傳播甚廣。汝、潁一帶的士子們都在翹首以盼，猜測每月一次的月旦評上會不會出現自己的名字。當時，為月旦評所評價的人物「所稱如龍之升，所貶如墜於淵，清論風行，高唱草偃，為眾所服」。

如果一個人能得到許氏兄弟的誇讚，他就有機會飛黃騰達；但是如果一個人品行不佳，又讓許氏兄弟冷眼相待，得到幾句差評，那就猶如墜入深淵，一時難以翻身了。

可見，世人對於月旦評的結論非常信服。對此，明代有詩贊曰：「心負雲霄志，名高月旦評。」

宋人秦觀也曾感慨「月旦嘗居第一評，立朝風采照公卿」：只要能被月旦評稱讚，你就可以借此平步青雲，聲名顯赫，身居朝堂之上，風頭甚至還能蓋過其他公侯大臣。這說法未免有些誇張，但也從側面驗證了月旦評在當時的影響力。

02

選秀節目一般是草根群眾的舞臺，許劭也確實善於發掘「草根明星」。

據《三國志・和洽傳》裴松之注引《汝南先賢傳》載：

「劭始發明樊子昭於鬻幘之肆，出虞永賢於牧豎，召李淑才鄉閭之間，擢郭子瑜鞍馬之吏……皆當世之令懿也。」

這些被提拔的賢士中，樊子昭本是市場上賣布的，虞永賢本是田野間放牛的，李淑才本是鄉村裡種田的，郭子瑜本是馬廄裡養馬的……許劭神通廣大，不知藉由什麼管道認識他們，

並將才華出眾的他們一一引薦給世人。

而這些賢士也往往如許劭所言，成長為當時的風流人物，比如樊子昭，他原是市井小販，士農工商，商人墊底，他的出身在當時並不起眼，也沒有超凡的智力，被蔑稱為「賈豎」。但樊子昭發奮圖強，德才兼修，終於成為遠近聞名的名士，終其一身，備受讚譽，「年至耳順，退能守靜，進能不苟」。

由此可知，許劭評選人才不拘一格。

除了寒門子弟，許氏兄弟對名門士族的品評更為人稱道，當世名流對月旦評既有幾分嚮往，也有幾分忌憚。

以袁紹為例，他出生於四世三公的汝南袁氏，家世顯赫，對同郡老鄉許劭、許靖哥倆的月旦評也是久仰大名，生怕在許氏兄弟那兒留下壞名聲。

有一次，年輕的袁紹從濮陽令卸任，準備回老家。汝南袁氏的名聲無人不知，無人不曉，一路上車馬駢闐，氣氛熱烈，袁大公子身著華服，高坐車上，頓時感覺飄飄然。

差不多要行至汝南地界時，袁紹轉念一想：這麼豪華的陣仗要是讓許劭他們見到，豈不是要批我驕奢淫逸，那我不就要上「頭條」了嗎？於是，他對身邊的人說道：「吾輿服豈可使許子將見。」他趕緊把車馬遣散，自己獨自乘一輛車，安安靜靜回家去了，所幸，袁紹的奢侈浮華沒有被許氏兄弟撞見。

03

月旦評之所以能青史留名，一方面是因為其聞名遐邇，家喻戶曉；另一方面，當然是因為許氏兄弟的評語料事如神，一語中的。

曹操聽從橋玄的建議，興高采烈地前去拜訪許劭。那麼，結果如何呢？

那天，曹操去了，直接問許劭：「我何如人？」

許劭很不待見曹操，「鄙其人而不肯對」，緘口不言。

許劭對曹操的反感，或許與曹操的家庭出身有關。曹操的父親曹嵩認了宦官曹騰為乾爹，在士人眼裡難免會有偏見。更何況，月旦評會應運而生，其中一個原因正是因為宦官當政，士人上進無門，使得上到朝堂，下到黎民，清議之風盛行。

曹操暫時得不到許劭的答覆，實在是不開心：你說我這麼優秀的一個選手，大老遠跑來參加你的節目多不容易，你竟然一句話都不肯說。

曹操「乃伺隙脅劭」，使用手段威脅許劭。

許劭拿曹操沒辦法，不得已只好給出了自己的評價：「君清平之奸賊，亂世之英雄！」

許劭的這句話在史書中有不同的說法。比如《三國志・武帝紀》中，裴松之引注的《異同雜語》就是採用另一個更為知名的版本——「子治世之能臣，亂世之奸雄」。

曹操聽罷，大笑而去，就好像是找到了人生目標一樣。後來的歷史告訴我們，許劭真是高人啊。

04

隋朝之前，無科舉制。所以，以月旦評為代表的人物品鑒之風，也成為無數人才成名的途徑。

像曹操這樣的蓋世豪傑，得到許劭的一句評語後才肯滿意而去；像諸葛亮那般躬耕於野的一介布衣，也需要司馬徽、龐德公等名士引薦，才能初出茅廬。

諸葛亮說過，「直木出於幽林，直士出於眾下」，因而「人君選賢，必求隱處」。這是說，人才往往被隱藏埋沒，如不深入查訪加以選拔，就無法得到他們。看來，曾被劉備破格錄用的諸葛亮，也是「選秀」的支持者。

諸葛亮躬耕隴畝時，經常自比管仲、樂毅。而諸葛先生所敬佩的樂毅能成為一代名將，是因為他參加了燕昭王的「選秀」。

戰國時期，燕昭王在位時，為了振興燕國，他採納策士郭隗的建議，在易水河畔築造高臺，置以黃金，招攬天下賢士。

此前，郭隗對求才心切的燕昭王講了個故事：「古時有一位國君想用千金求購千里馬，可是尋覓多年也沒找到。後來有個侍臣

對他說：『您讓我去買吧。』國君同意了。幾個月後侍臣自稱找到了千里馬，可惜馬已經死了，便用五百金買了那匹馬的屍骨回來。國君大怒，說我要的是千里馬，你為何買回一匹死馬。侍臣淡定地回答道：『天下人若知您買死馬都肯花五百金，一定認為您能識千里馬，就會把自己的千里馬獻給您了。』不到一年，這位國君果然得到幾匹千里馬。」

郭隗講完這個故事，對燕昭王說：「如今大王招徠人才，就從我開始吧。才能平平的我尚且被重用，那些遠勝過我的人，也會慕名而來。」於是，燕昭王專門為郭隗建造房屋，拜他為師，表示其他高手若能通過「選秀」，更有機會被委以重任。

列國人才聽到燕昭王下令招賢的消息，紛紛來到燕國面試，這其中就有從齊國來的陰陽家鄒衍，從趙國來的名將劇辛，還有諸葛亮的偶像樂毅。

樂毅平日喜好兵法，聽說燕昭王禮賢下士，於是從魏國跑來投奔，得到燕昭王的重任。後來，樂毅統率燕國等五國聯軍，以弱勝強，連下七十餘城，幾乎滅了強大的齊國。

任人唯賢，始終是「選秀」的一大原則。

先秦法家韓非子將國家領導者分為三類，能夠「盡人之智」的國君是為上君，能「盡人之力」的是中君，而只會「盡己之能」的國君是水準最差的下君。這就是說，英明的國君應該善於任用賢能之士。

而想要做到人盡其才，「選秀」就是個好辦法。

漢朝實行的察舉制本身也像一種「選秀」，皇帝要求各級舉薦人才，經過試用考核再任命官職，這叫「察舉」。有的特科由皇帝親自問策，考察人才，如「賢良方正科」，是皇帝讓一些敢於直言的大臣或學者來到京城，向自己提出治國建議，這時候，皇帝就是這場選秀的評委。

元光元年（前一三四年），二十三歲的漢武帝劉徹舉辦了一場「選秀」，儒生董仲舒憑藉著名的《天人三策》一鳴驚人。

董仲舒為年輕的天子推銷了一套改革理論。他將天人感應、君權神授的光環罩在皇帝身上，並跟漢武帝說，要約束人們的思想，消滅「邪辟之說」，其具體做法，就是只讓人們讀儒家「六經」，學孔子之術，其他學說棄之不用。

漢武帝贊同董仲舒的建議，親政後將「尊儒」作為大漢的基本國策，此即所謂的「罷黜百家，獨尊儒術」。這一場「選秀」，奠定了此後兩千年封建王朝的思想路線。

由於察舉制人才選拔標準不一，鄉閭評議、人物品題應運而生，在察舉中被推薦的人都要經過評議，這才助長了漢末月旦評的風氣。

05

隨著漢代察舉制的衰落，興起於漢末三國時期的月旦評也轉瞬即逝。

到魏晉時期，九品官人法壟斷上進之路，清談之風盛行，朝政萎靡不振，人才品評也被世家大族把持，「上品無寒門，下品無世族」。

當寒門士子壯志難酬的時候，他們或許也曾嚮往當年不拘一格品薦人才的月旦評。

唐宋之後，科舉社會形成，魏晉士族階層退出歷史舞臺。

科舉制其實也算一種選秀形式。它通過考試選拔人才，家庭條件好的士子固然有機會入仕，平民百姓亦可「朝為田舍郎，暮登天子堂」，實現底層逆襲，打破世襲貴族的壟斷。

宋代，社會平民化趨勢尤其明顯。讀書人只要刻苦讀書，考取功名，就有機會當官，甚至成為「布衣宰相」，這是中國歷史上一次里程碑式的拐點，因此被錢穆先生稱為「布衣社會」。

此後，國家「選秀」得以規範化，發展到明清的「三級四試」，進入鼎盛時期，金榜題名也被古代讀書人視為平生最大的榮耀。直到一九〇五年，張之洞、袁世凱等晚清名臣聯名上奏皇帝，請求廢除科舉，科舉制才被廢除。

自古以來，有些人嚮往「選秀」，希望利用機會證明自己，打破階層固化，走上人生巔峰。這種社會文化始終根深蒂固地存在，可能這也代表著人們對社會各階級趨向平等的渴望。

三、古代留學記——外國的菁英人才，為何拼了命要來大唐？

據《舊唐書．儒學傳序》記載，唐太宗在位時，「高麗及百濟、新羅、高昌、吐蕃等諸國酋長，亦遣子弟請入於國學之內。鼓篋而升講筵者，八千餘人。濟濟洋洋焉……」也就是說，在貞觀年間，四夷諸國先後派遣了大批留學生入唐學習儒學。

有唐一代，如此盛況可謂司空見慣，彼時的中國，是整個東亞文明的中心：北逾大漠，南曁交趾，東至日本，西到中亞。萬國來朝，萬邦來賀，他們滿懷著對中華先進文明的嚮往，向大唐虛心求學。

入唐留學，是各國與唐朝文化交流的一個重要紐帶。而唐王朝海納百川，慷慨地將知識傳授給這些異國學子，並由此傳播到天涯海角。

一個王朝，是否真的自信、開放，從其如何對待留學生上可見一斑。

01

唐代交通遠不及現在方便，不可能搭個飛機就去倫敦喂鴿子，坐火車出國旅行還能一路開到越南。有些地方山高水遠，只能靠人力征服，一路上長途跋涉、險象環生。

與中國一衣帶水的鄰邦日本，派遣學生入唐留學時便要經歷驚濤駭浪的考驗，船隊經常沉沒，或被迫折返，可說是一場以生命為賭注的冒險。

正因為如此艱難，很多人拒絕擔任遣唐使出海。日本平安時代著名才女小野小町的祖父，一聽說自己被派遣出使唐朝，驚出一身冷汗，寧願流放海島也不願接受遣唐副使的任命。

唐朝人同樣害怕這段旅程。

鑒真受邀請，東渡日本傳法，詢問自己的弟子去不去。弟子們聽說要出海，一個個紛紛搖頭：「彼國太遠，性命難存，滄海淼漫，百無一至。」

以現代人的眼光來看，遣唐使的船隊規模其實也不大，一般是由三四艘長三十三點六公尺、寬九點二公尺的木制帆船組成。由於當時的日本人缺乏金屬加工技術，只能用木板和木栓把船拼合起來，難以牢固。再者，那時的紡織技術也很落後，只能用竹簾做船帆。

每艘船配置船工、使者、留學生等共一百五十餘人，由於船小，能帶的食物有限，船員只能忍饑挨餓。一出海，船上面漏風，下面漏水，若運氣不佳，可能會被東海的巨浪掀翻，甚至船毀人亡。

02

遣唐使是一個高危險「職業」。據日本學者統計，歷次遣唐使團，只有八次全部平安回國，先後有數千名遣唐使不幸葬身大海。

大曆十年（七七五年）的那一批遣唐使最慘，他們在回國途中遭遇不測，死傷慘重。當時，持節副使小野石根的第一舶和副使大神末足的第二舶一同從蘇州出發，三日後海上刮起大風，海浪猛拍船身，小野石根等六十三人被大浪捲走，命喪海底。一時間，船折舷落，檣傾楫摧，其餘倖存者分別擠在斷裂的船頭、船尾，在海上漂流六日後，才九死一生地漂到日本。

另外兩艘船也遭遇海難，第四船從江蘇漂流到了濟州島，最終全船僅剩四十人回到日本。

在今天，假如有個朋友告訴你，他要出國留學，可是中途隨時會遇難，你可能會一把拉住，問他是不是傻。但在一千多年前，包括日本在內的其他小國，卻不懼艱險，拼了命也要來唐學習，只因他們仰慕大唐的榮耀。

唐朝的先進文明，上自典章制度、律令體制，下至儒學、文學、藝術、科技、佛學等，無一不讓他們嘆服。

03

入唐留學，不是說來就來，想走就走，首先要經過本國嚴格的選拔，最後能來唐留學的都是菁英人才。就以日本為例，官派的留學生，多選自優秀的中下層貴族子弟，派遣來唐學習佛教的學問僧，也大多出自日本名寺。

隔壁朝鮮半島上的新羅，更是嚴格限制留學資格，初期選派赴唐留學的多為王族子孫。人數上，每次僅為二人至十二人不等，若所派人數超過唐朝規定人數，就會被遣退回國，「並勒還蕃」。

隋唐時，日本剛步入封建社會，體制尚未完善，思想跟文化也較未完整，只好奉行「拿來主義」，一一效仿大唐。

日本留學生來大唐有明確的分工，有人學習政治律法，有人學習文學藝術。他們把唐朝的先進文化照搬回家，給日本帶去翻天覆地的變化。

盛唐時留學的吉備真備，在入唐後「留學受業，研覽經史，該涉眾藝」，歷時十九年。除習得經史典籍之外，還為日本帶回了《唐禮》、《大衍曆》、樂器和武具，以及儒家六藝中的射藝。

射藝是吉備真備的心頭好，其帶回日本的「特產」，就有弦纏漆角弓等三種弓和射甲箭。可見這個學霸在留學期間還不忘參加社團活動，畢業後還把最愛的中國遊戲帶回家鄉宣傳。

回國後，吉備真備為日本人傳授五經、三史、算術、音韻等中國知識，最終位極人臣，成為女皇孝謙天皇的得力助手。

04

入唐以後，留學生要再度接受篩選，經過嚴格的入學審批手續。

中唐時的空海法師，即電影《妖貓傳》中的那位日本留學僧的原型，他來大唐的目的是學習密教佛法，回國後再將中國佛學與日本神道結合，作為維護統治者、鞏固政權的重要精神力量。

即便是空海這樣的高僧，也差點沒能取得入學資格。

唐德宗貞元二十年（八〇四年），空海隨第十八次遣唐使入唐，途中遭遇風暴，在海上漂流了三十四天才到達現今福建一帶。

太陽當空照，花兒對我笑，正當空海興高采烈背起書包準備到長安報到時，同行的遣唐使告訴空海，因他資歷尚淺，未被列入去長安的名單，只能滯留福州開元寺。

年輕的空海不甘心，急中生智，疾書一封《與福建觀察使入京啟》，直呈福建觀察使閻濟美。閻濟美從信中看出空海求知若渴的心情，也得知他確實是個人才，才破例允許其前往長安。

空海到長安後，留學於青龍寺，遍訪長安高僧，成為中日佛學交流的一段佳話。他圓寂時，日本嵯峨天皇親自為他作悼亡詩《哭海上人》，以寄哀思。

與空海同期入唐的書法家，號稱日本「三筆」之一的橘逸勢，就沒那麼走運了。

橘逸勢有個姐妹後來成為嵯峨天皇的皇后。照理說，皇親國戚入唐留學應該備受優待，可是大唐對待留學生一視同仁，不會給成績不合格的學生開後門。

橘逸勢的漢語水準太差，沒資格入國子監學習。年僅二十歲的他原本計畫在唐學習二十年，但僅僅過去一年多，他還沒來得及補習中國話，就花光了從日本帶來的生活費，只好請求回國。

申請書還是請空海代筆的，其中寫道「然今山川隔兩鄉之舌，未遑游槐林」。橘逸勢同學也沒有荒廢這一年多的時光，而是借此機會拜訪當地名家，「且温且習，兼學琴書」。長安文人叫他「橘秀才」，據說他還曾向柳宗元請教過書法，柳宗元「長於章草，為時所寶」，可惜他的詩中並沒提及這位日本友人。

隨第十八次遣唐使來華的留學生中，只有學問僧圓載一開始就順利地獲准到天台山求法，其餘如伴須賀雄、長岑高名等人均被勸退。

來大唐做學生可以，但你要有足夠的誠意，也要有合格的實力，如果不好好學，當心被遣返。這，就是大唐的自信。

05

與唐朝對留學生的嚴格管理相比，「拒收」現象只能算是小兒科。

唐代，留學生主要由鴻臚寺負責安排具體事宜，合格者可進入最高學府國子監。

國子監有兩處，一處設在長安，稱為西監；另一處設在東都洛陽，稱東監。孔穎達、賀知章、韓愈等唐代大家都曾是國子監的老師。

國子監下分六館，即國子學、太學、四門學、律學、書學和算學。

留學生在國子監所學的課程中，國子學、太學和四門學等科目與唐朝學生相同，都是儒家經典，必修課為《論語》、《孝經》。

唐朝主張「華夷一家」，在生活上對留學生予以優待，免費提供衣糧住宿，並有醫療保障、返程糧食補助。

但是，留學生無法享有特權，衣食住行方面和唐朝學子是同等待遇，正所謂「安得廣廈千萬間，大庇天下寒士俱歡顏」。

留學生購書和其他費用主要由生源國（母國）負責（「買書銀貸則本國支給」），或者學生自掏腰包。儘管唐朝有錢，也不會出手相助發助學金。安史之亂後，由於財政的窘迫，唐朝給外國學生的資助更是少得可憐。

空海為橘逸勢代筆的《為橘學生與本國使啟》中就說：「（唐朝）所給衣糧，僅以續命，不足束脩、讀書之用。」橘逸勢同學就是把日本發的生活費花光了，漢語又沒學好，才被迫回家，儘管他是天皇的小舅子。

《延喜式》記載，遣唐使出發前，日本會為全體成員賞賜物品，其中「留學生給四十匹、綿一百屯、布八十端」。這些物品，一部分是生活所需，一部分是為了行束脩之禮。

《唐會要》載：「初入學，皆行束脩之禮，禮於師。國子、太學，各絹三匹。四門學，絹二匹。俊士及律書算學，州縣各絹一匹。皆有酒脯。」

所謂束脩，是指學生入學前奉贈先生的禮物，作為拜師之禮。上自皇子皇孫，下至黎民百姓，都要行束脩之禮，留學生也不能例外，這是尊師重教的一種表現。

06

留學生想在唐朝人眼皮子底下幹什麼不正經的事，更是做白日夢。

《唐六典》載，國子監各學最長修業年限為九年，律學為六年，凡在規定時間內未能結業者，則「舉而免之」。

在國子監的九年間，留學生如果未能完成規定課程，或連續三年考核均為下等，或犯有遊蕩、賭博、吵架、辱罵師長等過錯，以及在一年內請假超一百天以上者，全部會被勒令退學。《唐會要》載，僅太和九年（八三五年）一年間，就有七名新羅留學生受到處分，被遣送回國，當時新羅的留學生名額有時尚且不到十人，可見此次處罰手段之嚴厲。唐文宗開成年間，渤海國的留學生也曾被退回十人。

留學生如果不專注於學業，極有可能空手而回。

唐朝對留學生的課餘活動也進行必要的限制，以免其危害大唐百姓。《唐律疏議》規定：「諸化外人，同類自相犯者，各依本俗法；異類相犯者，以法律論。」意思是說，留學生在大唐犯罪傷人，若雙方是同一國籍，可以依生源國的法律論處；若涉及不同國籍，就全部以唐朝法律處置，絕不留情。

因此，留學生入唐，一定要同時遵守唐朝與生源國的法律，不可肆意妄為。

唐朝還有一條規定，留學生不得私為婚姻或攜婦還蕃。也就是說，留學生不得勾搭唐朝女子，更不能與其私自結婚，一經發現，將按「與化外人共為婚姻」治罪。有時候出現特殊情況，一些留學生經過有關部門准許可在大唐娶妻，不過，他們結了婚，就不能「攜婦還蕃」，只能在唐朝定居。如果學成後私自攜帶唐朝女子回國，也會受到處罰。

總而言之，外國留學生想娶唐朝妹子，就只能入贅。

07

留學，自然以學業為重。

唐朝時，日本窮得叮噹響，可是他們人窮志不短，留學生有機會來到大唐，誰還會去想些不三不四的事情，一個個都很有上進心。

當時，唐朝科舉有專門為外國學生準備的賓貢科，外國留學生登科及第被稱作「賓貢進士」。這其中有一位傳奇人物——晁衡，他是一個日本人，原名阿倍仲麻呂。

晁衡來華時，正逢大唐開元盛世，社會安定，國力昌盛。彼時的長安，是世界上最繁華的城市。

勤奮好學的晁衡，經過在國子監的多年苦學，考中進士，曆仕玄宗、肅宗、代宗三代皇帝，政治生涯長達幾十年，官至祕書監兼衛尉卿，還曾輔佐太子研習學問。

祕書監掌管國家藏書，晁衡的職務相當於國家圖書館館長，而衛尉卿職掌武器庫藏、儀仗帷幕供應，可見唐皇對他的信任。

一個日本人，擔任無數中國士子夢寐以求的職務，可謂無上光榮。晁衡的好友、詩人儲光羲就為他寫詩讚美：「吾生美無度，高駕仕春坊。」

儲光羲、李白、王維、趙曄與包佶等唐朝詩人、大臣，都被晁衡過人的才學和豪爽的性格吸引，與他結為至交好友，多次互贈詩文。

晁衡曾將自己的一件日本布裘贈給李白，李白在詩裡就寫道「身著日本裘，昂藏出風塵」，特別強調這身衣服是晁卿送的。

天寶十二年（七五三年），晁衡入唐已經過了三十七個年頭，年近花甲。他想家了，在唐玄宗的默許下，將隨遣唐使團起程回國。

晁衡的好友聽聞他即將遠行，在長安城舉行了盛大的告別宴會，只有李白早已離開長安，未能前來參加。

晁衡感激不盡，為前來相送的友人寫作一首《銜命還國作》：

銜命將辭國，非才忝侍臣。天中戀明主，海外憶慈親。
伏奏違金闕，騑驂去玉津。蓬萊鄉路遠，若木故園林。
西望懷恩日，東歸感義辰。平生一寶劍，留贈結交人。

在場的知交中，王維的感情最為熾烈，他依依不捨，不僅為晁衡寫了一首送別詩《送祕書監晁監還日本國》，還冠以千字長序：「黃雀之風動地，黑蜃之氣成雲，淼不知其所之，何相思之可寄。嘻！去帝鄉之故舊，謁本朝之君臣。詠七子之詩，佩兩國之印……子其行乎，余贈言者。」

一場告別宴會後，晁衡南下揚州。在起航回國前，他將滿腔的懷鄉之情，化為一首著名的《望鄉》詩：「翹首望東天，神馳奈良邊。三笠山頂上，想又皎月圓。」這首詩傳到日本後，無數人讀之潸然淚下。

晁衡本以為自己將順利回到家鄉，過上悠閒的退休生活，沒想到日本的木船依舊不給力，遣唐使依舊沒有好運氣。

天有不測風雲，晁衡的船遇上風暴，不幸觸礁，他與其他十餘人漂流到了今越南境內，所幸保住性命。由於消息閉塞，晁衡也不能發個訊息報平安，大唐朝野上下以為他早已遇難，為之歎息。

李白沒能前去長安相送，本就覺得遺憾，一聽「晁衡已死」的傳言，更是悲痛不已，含著淚寫了一首《哭晁卿衡》：

日本晁卿辭帝都，征帆一片繞蓬壺。明月不歸沉碧海，白雲愁色滿蒼梧。

我那如同明月一般皎潔的友人啊，沉到了碧海深處。愁色慘澹的白雲遮滿了蒼梧山，悼念逝去的晁卿。

實際上，晁衡沒死。但木船已沉，歸國無路，悲傷的他只好再次回到長安，並在大唐終老。

他將自己畢生在唐朝所學的一切，和餘生的精力一起奉獻給大唐，直到大曆五年（七七〇年），在長安病逝。

如今，中國西安與日本奈良分別建有一座「阿倍仲麻呂紀念碑」。

和晁衡一樣對中國人民友好的使者，以及優秀的外國留學生，大唐永遠熱烈歡迎，而不學無術、濫竽充數之徒，敬謝不敏。

四、文人的自我炒作——在沒有網路的古代，如何將作品傳播出去？

唐朝有個叫唐球的隱士很喜歡寫詩，但山裡很難找到同好，詩寫好了沒人看，多鬱悶呀。於是他想了一個辦法，把詩作藏到葫蘆裡，讓它順著溪流而下：找你們的讀者去吧。

他幾乎日夜祈禱：「斯文不沉沒，方知吾苦心。」

唐球找讀者的行為，其實是唐朝詩人會遇到的普遍性問題。

一首唐詩要流傳出去，必須找到一個關鍵人。唐球的做法很有創意，但也很笨。

他這麼做，相當於只是用詩買了彩券，中獎的概率太低。

01

唐朝詩人在名聲尚未顯赫之前，幾乎都曾向當權者投詩問路，希望得到援引和稱讚。杜甫困居長安十年間，先後向駙馬張垍、廣文博士鄭虔、左丞丈韋濟，甚至邊庭將領哥舒翰等人進獻他寫的詩，乞求舉薦。

別看他成名之後在《麗人行》中對楊國忠頗多微詞，但在當時他卻在詩中借罵李林甫來討好楊國忠，希望後者能夠救救他這個快要餓死的詩人。

有趣的是，邊塞詩人的「第一把交椅」高適在成名前，像是要跟杜甫打起來似的，給李林甫獻詩，題目是《奉贈李右相林甫》，把李林甫大肆吹捧了一番。

腦筋轉得快的詩人，則會採取一些更深的套路來替自己宣傳，有點像今天的博取關注。比如陳子昂，他在長安默默寫詩，一直沒人關注。有一天他突然開竅，花天價去街頭買了一把胡琴，一下子就上了「頭條」。

他趁熱打鐵，廣發請柬，要開個音樂會。把社會名流都騙過來之後，他當場把天價琴一摔，來了段說唱：「今天來的人不少，我不彈琴寫《離騷》，我的詩莫名好，但你們就不知道，不是我心高氣傲，陳子昂絕對會爆！」

然後，他現場分發資料，推廣自己的詩。

經過這場表演，陳子昂「一日之內，聲華溢都」。

可見，每一個著名詩人的走紅，過程都相當曲折。當然，也有運氣特別好的，一步到位找到了伯樂，想不紅都難，比如駱賓王、盧綸、元稹，這幾位詩人的詩，都是皇帝點名要讀的。

天下人大多是這樣的，皇帝讀什麼，百姓跟著讀什麼，就有做一回皇帝的代入感。既然皇帝免費為這幾位詩人站臺打廣告，那麼他們的詩自然就不愁找不到讀者。

以上操作顯然都不適合唐球，但不代表唐球就沒有比放詩瓢更好的選擇。

02

唐詩傳播的另一個「關鍵人」遠在天邊，近在眼前。這個關鍵人其實不是人，是「壁」。

李白經過武昌，順便參觀著名景點黃鶴樓。黃鶴樓上面寫滿了「到此一遊」之類的詩，作為著名詩人，李白抑制不住文思如泉湧，捲起袖子就想來一首。不巧，他瞄到了崔顥的詩：「昔人已乘黃鶴去，此地空餘黃鶴樓。黃鶴一去不復返，白雲千載空悠悠……」於是，他被這不世出的才氣驚出一身冷汗。

李白回去後苦思冥想，終歸不敢題寫黃鶴樓，後來去南京寫出了《金陵鳳凰臺》，算是給自己挽回了一點顏面。

李白的經歷告訴我們，題壁是唐人最喜聞樂見的「發表」詩歌的方式之一，也就是把新創作的詩寫在牆壁上。

由於題壁成為詩人獲取讀者的主要手段，所以很多公共場所往往會刷好粉牆，留待過往詩人題寫。前人題滿了，還可重新刷過，讓後人再題。

據學者羅宗濤統計，唐人題壁詩，除題於牆壁之外，還包括題於石壁、石上、雪地、門、戶、扉、窗、軒、楹、柱、梁、屏風、詩板、榜子等。題詩的處所遍及宮、省、院、臺、府、郡、縣、驛、館、寺、觀、關、城、自宅、親友宅、陌生人宅、塔墳等。

其中，詩人最愛在各地驛館題詩。如同現代商業廣告搶占車站、機場一樣，詩人把新作題於驛館的粉牆上，就會被流動的旅客傳播到四面八方。白居易曾一路在各地驛館尋找好友元稹的題詩，找到了就很開心地和上一首。

風景名勝是遊客匯聚之處，在唐代基本都被詩人們攻陷了。看看這些不算知名的景點：巫山神女廟有各家題詩千餘首；吳中虎丘山真娘墓，白居易、李紳、李商隱等大家都題了詩；黃鶴樓、岳陽樓就更不用說了，去晚了肯定找不到可以題詩的地方。

按理說，山上寺觀的粉壁、隨處可見的山石也都是題詩的好地方，唐球不可能不知道，也不可能不近水樓臺先得月。他怎麼就偏偏選擇了流傳概率最低的詩瓢呢？

也許只有一種解釋說得通。

唐代的好詩人太多，好詩更多。流傳到現在的唐詩就有約四萬八千九百首，詩人約有兩千兩百名。可想而知，在唐朝的街道上隨便扔一塊磚頭，大概率肯定能砸死一兩個詩人。像陳子昂這樣一流的詩人，不搞點行為藝術，都幾乎要被埋沒了，遑論那些二三流詩人。

所以，唐球，一個不入流的詩人，憑藉他那又笨又有行為藝術感的詩瓢，聰明地在唐朝詩歌史上留下了一筆。

事無偶然，一首唐詩在印刷術未盛行的年代，能夠廣泛傳播，甚至流傳後世，它的作者多多少少都有一點小心機。

白居易也很鬼精，他知道詩歌在當朝的傳頌是有時效的，所以晚年編了自選詩集，抄了五份，分別藏於名寺及託付可靠的後人。

感謝他這點小心機，我們今天才能讀到那些流傳了一千多年的好詩。

03

唐代詩人的日常炒作方法，一直被後世的文人熟練運用。

清順治八年（一六五一年），一個落魄之人到了不惑之年，變成了「三無人員」：一無功名，二無兒子，三無銀錢。

這唏噓境況，跟他那仙之又仙的名字，一點也沾不上邊。一氣之下，他決定改名易字。此人原名李仙侶，「仙之侶，天之徒」，結果現實的殘酷讓他變得低調，他改名李漁，號湖上笠翁。改名後，李漁自蘭溪北上，沿富春江一路北漂，目的地是杭州。

而這一趟杭州行，讓他的人生迎來轉機。

那一段時間，杭州大街小巷、戲館書鋪，都留下了李漁的足跡和身影。他在不斷接觸、不斷觀察中發現，這座復甦的都市裡，從豪紳士大夫到一般市民，均對戲劇、小說有著濃厚的興趣，民間娛樂市場大有可耕耘的空間。

於是，他選擇了一條時人所輕賤的「賣文字」之路，開啟了「賣賦糊口」的專業作家生涯。

幾年間，《憐香伴》、《風箏誤》、《意中緣》、《玉搔頭》等六部傳奇，以及《無聲戲》、《十二樓》兩部白話短篇小說集相繼問世。作品一上架，便暢銷於市場，頃刻被搶購一空，尤其是他的白話短篇小說集，更是時新搶手貨。

「湖上笠翁」的名號一炮打響，家喻戶曉。

他的作品紅到什麼程度呢？

在缺少現代交通工具的當時，「車、馬、郵件都慢」，然而這些作品卻不脛而走，數日之內，三千里外的地方也能看到李漁的新作。牟利的書商，千方百計地私刻翻印，有的乾脆拿一個不知誰人的作品，打上「湖上笠翁」的名字矇騙讀者。李漁忙於交涉維權，雙拳難敵四手。

當時南京盜版最多，翻刻者最倡狂，李漁鞭長莫及。清順治十四年（一六五七年），他索性把家搬去南京，以便與不法出版商正面交鋒。不料人剛到，就聽說蘇州的大批書商企圖翻刻他的新作。待他趕到蘇州，留在杭州的女婿沈心友又來信說，杭州私自翻版的新書已經刻好，不久即將出售。

面對這種防不勝防的盜版現象，李漁曾在《閒情偶寄》中聲淚俱下地進行控告：

至於倚富恃強，翻刻湖上笠翁之書者，六合以內，不知凡幾。我耕彼食，情何以堪？誓當決一死戰，布告當事，即以是集為先聲。總之天地生人，各賦以心，即宜各生其智，我未嘗塞彼心胸，使之勿生智巧，彼焉能奪吾生計，使不得自食其力哉！

為了防止別人私自翻刻他的著作，忍無可忍的李漁甚至創立了自己的芥子園書鋪。寫作、印刻、發行、銷售一條龍，自給自足，肥水不流外人田，首開文化產業之先河。

移居南京後，為了支付一大家子日常奢華揮霍的開支，李漁不得不過起了亦文、亦商、亦優的奇特生活。

一方面，他仍操舊業，繼續賣文刻書。芥子園書鋪開張後，認準商機、左右開弓的李漁大規模地從事編輯、出版及銷售發行書籍的活動，把芥子園書鋪經營得紅紅火火。

芥子園書鋪既出版他自己的作品，也編刊各種暢銷的通俗讀物，如被稱為「四大奇書」

的《三國志演義》、《水滸全傳》、《西遊記》、《金瓶梅》等。此外，他還出版了一大批讀者想看而買不到的教科書、工具書等。

另一方面，李漁不但撰寫傳奇供人閱讀，他還以他的姬妾為骨幹，組成了「家班女戲」（即演員中全用女演員），自任動作指導和導演，上演自己創作和改編的劇本。

李漁的傳奇很受歡迎，不僅長期霸占「熱銷榜」，且好評如潮，被當時的戲劇界推為「所制詞曲，為本朝第一」。

他的傳奇代表《笠翁十種曲》，題材全是才子佳人的愛情故事，喜劇色彩極其濃郁。不過，他的喜劇不僅有形形色色的笑料，也令人深思。

李漁一生雖未入仕，是傳統社會階層中的「賤者」，但他求名得名，求財得財，最後求子得子。想必他生前會常常吟起李白的一句詩：「仰天大笑出門去，我輩豈是蓬蒿人！」

五、古人的修仙往事——道友們是如何修仙的？

隋大業七年（六一一年），周至縣樓觀道住持岐暉召集觀中諸弟子，神祕地告訴大家，他夜觀天象，得到一個重要的啟示：「天道將改，當有老君子孫治世，此後吾教大興。」

「老君」指的就是道教尊奉的祖師老子，傳說出生時指李樹為姓，聃為名。

歷史的發展，完全符合岐暉的神祕預言：由於隋煬帝幾次親征高句麗的失敗，民怨沸騰下，早已積蓄到頂點的國內矛盾爆發，各地紛紛起義。李淵在平定天下後，感念岐暉等眾道士的幫助，多次封賞並擴建樓觀臺。從此之後，道教便迎來了歷史上前所未有的黃金發展時期。

在當時，當道士對於許多有志青年來說是一份很有前途的工作，甚至可以說是科舉之外的一條「終南捷徑」。岐暉預言中的「吾教大興」真正來臨了……。

01

元林宗從小就有一個夢想，他想當神仙。

這並不是一個難以啟齒的想法，在大唐王朝，從皇帝到老百姓，許多人都懷揣著同一個「修仙夢」。所以當別人問你的理想是什麼，你說想成仙的時候，就像我們小時候說想當科學家一樣，絕不會有太多人嘲笑你。

然而世上想成仙的人千千萬，大多數人卻是既想長生不老又貪戀富貴權勢，既貪圖享樂又不肯努力，所以只能算是「表面修仙」。

元林宗卻是一個行動派。他雖生於官宦之家，卻並不貪戀錦衣玉食的生活。唐開元初年（約七一三年），與大唐的許多同齡人一樣，十幾歲的元林宗便早早辭別親人，懷揣著他的理想獨自踏上了離家遊學的旅途。

所謂「道無經不傳，經無師不通」，一個可靠的門派和師父對於學道者的作用是十分關鍵的。十五歲的元林宗經過一番波折，選定了當時最負盛名的道門大派——上清派，天資聰穎的他順利通過了考察，拜入上清派道士胡紫陽門下，就此入道。

既入道門，從此再非俗世中人，有必要與過去的自己做個區別。師父為他取了一個道號，叫作丹丘子。於是世間少了一個俗人元林宗，多了一個道士元丹丘。

說到這裡，有必要詳細介紹一下上清派，因為之後的許多歷史事件和人物都與這個道教組織有著千絲萬縷的聯繫。

對上清派，我們可能沒有什麼明確的概念，但如果提到茅山派，大家可能就會恍然大悟。

實際上，捉鬼驅邪只是上清派道士最下層的手段，這個門派從創立開始，所有人就只有一個終極目標——成仙。

上清派始創於魏晉時期，前幾代祖師如魏夫人、楊曦、「四許」，不是士族子弟就是自己本身擔任官職。他們沒有固定的門派駐地，也沒有廣收門徒，基本都是朋友、同事、親族之間互相交流傳授。早期的上清派與其說是個門派，不如說是一個士族修仙愛好者沙龍。

上清派的主要修行方式以「存神」、「誦經」為主，透過「服氣餐霞」進行日常修煉，平時還要不定時服用多種藥材進行補益。

上清派的道士每天都要花大部分時間修煉，同時還要維持自己的生活。畢竟誰也不是一上來就能「餐風飲露」的，在相當長的一段時間內，大家都是要吃喝拉撒的。而且，當大派的道士是有門檻的，不僅要識字，還得正確理解經文中的各種意象和內涵，有志於成為著名道士的還得會寫詩作文，與王侯公卿交遊。

特別是上清派這種「儒道合一」性質的門派，歷代宗師都具有極高的文學素養，這一點在選拔和考察弟子方面都是很被看重的。

我們可以發現，但凡歷史上有點名氣的上清派道士，如陶弘景、陸修靜、司馬承禎、吳筠等人，不是文學家就是詩人……凡此種種，都決定了當時的上清派修道人，不是普通老百姓家庭可以供養和承受的。

因其修行方式和理念符合上層人士的口味，上清派這個極具「仙味」的門派，從九代宗師陶弘景開始，便以祖庭茅山為中心快速發展壯大，並在唐代迎來了黃金發展時期，它的歷代宗師均得到皇帝尊崇，到了開元年間，一躍而成當時最負盛名的道門大派，風頭一時無兩。

成為上清弟子的元丹丘，在胡紫陽門下修行數年後，便獨自出外雲遊。因蜀地多名山大川，他在此流連隱居多年，並結識了同樣在蜀中青城山修行的女冠持盈法師。持盈法師那個時候還不叫持盈法師，叫作玄玄道人，她還有著另一個廣為人知的俗世身分——唐玄宗的親妹妹玉真公主。

元丹丘的經歷是就像小說的主角範本：本身就是「高富帥」，少年時便拜入道門大派，師父胡紫陽是上清派十三代宗師李含光的嫡傳弟子，正經的掌門嫡脈；出外雲遊又結識了出家修道的公主，並成為很好的朋友。許多人可能會以為接下來的劇情是他跟公主結為神仙眷侶，然後挑戰各派精英，到處斬妖除魔，最後功德圓滿，飛升成仙……。

然而，現實和小說總是截然不同的。無論從何種史料來看，元丹丘與玉真公主都是很純粹的道友關係，他們有空的時候會一起談玄論道，但是大多數時候都是各自隱居修行。

在結識了玉真公主之後，二十歲左右的元丹丘在蜀中遇到了他一生中最好的朋友與知己，同樣崇慕仙道並充滿激情的年輕人——李白。

02

李白與元丹丘可以說是一見如故，根據李白暮年所作《秋日煉藥院鑷白髮贈元六兄林宗》的描述，兩個人是「弱齡接光景，矯翼攀鴻鸞」。少年時，他與元丹丘相交，就如凡禽之攀附鴻鸞，二人互為對方的學識性格和風姿儀態所吸引，把臂同遊數日，如同親兄弟一般。

元、李二人雖志趣相投，但二人平生抱負其實是有很大差異的，這也導致了日後兩個人截然不同的命運。同樣作為狂熱修仙愛好者的李白，他的理想並不像元丹丘那麼純粹。

李白認為，自己單純躲起來修煉成仙是比較自私的，他應該出世輔佐君王，平定天下，光宗耀祖，最後像陶朱公和張良一樣，功成身退，隱居修行，這樣的修仙歷程才是圓滿的。

元丹丘當然知道李白的志向，相識不久，他便將李白介紹給了玉真公主，希望玉真公主可以將李白舉薦給皇帝。

彼時，年輕的李白才名未顯，所以玉真公主的反應並不十分熱烈。

李白與元丹丘在蜀中共同交遊隱居數年，結下了深厚的感情，隨後二人相繼離蜀。李白開始他「仗劍去國」的遊學之路，到處拜訪結交名人和政要，提高自己的知名度，元丹丘則繼續他的雲遊修行生活。

大約在開元二十年（七三二年），元丹丘隱居嵩山。他十分想念好友李白，便寫信邀請他來住一陣子。李白在《題嵩山逸人元丹丘山居序》中記錄了這件事：

白久在廬、霍，元公近游嵩山，故交深情，出處無間，喦信頻及，許為主人，欣然適會本意。當冀長往不返，欲便舉家就之，兼書共遊，因有此贈。

從「故交深情，出處無間」就可以看出李白與元丹丘的感情是何等的深厚，甚至於「當冀長往不返，欲便舉家就之」，李白甚至想全家都搬來跟元丹丘一起隱居修行。這與當時李白的心態變化也有一定關係，第一次入長安的李白失意而回，事業上的不得志讓他有了些許出世的念頭。

大約在開元二十二年（七三四年），李白果真如約來到嵩山，與好朋友元丹丘再度開啟了快樂的修行生活。

如果說杜甫是李白的忠實追隨者，那麼，李白無疑是元丹丘的「老迷弟」了。二人隱居嵩山期間，李白為元丹丘寫了很多詩，如《元丹丘歌》、《題元丹丘山居》、《觀元丹丘坐巫山屏風》等，都表達了他對好友逍遙隱居生活的羨慕和嚮往，還有對元丹丘的人品和修行的欣賞。

二人在嵩山隱居期間，除了喝酒聊天和到處閒逛，更多的時候，元丹丘都在指導李白修行。但是性格使然，李白是一個坐不住的人，所以元丹丘並不約束他。於是，在嵩山修行的這段時間，李白其實是三天打魚，兩天曬網的，沒事常跑去旁邊的洛陽玩。

當時的東都洛陽，是僅次於西京長安的繁華之地，娛樂業十分發達。李白在這裡認識了元丹丘的族弟元演，兩個人是「臭味相投」，天天吃飯喝酒，不亦樂乎。

元演同樣也是一個狂熱的修仙愛好者，與元丹丘一同受業於胡紫陽門下，但他的性格與李白更像一些，同是豪邁奔放之輩。

李白在《憶舊遊寄譙郡元參軍》中回憶二人在洛陽的生活：

> 黃金白璧買歌笑，一醉累月輕王侯。海內賢豪青雲客，就中與君心莫逆。

二人不僅是志同道合的道友，還是十分投契的「酒肉朋友」。

在洛陽待了一段時間，李白有些想家了，遂回到嵩山與元丹丘告別。兩個如同親兄弟一樣的摯友再次分別了。

03

李白與元丹丘、元演分別後不久，便又前往隨州胡紫陽先生處學道，元丹丘與元演亦相約而來，三人在胡紫陽門下一同聆聽教誨，每日談玄論道，著實是快樂無邊。

元丹丘的師父胡紫陽先生，這時候已經是非常有名氣的高道，他在老家隨州建了一座「餐霞樓」，與弟子們在此修煉和集會。按李白《漢東紫陽先生碑銘》中記載，胡紫陽先生門下弟子規模非常龐大，所謂「於神農之里，南抵朱陵，北越白水，稟訓門下者三千餘人」。這其實是個誇張的說法，這三千多人大多應該是崇拜者、信徒之流，真正的門下嫡傳弟子應該只有元丹丘、元演等幾人，不過這也從側面說明了紫陽先生的影響力。

李白雖與胡紫陽先生沒有師徒名分，但胡紫陽先生卻把他當成自己的弟子，悉心教授上清派修行要訣，所以李白實際上又成了元丹丘和元演的師弟。

從上清派有名的道士生平事蹟可以看出，這個門派中，真正的修道者大多都不喜歡長時間聚眾修行，而是願意獨自隱居；即使隱居也不會長時間待在一個地方，隱居一陣就會出外雲遊。就連司馬承禎擔任掌門宗師時，大多數時間也沒有坐鎮大本營茅山，反倒是在天台山隱居的時間比較長。

所以，在胡紫陽先生門下進修了一段時間後，元演先跑去仙城山隱居了一陣，後來又跑回來，拉李白一起回太原探親去了；元丹丘則去了少年時隱居的蜀中峨眉山轉了一圈。

其時已是開元二十四年（七三六年），從峨眉山歸來的元丹丘回到了嵩山，嵩山餘脈的潁陽山居已經成為他的一個主要隱居地。他歸來不久，便遇到了一個意外的訪客——岑勳。

岑勳大約也是官宦子弟，李白說他是「相門子」，朋友們都稱他「岑夫子」。元丹丘熱情招待了岑勳，兩人談起了共同的朋友李白，突然非常思念他，於是趕緊寫信把李白叫來。

開元二十四年的一天夜裡，三人置酒高會潁陽山巔。夜風微涼，他們在月下暢談平生志向，酒到酣處，李白已是醉眼蒙矓，高聲吟道：

君不見，黃河之水天上來，奔流到海不復回。

君不見，高堂明鏡悲白髮，朝如青絲暮成雪。

人生得意須盡歡，莫使金樽空對月。天生我材必有用，千金散盡還復來。

烹羊宰牛且為樂，會須一飲三百杯。岑夫子，丹丘生，將進酒，杯莫停。……

時間在這一刻定格，月光彷彿也失去了萬古不變的光輝，而月下的李白是如此奪目，即使在醉酒中也是儀態超然，恍若謫仙臨世，天地間唯有他一人而已。

這應該是李白最霸氣的一首詩了。

元丹丘和岑夫子呆住了，繼而叫好。儒門禮法，道門威儀，在那一天都被拋之腦後，三個中年男人且歌且飲，盡情發洩著往日鬱積在心中的愁緒。

那個往日沉靜淡然的道士也喝醉了，他不再去想什麼修行，慕什麼神仙……人生難得一醉。

開元二十九年（七四一年），由於玉真公主的舉薦，元丹丘被任命為西京大昭成觀威儀，他再度向這位道友推薦了李白。這時候李白的名聲已經不小了，玉真公主便向玄宗舉薦了他。

而此時的李白正與司馬承禎的師弟吳筠在一起。吳筠是一個典型的「儒道」，相比於他的道士身分，他的文名更為人所知，玄宗知道他的名聲，召他入宮為待詔翰林。吳筠跟李白互相仰慕對方的才學，他既然受召入京，便也順便向皇帝大力舉薦李白。

於是，在兩位「道友」的幫助下，蹉跎半生的李白，終於迎來了他苦盼已久的機會。

04

天寶元年（七四二年），胡紫陽先生在嵩山為弟子元丹丘傳授道籙，元丹丘成為了授籙的高級道士。在道教的概念裡，這是有資格「名登天曹」、死後不受幽冥輪回之苦的，可以說實現了超脫的第一步。

那時的元丹丘應該是很開心的，自己修行有成，得到師父的看重，又能與好友同入長安共事，真正是人生得意之時。

然而，長安的生活並不如想像中的那麼美好。大昭成觀是皇家宮觀，元丹丘主要負責不定時為皇家舉行相應的齋醮科儀活動，這裡沒有那麼多他想像中志同道合的道友，多的是鑽營奉承的道士、吞刀吐火的異人，以及鼓吹煉丹的方士。

胡紫陽先生也在推辭數次後不得已受召入京，擔任西京太微宮使，他看見這種混亂的情況，遂大力整頓，所謂「入宮一革軌儀，大變都邑」，然後每日召集弟子，講授《道德經》的精義，意圖透過這種方式讓大家回歸自然純粹的道門修行，而不是追求所謂「神通」和服丹成仙的捷徑。

但胡紫陽先生入京不過一年，便「稱疾辭帝」，這位上清派的高道已經預見到自己將不久於人世，他為自己寫祭文稱：「神將厭余，余非厭世。」

弟子們陪伴他一路回歸故鄉，在途經葉縣的時候，眾人在仙人王喬祠停留休息，胡紫陽先生「目若有睹」，然後便「泊然而化」。根據李白的記載，胡紫陽先生羽化時還伴隨一些異象，所謂「天香引道，屍輕空衣」，當地太守和百姓為他舉行了隆重的葬禮，李白親自為胡紫陽先生撰寫碑銘。

志同道合的三名師徒，彷彿天生就不適合生活在長安這個最大的名利場。

天寶三載（七四四年），皇帝給了李白一筆錢，讓他回老家了。從「御手調羹」到「賜金還山」，李白彷彿做了一場大夢，如今夢醒了，他終於沒有了任何希冀。

在胡紫陽先生仙逝後，早已看透這世間汙濁的元丹丘已先於李白辭職離去，回歸了過往的雲遊隱居生活。他東游蓬萊，西登華山，真正可稱得上雲遊四海，隨後便隱居石門山。

天寶九年（七五〇年），李白在石門山中與元丹丘相會，這是他們人生中最後一次見面。數年後安史之亂爆發，李白與元丹丘便失去了聯繫。

關於元丹丘這位開元年間的著名道士，史書並無太多記載，我們現在所知的絕大部分資訊都是來自於李白的詩文。可以說，我們所還原的是一個李白眼中的元丹丘，一個純粹的修道高人。

六、古代學霸的日常比拚——和一群狀元在一起考試是什麼體驗？

五十歲那年，歐陽修受命擔任科舉考試的主考官。正是春寒料峭時，各地士子收拾行囊，滿懷希望，進京趕考。

十年寒窗無人問，一舉成名天下知，金榜題名，是當時千萬讀書人的畢生所願。

一〇五七年，正是宋仁宗嘉祐二年，一個看似平凡、其實並不平凡的一年。

從正月初六，歐陽修權知貢舉，到三月初五，他奏名進士，各科共錄取八百九十九人，其中進士三百八十八人。

一甲三名：狀元章衡、榜眼竇卞、探花羅愷。

這些人你都不認識？沒關係。同年考中進士的還有：名列唐宋八大家的蘇軾、蘇轍、曾鞏；宋明理學的引路人張載、程顥以及王安石變法的核心幹將呂惠卿、曾布、章惇等。

這一年的科舉，光輝熠熠，照耀了整個大宋。

01

蘇軾與蘇轍，是在父親蘇洵的陪同下進京的。

老蘇很勵志。他年少時讀不進書，四處交遊，快意任俠。等成了家，有了孩子，他才知道萬般皆下品，唯有讀書高。自二十七歲始，他發奮求學，曾連續六七年宅在家裡，除了學習就是學習，並立志學業未成，絕不提筆寫作。

什麼時候開始讀書，都不算晚，大器晚成的蘇洵終於成為遠近聞名的大學者，開創蜀學。

宋嘉祐二年（一〇五七年），二十歲的蘇軾和十八歲的蘇轍進京參加省試（相當於明清時的會試），一舉成功。

以蘇軾、蘇轍的年紀，考中是什麼概念呢？可說是天縱之才。

要知道，清代的才子蒲松齡一生考了許多次鄉試，直到七十歲，連個舉人都沒考上，更別說進士了。當然，也正是因為屢試不第，蒲松齡才有機會為後世留下了一部名著。

蘇軾與蘇轍的成功，有一定原因是搭了當時古文運動的便車。

宋初曾一度流行西昆體和太學體等文體，其中，西昆體矯揉造作，太學體險怪艱澀，都是文壇毒瘤，卻受到廣泛推崇。

作為當時古文運動的領袖，歐陽修看不下去了，想趁這次試舉好好整治不正文風。評策論的考卷時，歐陽修的好友，同時也是考官之一的梅堯臣，發現一篇《刑賞忠厚之至論》，觀點新穎獨到，行文不落俗套，讓人歎為觀止。

歐陽修一看，確實不得了，策論第一捨他其誰？但他又轉念一想，這該不會是老夫的弟子曾鞏所作吧？為了避嫌，歐陽修將這篇文章評為第二，等到名次揭曉後，他才知道，這篇文章竟出自蘇軾之手。

歐陽修心悅誠服。只是，蘇軾文中有一句「當堯之時，皋陶為士，將殺人。皋陶曰『殺之』三，堯曰『宥之』三」。歐陽修實在想不起出自何處，對此耿耿於懷。

後來，歐陽修當面問起蘇軾。蘇軾說，那是我編的啊！

無才的人叫瞎編，有才的人那叫創作。歐陽修忍不住地給蘇軾按讚，他在給梅堯臣的信中說：老夫當避路，放他出一頭地也。

宋仁宗在讀過蘇軾兄弟倆的文章後，心中一個激動，當即表示：「今又為吾子孫得太平宰相兩人。」後世也都領會蘇東坡的曠世才情，直至今天，語文教材中要求「背誦並默寫」的，除了李、杜的詩，最多的就是蘇軾的詞了。

02

歐陽修會錯把蘇軾的文章認成是曾鞏的，是因為他對曾鞏這位得意門生相當看重。在今人眼裡，唐宋八大家中最沒存在感的，曾鞏要算第二，沒人敢當第一。但在宋人眼中，曾鞏可是一點都不「打醬油」的，他主張遵經明道，文道並重、文以經世，是古文運動的中流砥柱。

自曾鞏年輕時，他就是歐陽修的追隨者，常以歐陽修為表率，「言由公誨，行由公率」。年輕的曾鞏鼓起勇氣，給偶像寫了一封自薦信，並附上自己寫的《時務策》。

歐陽修畢竟是位善於發掘人才的伯樂，史書說他「獎引後進，如恐不及，賞識之下，率為聞人」。看到曾鞏的文章，歐陽修十分讚賞。

可惜，曾鞏這人時運不濟，他擅長寫文章，但應試能力不強，所以一直被埋沒。於是，歐陽修撰文為他叫屈，寫了篇《送曾鞏秀才序》，讚揚了曾鞏一番，還順便把當時的選官制度批判了一下。

歐陽修說，不是你的錯，全是考官的責任。在他的鼓勵下，曾鞏鍥而不捨，終於在嘉祐二年高中。

這一年試舉，北宋古文運動旗開得勝。蘇軾、蘇轍、曾鞏等人為文壇注入了新鮮血液。

03

嘉祐二年考中進士的，還有曾鞏的弟弟曾布。

曾鞏潛心治學，在政治上鮮有成就，而曾布就不一樣，他踏入政壇就如魚得水，日後成為叱吒風雲的人物，是新黨的得力幹將。這人脾氣強，為人剛直，倒是和他上司王安石很像，被梁啟超評價為「千古骨鯁之士」。

而打虎還得親兄弟。嘉祐二年，有好幾對兄弟同科及第，除了蘇軾兄弟、曾鞏兄弟，還有林希、林旦兄弟，王回、王向兄弟等。

不過，在那個時代，對後世思想影響最深的，還屬理學家「二程」兄弟，即程顥和程頤。其中，

程顥也是嘉祐二年進士，而程頤雖然名聲在外，但一生都沒考中進士。

兄弟倆師承濂學開創者周敦頤，提出「理」是萬物本原、「存天理，去人欲」等主張，開創洛學。後來與程朱理學齊名的陸王心學，實際上也肇始於程顥，兄弟倆可說是引導了以後幾百年思想史的發展。

嘉祐二年，榜上有名者，還有另一位理學家張載。

張載是關學的開創者，主張「氣本論」，他和二程算親戚關係，是二程的表叔，叔侄關係很不錯。

程顥常和張載在寺廟中坐而論道，談天說地，無所顧忌。程顥豪言，古往今來，也就我們聊天可以聊到這個高度。

人生在世，總得給自己立個小目標。張載為後人留下了萬古流芳的四句話：

為天地立心，為生民立命，為往聖繼絕學，為萬世開太平。

這是歷代讀書人的崇高理想。可惜，宋代以後，作為官學的理學逐漸變得壓抑變態，以至到了「以理殺人」的地步，「二程」和張載等人的理想徹底被曲解了。

04

科舉說到底是選官制度，嘉祐二年湧現了這麼多文化名人，自然也少不了政壇精英。從宋神宗在位時（一〇六七——一〇八五年）的王安石變法，到宋哲宗在位時（一〇八五至一一〇〇年）的元祐更化、紹聖紹述，這些政治改革中都有嘉祐二年進士們的身影，新黨中有呂惠卿、章惇、曾布等，中間派及舊黨中則有蘇軾、蘇轍、程顥等，雙方在朝堂之上明爭暗鬥，甚至各自黨派內部也矛盾重重。

宋熙寧二年（一〇六九年），王安石任參知政事，開始執掌政權，主持變法。呂惠卿是變法的二把手，在老王眼裡，小呂是位好下屬。

王安石比呂惠卿年長十一歲，常一起討論經義，兩人意氣相投，結為莫逆之交。王安石變法，事無鉅細，都要與呂惠卿商量，大部分章奏出自呂惠卿之手，青苗、募役、保甲等法都是由他制定。在王安石看來，有我老王吃的，就有你小呂一份。可是，呂惠卿這人不厚道。王安石還在前線振臂高呼：「兄弟們，上啊！」回頭一看，自家人卻在內鬥。

先是呂惠卿和曾布交惡。熙寧三年（一〇七〇年），呂惠卿因父喪離職，曾布暫代他改定募役法。等到呂惠卿回朝，發現曾布擅自改動了自己擬定的新法，絲毫不念及自己的勞動成果，呂惠卿一向小家子氣，由此和曾布結怨。

熙寧七年（一〇七四年），曾布被捲入市易務案。市易務是市易法的執行機構，而所謂市易法是為抑制兼併、增加財政收入實行的新法之一。市易法的原則就是由市易務出錢，收購滯銷貨物，等市場短缺時再賣出，以此限制豪商大賈對市場的控制。曾布不得要領，指派市易務的判官呂嘉問派官吏到各地購買貨物，禁止商人先交易，與民爭利，剝削百姓。

呂惠卿趁機打壓曾布，誣告他背叛新法，王安石居然信了。此案導致曾布被罷官，這是新黨內部第一次分裂。

同年，王安石因朝野輿論，第一次罷相。

呂惠卿接任參知政事，瞬間自我膨脹，完全忘了自己是王安石一手提拔的。執掌朝政後，呂惠卿任人唯親，專橫跋扈，借機收拾政敵。

王安石的弟弟王安國跟呂惠卿早有過節。王安國熱衷於吹笛，王安石曾勸他少沉迷玩樂，王安國卻反要老哥遠離小人，他所指的小人就包括呂惠卿。

呂惠卿上臺後，將王安國削職放歸鄉里，沒過多久，王安國就病死了。

這可是恩人的親弟弟。

呂惠卿垂涎新黨領袖之位，不肯讓老上司王安石回朝，借用祭祀赦免的舊例，向宋神宗推薦任王安石為節度使。

而呂惠卿的小心思，宋神宗當然知道，立刻質問他：「老王又不是因罪被罷免，為何要以赦免的方式復官？」

第二年，王安石東山再起，回朝執政，搞了這麼多小動作的呂惠卿慌了。王安石很生氣，很快將呂惠卿排擠出朝。呂惠卿從此屢遭貶謫，疲於奔命。

儘管呂惠卿是變法的先驅，在邊境也忠於職守，卻再也難以進入政治中心，被新、舊黨共同嫌棄。

05

與此同時，舊黨反對新法的火力一點兒也不小，以司馬光為首的舊黨從熙寧年間就對新黨連續炮轟。朝堂之外，至交好友飲酒賦詩；朝堂之上，新舊兩派黨同伐異。有時候，同樣的一群人，在生活中是朋友，到了朝廷，就成為政敵。

蘇軾與章惇的恩怨就極具代表性。

章惇是蘇軾多年的好友，二人感情深厚。據說有一次，蘇軾和章惇一起出遊，路過一處獨木橋，橋邊景色宜人，橋下是萬丈深淵。

章惇跟蘇軾提議：「要不我們一起過去，到對面石壁上題個字？」豪放的蘇軾難得冷靜一回，覺得沒必要冒這個險。章惇卻不怕，大笑一聲，快步走過，在石壁上寫下「蘇軾、章惇來遊」，然後從容不迫地走回來。

蘇軾對章惇說：「子厚兄以後能殺人。」

章惇問，何出此言。

蘇軾笑道：「你連自己的命都不顧了，還會顧惜別人的生命嗎？」

他一語成讖，多年以後，章惇確實差點要了蘇軾的命。

章惇的科舉生涯也有幾分傳奇色彩。

嘉祐二年，章惇進京，高中進士。但章惇一看，狀元居然是自己的族侄章衡，他當場就不高興了，拒不受敕，打道回府。兩年後，重頭再來，又一次考中。

章惇就是這麼自信。

王安石變法期間，章惇和呂惠卿等人一樣，是草擬和制定新法的骨幹，而作為舊黨的蘇軾一向心直口快，好議時政。

元豐二年（一〇七九年），蘇軾身陷烏臺詩案，被政敵群起而攻之，命懸一線。

章惇不懼被新黨同僚排擠，仗義相助。他撰文勸慰蘇軾，並上書神宗：「蘇軾弱冠之年就擢進士第，二十三歲應直言極諫科，評為第一。仁宗皇帝見過蘇軾，將他視為一代之寶。如今反而將他置於牢獄，臣實在擔心，後世會借此事說陛下聽諛言而惡訐直啊。」

在章惇等人的援助下，宋神宗網開一面，將蘇軾貶為黃州團練副使，同時受牽連的還有他弟弟蘇轍，被貶為了筠州鹽酒稅監。

這一年，作為朝臣的蘇軾「死」了，作為文人的蘇東坡卻「活」了。

謫居黃州期間，蘇軾過著清貧的日子，能用以度日的，不過是幾畝薄田、幾壺濁酒。他詠古抒懷，「故國神游，多情應笑我，早生華髮」；他豪放灑脫，「竹杖芒鞋輕勝馬，誰怕？一蓑煙雨任平生」；他樂觀曠達，「誰道人生無再少？門前流水尚能西，休將白髮唱黃雞」；他慨然長歎，「長恨此身非我有，何時忘卻營營」。

同時，蘇東坡也有哀傷的一面。在黃州的第三年寒食節，蘇軾作了兩首五言詩，揮筆寫下有「天下第三行書」之稱的《寒食詩帖》。「何殊病少年，病起鬚已白」，鬱鬱不得志的惆悵之情溢於紙上。

06

風水輪流轉。宋哲宗即位後，改元為元祐。皇帝年紀尚幼，舊黨領袖司馬光在宣仁太后的支持下上臺執政，力主廢除新法，打擊新黨，史稱「元祐更化」。

蘇軾被召回朝，這會兒輪到章惇倒楣了。元祐元年（一〇八六年），司馬光等舊黨上書要求廢除募役法。章惇據理力爭，立刻遭到舊黨攻擊，其中還包括蘇轍寫的論狀。一向自視甚高的章惇心都涼了，不久就被貶知汝州，後來又被貶到嶺南，比蘇軾當年還慘。

狂傲的人一旦自尊心受到打擊，難免會性情大變，章惇正是如此。元祐八年（一〇九三年），宋哲宗親政，次年改元紹聖，再次起用章惇、曾布等新黨舊臣，恢復變法，史稱「紹聖紹述」。

章惇的命運再一次發生轉折，而他重新得勢之後，便對舊黨進行報復，對老友蘇軾的最後一絲仁慈也消耗殆盡。

紹聖元年（一〇九四年），蘇軾作為舊黨分子，遭到清算，被貶至惠陽（今廣東惠州）。蘇軾繼續發揚樂觀主義精神，寫下詩句「為報詩人春睡足，道人輕打五更鐘」，好不逍遙自在。

章惇可沒有蘇軾的氣度，經過大起大落的他，內心早已扭曲，他看不慣蘇軾的瀟灑，心裡滿是憤恨。章惇又將蘇軾貶到最偏遠的儋州（今海南儋州）。

此時，蘇軾已年近六十，去了儋州，恐怕就再也回不來了。

元符三年（一一〇〇年），年僅二十四歲的哲宗英年早逝，沒有子嗣，風頭正勁的新黨再次詮釋了什麼叫「生命不息，內鬥不止」。

章惇和曾布在立儲一事上起了分歧。曾布等人認為，應立哲宗的弟弟端王趙佶，而孤傲的章惇站在眾臣對立面，認為趙佶「輕佻無行」，不宜繼承大統。

這一回，章惇站錯隊了。眾所周知，趙佶即位稱帝，便是宋徽宗。徽宗即位後，章惇被罷相，貶出京。五年後，病死於湖州團練副使任上。就在章惇被貶的這一年，遠在海南的蘇軾遇赦北歸。

第二年六月，蘇軾途經京口，偶遇章惇之子章援。章援是元祐年間蘇軾知貢舉時考中的進士，與蘇軾有師生之誼。

章援擔心，一旦蘇軾被起用，會報復章家，因此惴惴不安地與蘇軾通信，請他看在往日的情分上，對章惇一家多多關照。

蘇軾當即表態：「某與丞相定交四十餘年，雖中間出處稍異，交情固無增損也。」當初，章惇欲置蘇軾於死地；如今，蘇軾不僅沒有怨恨章惇，反而發自內心地表達對友人的關愛。在烏煙瘴氣的朝廷，有這樣的博大胸襟真是難能可貴，與章惇的心狠手辣形成了鮮明對照。

遺憾的是，蘇軾等不到施展抱負的那一天，也等不到與章惇的和解，六十四歲的他，在北歸途中病逝於常州。

章惇離京後，曾布本有機會一家獨大，偏偏宋徽宗信任的是另一位權臣蔡京。

蔡京先是揪住了曾布的把柄。曾布有意提拔自己的親家陳佑甫為戶部侍郎，蔡京上奏說：「官爵是陛下的賞賜，宰相哪來的權力私自授人呢？」

曾布在朝堂之上與蔡京爭辯，沒想到越說越激動。

蔡京的親信尚書右丞溫益當面呵斥，甚至直呼其名：「曾布，你怎敢在皇上面前如此失禮？」

宋徽宗對曾布開始有些不耐煩。隨後，蔡京又想給曾布加以貪汙之罪，命開封知府呂嘉問逮捕曾布諸子，進行威逼利誘，以此來給曾布羅列罪名。這個呂嘉問，正是當年市易務案中被曾布彈劾的那位。曾布這輩子倒了兩次楣，都跟他有關。

失去了宋徽宗的信任，曾布被一貶再貶。

大觀元年（一一〇七年），七十二歲的曾布在潤州知州任上去世，嘉祐二年進士中的最後一位權臣黯然落幕。

在政壇上幾經浮沉的曾布，功勳卓著，日後卻與章惇、呂惠卿等一起被史官列入《奸臣傳》。而他哥哥曾鞏一生為官廉潔，一心鑽研學問，在《宋史》中被給予了很高評價，其文章與王安石、歐陽修齊名，「卓然自成一家」。

同年考中進士的兄弟倆，評價如此不同。

章惇和曾布先後離京，宋徽宗命蔡京將前兩朝參與「黨爭」的大臣列出來，整理成一份黑名單。於是，蔡京七拼八湊，找出「元祐黨人」三百零九名，將這些人定為奸黨，蘇軾、章惇、曾布等赫然在列。

宋徽宗不許黨人子孫留在京師，且列名的人一律「永不錄用」，隨後由蔡京手書姓名，發至各州縣。這些英才，鬥爭了大半輩子，最後居然什麼也沒得到。

嘉祐二年初春，士子們躊躇滿志，一心為國效力，卻在不知不覺間分道揚鑣。有的人眼睜睜看著理想破滅，有的人在漫漫長路上迷失，還對同年舉起了屠刀。

或許，在封建社會的官場上，從來就只有利益，沒有情誼。

07

中國歷史上，像嘉祐二年進士榜這樣星光熠熠的名錄並非孤例。自科舉制開創以來，無數仁人志士寒窗苦讀，歷經層層篩選，走向帝國官場，他們或鮮為人知，或流芳百世，或碌碌無為，或功高蓋世，在不同的人生境遇中迎接各自的命運。

南宋紹興二十四年（一一五四年）的科舉也是一次文壇盛會，應舉考生中有南宋著名詩人陸游。這位愛國詩人是堅定的主戰派，自稱「學劍四十年」、「上馬能擊賊」，可在這一年的進士榜中，眾望所歸的他竟然名落孫山。

按照慣常的說法，陸遊是因為得罪了秦檜才科舉落第、仕途不暢。當時，秦檜的孫子秦塤與陸游同年考試，本位居陸游名下，秦檜得知後大怒，他早想將這些主戰派文人當成不合時宜的刺兒頭進行打擊，這下正好逮住機會。於是，他便向考官施壓，讓秦塤頂替了陸遊的名次，甚至要讓孫子當狀元候選人。

後來秦檜倒臺，秦家後人的日子都不好過，包括奪了陸游名額的秦塤，生活一度也很潦倒。陸游為人寬厚，有次路過南京，還專門去看望秦塤，並不記當年之仇怨。

這一年，宋高宗欽點的狀元不是秦塤，而是張孝祥。

作為南宋著名的豪放派詞人，張孝祥上承蘇東坡，下啟辛棄疾，以忠憤悲慨的愛國詩詞聞名於世。當選新科狀元不久，張孝祥拒絕秦檜一黨的招親，冒天下之大不韙上書宋高宗，為嶽飛鳴冤：「岳飛忠勇天下共聞。一朝被人誹謗，旬日間即死亡。結果敵國慶幸，而將士解體，非國家之福也。」

在張孝祥的同年中，還有一位膽色過人的書生。在進士及第七年後，他的這位好友——虞允文在採石之戰中臨危受命，以文官的身分指揮宋軍大破金兵，迫使金主完顏亮移師渡江，最終被部下所殺。張孝祥得知此事後，當即作了一首《水調歌頭・聞採石磯戰勝》，詞中寫道：「我欲乘風去，擊楫誓中流！」

後來，張孝祥有一次為虞允文送行，在蕪湖一艘小船上設宴。席間，二人依舊熱切關注國家命運和北伐前程。或許是因為對朝中主和派大臣切齒痛恨，張孝祥喝了太多的酒，本來就身體抱恙，再加上心情鬱悶，不久後竟得急病去世，年僅三十八歲。

與張孝祥、虞允文同榜中進士的還有范成大和楊萬里。

范成大與楊萬里、陸游、尤袤合稱南宋「中興四大詩人」，他長年在各地任地方官，後來在四川與陸游以文會友，漸成莫逆之交。范成大不僅關心百姓疾苦，還陶醉於四方風土人情。他最有名的作品是田園詩，其代表作《四時田園雜興》被錢鍾書譽為「中國古代田園詩的集大成者」。

另一位大詩人楊萬里被譽為南宋「一代詩宗」、文壇領袖。相傳他一生寫有兩萬多首詩，現有四千二百多首，其中以《小池》流傳最廣，一句「小荷才露尖尖角，早有蜻蜓立上頭」朗朗上口。

明嘉靖二十六年（一五四七年）的科舉考試同樣人才輩出，為逐漸走下坡路的大明王朝選拔了力挽狂瀾的名臣。

這一年，登進士第的三百多人中，史書留名者有七十多位，其中有日後推行萬曆改革的內閣首輔張居正，有獨領大明文壇二十年的王世貞，有上疏力劾嚴嵩「五奸十大罪」、以死諫言的直臣楊繼盛，有抗倭名將殷正茂，還有疏通河道、治理漕運的凌雲翼等。

三百年後，清道光二十七年（一八四七年），近代中國衰朽不堪，紫禁城的黃昏閃耀著最後榮光。

這一年，李鴻章考中進士，但名次並不前面，列二甲第十三名。當時誰也想不到，這個年輕人將會成為晚清最重要的名臣之一。

與李鴻章同年的狀元，名叫張之萬，是另一位晚清名臣張之洞的堂兄，他中進士的「金榜」現在還藏於臺北故宮博物院中。

據說，張之萬差點就與狀元失之交臂。那一年，大學士卓秉恬想讓自己的老鄉伍肇齡中狀元，就暗地裡告訴主考官，讓他多認認伍肇齡的字。主考官原本也想幫忙，但考試是糊名制，他只好回去把伍肇齡平時寫的作品看了一遍，保證閱卷時一眼就能看出來。卻沒想到張之萬的字體跟伍肇齡非常像，試卷也答得好，主考官誤以為是伍肇齡的卷子，就把張之萬的卷子評為第一名。

這一年的科舉考試並非這一例奇聞逸事。

同年考中進士的，還有林則徐的女婿沈葆楨，他是中國近代造船、航運、海軍建設事業的奠基人之一；還有湖南人郭嵩燾（這是他第五次赴京參加會試），他是中國近代外交家的先驅，也是中國首位駐外大使；還有日後成為封疆大吏的馬新貽，他在赴任兩江總督時遇刺，此案成為晚清四大奇案之一，生平事蹟被改編成各種小說戲劇，值得一提的是，會審此案的正是張之萬。

科舉制在清末走向落幕，這一延續千餘年的取士制度，曾經為歷朝歷代選用了無數安邦定國的人才，改變了無數學子的命運，後期卻隨著近代的腐朽帝國陷入停滯落後的泥潭。

天才總是成群而來。當天下寒士各得其所，無論是治國大才，還是無名之輩，都能找到各自的上進管道，這才是真正的清平盛世。

第二記：浮生記情

一、美人禍國往事——被牽連和辜負的，是誰的世界？

男權時代總喜歡讓女子背黑鍋，尤其是當國勢衰微時，沒有一兩個美女來扮演紅顏禍水，劇情發展似乎就不合理。

史籍不僅對成功男人背後的女性著墨，還常常把失敗帝王背後的女人揪出來批判，安上禍亂朝綱的罪名。所謂「女性讓男人墮落」、「紅顏禍水」的說法正是出自於此。

01

先秦歷史遙遠而模糊，即便是在這段尚待挖掘的歷史裡，史書都要給亡國之君身邊安排一個特定角色——禍亂朝廷的美女。

直到如今，考古學者們還在為證實夏代歷史而殫精竭慮，但春秋時期的《國語》，已經先把夏朝滅亡的「鍋」甩給了深受末代君主夏桀寵幸的美女妹喜，這也是古代史官第一次將亡國與美色聯繫起來。

傳說妹喜來自有施氏，該部落被夏打敗後，將她獻給夏桀。妹喜是個拜金美女，平生有三大癖好：一是喜歡泡在酒池裡飲酒作樂，二是喜歡聽絹帛撕裂的聲音，三是喜歡穿戴男人的衣冠。

夏桀一一滿足她的要求。據說他為妹喜建造了一個大酒池，池中可以泛舟，他一聲令下，三千人同時將頭伸入池中飲酒，號稱「牛飲」。夏桀又命人運來大量絹帛，當著妹喜的面一匹一匹撕給她聽。看著美人笑靨，夏桀心裡美滋滋。

實際上，夏桀與妹喜的荒淫之舉多是後世文人的牽強附會，如「撕帛」一事出自西晉皇甫謐的《帝王世紀》，但這個故事一點都不可靠。《國語》、《竹書紀年》等先秦史書對妹喜的記載不過寥寥數語。

然而，現在提及夏亡，很多人第一個想到的還是妹喜。

02

無獨有偶，商朝的末代君主帝辛身邊也有一個美人，那就是大名鼎鼎的妲己。

據記載，帝辛為了討好妲己，修酒池肉林，讓男女裸奔其間，朝夕歡歌。他還花了七年的時間築鹿台，勞民傷財，更是對反對者施以慘無人道的炮烙酷刑，即堆炭架燒銅柱，令人行走其上，以致其落火被焚而死。

如此，一個和亡國之女尋歡作樂的末代暴君形象躍然紙上。

渭水中游的周，經過多年發展逐漸強盛。在帝辛醉心享樂之時，周武王曾發起伐商的軍事演習，各方諸侯群起響應。

牧野之戰，武王伐紂，一戰功成，帝辛自殺，商朝滅亡，妲己的命運也十分淒慘。周武王在誓師時便曾對她公開譴責：「古人有言：『牝雞無晨；牝雞之晨，惟家之索。』如今商王只聽妲己的讒言，自甘墮落，這問題大了。」

滅商後，周武王將妲己斬首，將她的頭懸於小白旗上。史書曰：「以為亡紂者，是女也。」

可是，妲己就真的這麼不堪嗎？

在周武王的誓詞《牧誓》中，列舉了帝辛的六大罪狀，對於後世熟悉的酒池肉林、修鹿台、炮烙等卻隻字未提。這些罪行是在之後數百年的史書中才逐漸出現，並轉嫁到妲己身上的。

西漢劉向的《列女傳》將妲己放在《孽嬖傳》中，把她當作反面教材。在此前史書的記載中，帝辛是為了知道聖人之心是否有七竅，而剖開忠臣比干的心，但在《列女傳》中，變成了妲已在一旁說「吾聞聖人之心有七竅」，於是帝辛才下令剖開比干的心來看。這時，喪盡天良的就是妲己了。

而那個將妹喜拜金形象進一步完善的皇甫謐，在《帝王世紀》中又稍稍改變了以往史書描寫妲己的一些細節，如帝辛為妲己建造的鹿台，在《列女傳》中還是「高千尺」，到這裡被提高了十倍，變成了「高千丈」。

明代小說《封神演義》更是把妲己塑造成狐狸精的化身，這一形象深入人心。妲己為殷商滅亡背的這個「鍋」，是如何也甩不掉了。

03

周伐商的其中一個動機是帝辛寵愛妲己：無獨有偶，西周之所以會走向覆滅，很大程度上是因為周幽王寵愛褒姒。

褒姒僅僅憑藉年輕貌美，靠著周幽王的寵愛，在生下兒子伯服後便被立為正宮，伯服更是被立為太子，照理說是個人生贏家。

可是，褒姒偏偏是個冷豔美人，平時十分冷淡，不愛笑。周幽王想方設法逗她笑，可是收效甚微。此時，寵臣虢石父獻計，導演了一出「烽火戲諸侯」的好戲。

周幽王聽從其建議，點燃了烽火臺，使各方諸侯以為外敵入寇，前來勤王。各地諸侯風塵僕僕地趕來，發現根本沒有敵軍入侵，只有周幽王在城頭喊：「辛苦了，各位。沒什麼事，你們回去吧。」諸侯們這才知道上當，失望地離去。褒姒看著他們傻裡傻氣，白忙一場，這才嫣然一笑。

周幽王大喜，賞虢石父千金，此即「千金一笑」。

而之後的故事，我們也都很熟悉了：等到犬戎真的入寇，幽王舉烽火而諸侯未至，被殺於驪山之下，褒姒也被擄走，不知所終，西周在動亂中走向滅亡。

褒姒一直都被視為紅顏禍水。可是，烽火是周幽王放的，還是褒姒放的呢？男人犯的錯，結果卻讓女人承擔，總歸有些不公平。

另有學者根據近年發現的史料考證，西周滅亡的歷史原因應是這樣：幽王廢原太子宜臼後，宜臼感覺到生命危險，於是投靠其舅舅申侯，與其父唱對臺戲。在自立門戶期間，宜臼先後取得許文公、魯孝公、晉文侯、衛武公、鄭武公等諸侯的支持，一場政變早已在醞釀之中。

申侯本就對幽王不滿，於是，在幽王十一年（前七七一年）聯合犬戎一起攻打幽王，才有了周幽王命喪驪山的悲劇。

可見，烽火戲諸侯是虢石父為周幽王出的餿主意，是幽王自己主演的鬧劇，而褒姒的主要戲分無非是笑一笑。至於之後西周的動亂，更多是因為周幽王與廢太子的政治對立。

對於三代都將亡國原因強加於美女身上的做法，早有人為之鳴不平。魯迅的《且介亭雜文》中，有一篇文章如此寫道：

> 我不相信妲己亡殷、西施亡吳、楊貴妃亂唐那些古老話。我以為在男權社會裡，女性是不會有這麼大的力量的，興亡的責任，都應該由男的負。但向來男性作者，大抵將敗亡的大罪，推在女性身上，這真是一錢不值的、沒有出息的男人。

04

然而，這樣的故事卻總是不斷上演。

五八九年，隋滅南陳，為南北朝的亂世徹底畫上了句號。在此期間，又有一個女子的禍水名號出世，她便是陳後主的寵妃張麗華。

張麗華出身貧窮，她的父、兄都以織席謀生。她十歲便被選入宮當宮女，本來默默無聞，偶然間得到陳後主的寵幸。

陳後主不理朝政，沉溺於溫柔鄉中，還創作了《玉樹後庭花》這首被後世視為亡國之音的豔曲，讚美張麗華的絕世美貌。

張麗華雖身世卑微，但也有幾分才情，史書說她受寵，其中有一句是「性聰慧，甚被寵遇」。天資聰穎的張麗華素有辯才，能說會道，善於察言觀色。得寵後的她為人大度，從不橫行霸道，十分受宮女們尊敬，後宮上下都對她感恩戴德，爭著說她的好處。

可是，當時南陳面臨內憂外患，陳後主昏庸無能，處理政事更是荒唐。面對百官啟奏，陳後主自己倚在靠

枕上，讓張麗華坐在膝上，參與決策，早已將國家危亡拋至九霄雲外。

當隋軍攻入南陳都城建康後，陳後主驚慌失措，為了逃命，情急之下和張麗華一起藏到井裡，隋軍發現後，用繩索將這亡國之君和他的寵妃拉了上來。

在滅陳戰役中領銜統帥的，是後來的隋煬帝楊廣，他本想將張麗華納入府中，可是真正掌握兵權的名臣高熲卻勸諫道：「周武王滅殷商，將妖女妲己處死。張麗華蠱惑人心，禍亂朝政，如今平陳，如何能留？」

於是，張麗華被下令處死，命喪青溪之中，她的罪名正是紅顏禍水。

晚唐杜牧有一句詩「商女不知亡國恨，隔江猶唱後庭花」，借陳後主與張麗華尋歡作樂的典故，暗諷時人忘了亡國之恨、黍離之悲。他在《臺城曲二首》中，又寫「門外韓擒虎，樓頭張麗華。誰憐容足地，卻羨井中蛙」，再次提及南陳舊事。

事實上，冰凍三尺，非一日之寒。南陳滅亡是大勢所趨，不是一兩個人能促成的，即便沒有張麗華，也會有其他人，改變不了滅亡的結局。

05

另一個背黑鍋的著名美女當數楊貴妃了。

千百年來，楊貴妃因唐玄宗的獨寵，而被很多人視為安史之亂的元兇，也被認為是唐朝衰落的禍亂之源。更何況，她的族兄楊國忠因她而官拜宰相，這個人生性貪婪、能力低下，是唐玄宗後期亂政的禍首之一。

但是，就這樣把楊貴妃和安史之亂掛鉤未免有失偏頗。

歷朝歷代都有後妃弄權，唐代的後宮尤其不缺強勢的女子。武則天臨朝稱制，自立為帝；韋皇后陰謀奪權，毒害親夫。而楊貴妃，自始至終只是一個深受皇帝寵愛的小女子，從史料中看不到她對權力有絲毫欲望。

楊貴妃對權力無欲無求，只是喜安逸享樂。在史書中，她與唐玄宗的宮廷生活，更多展現的是她出身官宦世家，與生俱來的「小資情調」。

唐玄宗為討楊貴妃歡心，也是費盡心思。楊貴妃喜歡吃荔枝，唐玄宗就在荔枝豐收的季節，專門派人從四川等地加急運送入京。新鮮荔枝被送進宮時還帶著露水，讓人食指大動。「一騎紅塵妃子笑，無人知是荔枝來」，楊貴妃品嘗荔枝的曼妙姿態我們已無從想像。白居易的詩說「回眸一笑百媚生，六宮粉黛無顏色」，楊貴妃能讓從年輕時就投身政治旋渦的唐玄宗如此寵愛，應當是風華絕代的女子，更是大唐鼎盛的一個象徵。

可是，當安史之亂爆發，人們卻要這個小女子承擔責任。七五六年，唐玄宗在安史叛軍的步步緊逼下，一路向西奔逃，途經馬嵬坡，士兵嘩變。他們在亂刀砍死楊國忠後，又將屠刀伸向了楊貴妃。他們說：「賊本尚在。」

士兵們將楊貴妃視為楊國忠亂政的根本和安史之亂的起源，這本就是蠻不講理的事情，如今殺了楊國忠，更怕她日後報復，只能一不做二不休。那一刻，唐玄宗才明白，兵荒馬亂之下，他連心愛的女人都保護不了。

在馬嵬坡，楊貴妃得到唐玄宗的最後賞賜，一條白綾，隨後，她在梨樹下香消玉殞。

楊貴妃對政治一無所知，但她身邊有一個晚年昏聵不可靠的皇帝，有一個專權誤國的族兄，遠處還有一個野心勃勃、圖謀不軌，比楊貴妃大十幾歲，還曾厚著面皮，請求當她養兒的安祿山。

這就是她一生悲劇的癥結所在。

七五七年十月，唐軍收復長安，身在成都，被迫當了太上皇的唐玄宗終於起駕回京。

他命人找到了楊貴妃的墳墓。當墳墓被掘開時，楊貴妃的肉身早已消逝，只有一個隨身香囊依舊完好。負責此事的宦官回去後，將香囊呈給唐玄宗，垂垂老矣的玄宗只能手捧香囊，在風中歎息。

一個弱女子，為當政男人們主導的王朝危機承擔錯誤，落得這樣淒涼的結局。是她讓大唐走向墮落，還是大唐欠她一個公道呢？

06

楊貴妃當然不會是最後一個為男人背黑鍋的美女。

明末清初，又有吳三桂「衝冠一怒為紅顏」，引清軍入關的傳聞。在這其中，吳三桂的寵妾陳圓圓名留史冊，好像沒有她的存在，吳三桂就不會降清，清軍就找不到機會入關一樣。

在魯迅的小說《阿Q正傳》中，阿Q讓假洋鬼子打了後，去調戲小尼姑，捏了小尼姑的臉，之後大半天都飄飄然，整夜都在想女人。

魯迅借阿Q的經歷，又一次批判了「紅顏禍水」論：

> 中國的男人，本來大半都可以做聖賢，可惜全被女人毀掉了。商是妲己鬧亡的，周是褒姒弄壞的，秦雖然史無明文，我們也假定他因為女人，大約未必十分錯，而董卓可是的確給貂蟬害死了。阿Q被小尼姑害得飄飄然了。

所以女人真可惡，假使小尼姑的臉上不滑膩，阿Q便不至於被蠱，又假使小尼姑的臉上蓋一層布，阿Q便也不至於被蠱了。

「紅顏禍水論」將一個國家的興亡與帝王是否墮落緊密聯繫在一起，如果亡國之君身邊恰好有個傾國傾城的美女，而這個女人又恰巧有一些小毛病，那麼歷史就把禍國殃民的罪名給這美女安上了。

「紅顏禍水」，這是一種很不負責任的說法，讓女人來做替罪羊，往往掩蓋了更深層的罪惡。這麼多年來，有多少人因為女人而落馬，但即便沒有美女，腐敗依舊會以其他方式存在。所謂生活作風的問題，可能也只是腐敗的副產品而已。

二、文人的情書——我有一首詩想讀給你聽

現代人的生活和情感，比起古人，表達方式大為不同。

我們表達單相思無非是「我愛的人她卻不愛我」。古人卻說「蒹葭蒼蒼，白露為霜，所謂伊人，在水一方」；我們描述愛的發生時說「莫名我就喜歡你，深深地愛上你」。古人卻說「情不知所起，一往而深；生者可以死，死可以生」；我們連「你知不知道，我等到花兒也謝了」都奉為經典。古人卻說「衣帶漸寬終不悔，為伊消得人憔悴」；我們說分手離別，唱著「十年之前，我不認識你，你不屬於我……十年之後，我們是朋友，還可以問候」。古人卻說「昔我往矣，楊柳依依，今我來思，雨雪霏霏」。

關於愛情，人世間最美的表達，在我們聲嘶力竭之前，或許真的已被說完道盡了？

01

有學者說，宋代以前，愛情詩的創作出現過三個高潮，即先秦的《詩經》、《楚辭》時期、漢末至魏晉南北朝時期、中晚唐及五代時期。

其中，較為人熟知的愛情詩出現在唐朝中期。

張籍是韓愈的大弟子，在群星璀璨的唐代詩壇裡頂多算二流詩人。史書說他非常迷戀杜甫的詩，把杜甫的名詩一首一首燒成灰，拌上蜂蜜，每天早晨吃三匙。好友不解，張籍自己解釋，說吃了杜甫的詩，便能寫出杜甫那樣的好詩了。

不知道是不是吃紙灰真奏效了，他的《節婦吟》在歷史上很有名，評價甚高。

君知妾有夫，贈妾雙明珠。感君纏綿意，系在紅羅襦。
妾家高樓連苑起，良人執戟明光裡。知君用心如日月，事夫誓擬同生死。
還君明珠雙淚垂，恨不相逢未嫁時。

這首詩有雙層意思。表面上，它描寫了一位忠於丈夫的妻子，經過一番天人交戰後，終於拒絕了多情男子的追求，守住了婦道；底子裡，則表達了詩人拒絕藩鎮高官李師道的拉攏，以及忠於朝廷的決心。

胡適在《白話文學史》中說：「這種詩有一底一面：底是卻聘，面是一首哀情詩，丟開了謎底，仍不失為一首好的情詩。」

詩最後寫女子的內心掙扎，「恨不相逢未嫁時」，這種欲望萌動的假想，實在真實得有點可愛了。

而有的人筆下可以山盟海誓，心中卻是妻妾成群，比如下面出場的元稹。

曾經滄海難為水，除卻巫山不是雲。取次花叢懶回顧，半緣修道半緣君。

這首《離思》大概是愛情詩（悼亡詩）裡最悲壯深情的一首，只因為曾經擁有，所以不願意將就。

但是，讀詩就好，不要問太多詩人的事，否則好詩造就的形象也會坍塌的。

唐貞元十八年（八〇二年），二十歲的韋叢下嫁元稹（七七九——八三一年），當時元稹尚無功名，而韋叢出身京兆韋氏，是唐代最有名望的士族之一。韋叢婚後，一度飽嘗貧困之苦，但她沒有半分怨言，是典型的賢妻良母。

不料僅過了七年，韋叢就病逝了。元稹一連寫了三十多首詩悼念亡妻，為自己博得深情的好名聲，同時繼續享受著韋家的政治資源。

實際上，元稹此後根本沒有恪守誓言，而是取次花叢，頻頻回顧，不停地戀愛和納妾。元稹因他的這些所作所為，後來受到人們極大的鄙夷。清代王闓運在「半緣修道半緣君」一句下面批註：「所謂盜亦有道！」

最美的悼亡詩，成了最尖酸的反諷。

02

王國維說過，一切景語皆情語，這句話用來形容崔護的這首《題都城南莊》再貼切不過。

> 去年今日此門中，人面桃花相映紅。人面不知何處去，桃花依舊笑春風。

中唐詩人崔護生平事蹟不詳，是靠一首詩青史留名的詩人代表。

因為這首詩的畫面感太強了，惹得很多古代編劇手癢，紛紛編出一段「長安愛情故事」

搬到舞臺上。這個劇本在明朝叫《桃花人面》，到清朝則叫《人面桃花》，長演不衰。

木心有首現代詩叫《從前慢》，其中說：

從前的鎖也好看，鑰匙精美有樣子，你鎖了，人家就懂了。

其實崔護的《題都城南莊》寫到這種程度就夠了，朦朦朧朧就是最美的狀態。若一定要附會出故事來，那種蘊藉的美感恐怕反而蕩然無存了。

詩的語言點到為止，最怕去闡述背後的故事。很多人愛解讀李商隱的無題詩，同樣是焚琴煮鶴。

錦瑟無端五十弦，一弦一柱思華年。莊生曉夢迷蝴蝶，望帝春心托杜鵑。

滄海月明珠有淚，藍田日暖玉生煙。此情可待成追憶，只是當時已惘然。

也有很多人想去解開李商隱無題詩的謎底，最後卻都變成了自說自話。

《錦瑟》（按慣例取篇首二字為題，實是一首無題詩）是李商隱詩中最難索解的一首，詩評家素有「一篇《錦瑟》解人難」的慨歎。

李商隱一生的經歷是很有悲劇性的。他的悲劇在於遇上了牛李黨爭：牛黨令狐楚父子賞識他，提拔他，而李黨王茂元也賞識他，並把小女兒嫁給了他。

政治鬥爭沒有中間派，兩邊的賞識反而讓他在仕途上處處受排擠，鬱鬱不得志。另一重打擊則來自於妻子的早逝。在他三十九歲的時候，妻子不幸去世，令他痛苦不堪。

這些人生經歷，讓他成為一個感傷而內向的人，寫起詩來，帶有明顯的主觀化傾向。他十分注重內心體驗，詩中幾乎略去了一切具體的情事。生活的原料在他筆下，被提煉濃縮到只剩下一杯濃郁的感情瓊漿。這使得他的詩超越了具體情境，而獲得了古今的共情。

直到今日，我們吟誦他的詩，仍有一種人人心中都有，卻又說不清道不明的惆悵感，而這正是《錦瑟》能夠經典永流傳的原因所在。

03

時間來到了晚唐五代之際。這時，詞強勢崛起，大有超越詩的勢頭。

五代時期，詞有兩個創作中心，一是西蜀花間詞，以溫庭筠、韋莊為代表；二是南唐詞，以李煜、馮延巳為代表。

這些詞人的創作，很大一部分是以愛情和相思為題材，反映了當時文人的趨向變化：不在馬上，而在閨房；不在世間，而在心境。

春日遊，杏花吹滿頭。陌上誰家年少，足風流。
妾擬將身嫁與，一生休。縱被無情棄，不能羞。

韋莊的這首《思帝鄉・春日遊》詞，寫了一個女追男的故事。詞中的主人公或許是個少女，她不懂得人性的涼薄與無情，決絕地採取了飛蛾撲火的姿態，向偶遇的男子示愛，有一種「我擬將心向明月，哪管明月照溝渠」不計成敗的豁達與堅決。人世間的癡男怨女，莫過於此。

延續五代「詞為豔科」的傳統，北宋前期詞壇全是卿卿我我的低唱。在酒宴之上，讓歌女淺斟低唱的小調，雖然顯不出多少個性，但那朦朧的意境、婉約的風格和優雅的品位確實讓人癡迷。而第一個放開歌喉、用市井語言唱出世俗愛情的人，勢必會轟動整個詞壇。

此人非柳永莫屬。

寒蟬淒切，對長亭晚，驟雨初歇。都門帳飲無緒，留戀處，蘭舟催發。執手相看淚眼，竟無語凝噎。念去去，千里煙波，暮靄沉沉楚天闊。

多情自古傷離別，更那堪，冷落清秋節！今宵酒醒何處？楊柳岸，曉風殘月。此去經年，應是良辰好景虛設。便縱有千種風情，更與何人說？

柳永筆下的歌妓，美麗善良，本質純潔。由於長期的交往，柳永與歌妓們的感情日益深厚，以至於幻想與意中的她恩恩愛愛過日子。

這首《雨霖鈴》寫他要離開汴京時，與佳人分別的痛苦之情，淒婉纏綿，感傷惆悵，寫盡人間別離之苦，不愧是「宋朝最流行的金曲」之一。

04

眾所周知，歐陽修不僅是大文豪，還是剛正不阿、雷厲風行的政治家，做到了參知政事（宰相）的高位。

此外，他還有「千古伯樂」之美譽，發現並提攜了蘇軾、曾鞏、程顥等一大批青年才俊。但是，這樣一個一本正經的政治家，寫起詞來卻很開放。

歐陽修在《玉樓春・尊前擬把歸期說》中寫道：

尊前擬把歸期說，未語春容先慘咽。人生自是有情癡，此恨不關風與月。
離歌且莫翻新闋，一曲能教腸寸結。直須看盡洛城花，始共春風容易別。

換一個角度看，歐陽修其實是仕途成功版的柳永。

宋人筆記記載，有一次，歐陽修參加一個飯局，席間為活躍氣氛，規定每人作詩兩句，詩意必須是犯徒刑以上的罪才行。

一人說：「持刀哄寡婦，下海劫人船。」另一人說：「月黑殺人夜，風高放火天。」輪到歐陽修時，他說：「酒黏衫袖重，花壓帽檐偏。」

眾人感到詫異，紛紛說這怎麼能算徒刑以上的罪呢？歐陽修呵呵一笑，回答道：「喝酒都喝到這種程度了，還有什麼徒刑以上的壞事做不出來呢？」

到了這首《玉樓春》裡，歐陽修寫離別之情，沒有了嬉笑玩鬧，只有愁情哀怨，催淚效果不亞於柳永的《雨霖鈴》。

當然，如果只能選一首最催淚的情詩，很多人會選蘇軾的《江城子・乙卯正月二十日夜記夢》：

十年生死兩茫茫，不思量，自難忘。千里孤墳，無處話淒涼。縱使相逢應不識，塵滿面，鬢如霜。夜來幽夢忽還鄉，小軒窗，正梳妝。相顧無言，惟有淚千行。料得年年腸斷處，明月夜，短松岡。

一般人都會覺得，蘇軾詞豪放，柳永詞婉約。

事實上，蘇軾婉約起來，基本上就沒婉約派什麼事了。像這首悼念亡妻的詞，就是關西大漢讀了也會心酸掉淚啊。

05

宋代詞人中，晏幾道的人生落差應該是最大的。

他是晏殊的幼子，在父親官至太平宰相時，是個錦衣玉食、奴僕簇擁的風流貴公子，不知世道艱難，除了寫詞，一無所長。父親去世後，晏家家道迅速中落，他從此落拓一生。世態炎涼，人情冷暖，他看得很透徹。

朋友黃庭堅說，晏幾道平生有「四大癡」：「仕宦連蹇，而不能一傍貴人之門，是一癡也；論文自有體，不肯作一新進士語，此又一癡也；費資千百萬，家人寒饑，而面有孺子之色，此又一癡也；人百負之而不恨，己信人，終不疑其欺己，此又一癡也。」

這樣一個純粹、孤傲的人，在現實中註定是失落的，所以他用一生去編織一個詞的夢境，在夢裡，他寫的十之八九都是男女悲歡的戀情。

他的《臨江仙・夢後樓臺高鎖》寫道：

夢後樓臺高鎖，酒醒簾幕低垂。去年春恨卻來時，落花人獨立，微雨燕雙飛。

記得小蘋初見，兩重心字羅衣。琵琶弦上說相思，當時明月在，曾照彩雲歸。

他在詞作中，屢屢提到蘋、蓮、鴻、雲四名歌女。她們曾經與他交往情深，後來都流落民間，其中的悲歡離合，如露如電，如春夢秋雲，「聚散真容易」。

晚清人馮煦說，兩宋詞壇有兩個「傷心人」，一個是晏幾道，另一個是秦觀。

秦觀的《鵲橋仙・纖雲弄巧》寫道：

纖雲弄巧，飛星傳恨，銀漢迢迢暗度。金風玉露一相逢，便勝卻人間無數。

柔情似水，佳期如夢，忍顧鵲橋歸路。兩情若是久長時，又豈在朝朝暮暮。

如今，蘇軾、陸游、辛棄疾的名聲很響，但在宋代，詞壇最受大眾歡迎的三大詞人沒有他們，而是柳永、秦觀和周邦彥。

秦觀少有大志，雖然很早就嶄露頭角，但科舉之路十分不順，屢遭挫折。

時運不濟，仕途坎坷，這對秦觀的愛情詞影響很大。馮煦說，別人寫詞靠「詞才」，秦觀寫詞靠的是一顆「詞心」。意思是，秦觀的詞較之其他詞人更出於真情。

他這首《鵲橋仙・纖雲弄巧》，句句經典，在七夕詞中的地位，相當於蘇軾《水調歌頭・明月幾時有》在中秋詞中的地位，即此詞一出，餘詞盡廢。

清初文壇領袖王士禛對秦觀評價非常高，說他「風流不見秦淮海，寂寞人間五百年」。

從秦觀去世，到王士禛生活的年代，大概隔了五百多年。這五百多年是寂寞的，因為世間再無秦少遊。

06

李之儀的《卜算子・我住長江頭》寫道：

我住長江頭，君住長江尾。日日思君不見君，共飲長江水。
此水幾時休，此恨何時已。只願君心似我心，定不負相思意。

跟秦觀一樣，李之儀也是蘇軾門人。在蘇軾被政敵圍攻的時候，這些曾與其密切交往的人，均受到了不同程度的牽連。

尤為難得的是，李之儀是在蘇軾遭受政治打擊時才與他建立師友關係的，這讓蘇軾深感不安和愧疚。而李之儀覺得無所謂，自己的仕途風險，他願意自己承擔。

蘇軾去世後，李之儀寫挽詞，第一句就是「從來憂患許追隨」。

李之儀果然付出了極大的代價，一生三次仕途挫折，兩次被投入獄。這些經歷，簡直比蘇軾還慘，但他的心態，也像蘇軾一樣豁達。

評論家說李之儀的詞，雋美俏麗，另具一種獨特的風調。他的這首《卜算子・我住長江頭》，寫得極質樸精美，千年後再讀仍十分感人。

07

前面那些唯美的情詩，十之八九都是男性作家寫出來的，相較之下，就顯出李清照的可貴了。

她確實是不可多得的愛情詩人。作為女人，她抒寫自己的愛情體驗，比起男性作家寫怨婦詩、閨閣詩顯然成功得多。她的筆觸抵達了更深層次的女性內心世界，其纖細的情感把握，是以往的男性作家完全做不到的。

明代大才子楊慎說，讀了李清照這首《一剪梅・紅藕香殘玉簟秋》，才知道高則誠、關漢卿這些大家，原來不過是東施效顰罷了。

紅藕香殘玉簟秋，輕解羅裳，獨上蘭舟。雲中誰寄錦書來？雁字回時，月滿西樓。
花自飄零水自流，一種相思，兩處閒愁。此情無計可消除，才下眉頭，卻上心頭。

愛情，可以說是李清照的生命全書。

「愛，之於我，不是一飯一蔬，不是肌膚之親；是平凡生活中的英雄夢想，是一種不老不死的欲望。」或許如此吧。

元好問的《摸魚兒・雁丘詞》寫道：

> 問世間，情為何物，直教生死相許？天南地北雙飛客，老翅幾回寒暑。歡樂趣，離別苦，就中更有癡兒女。君應有語：渺萬里層雲，千山暮雪，只影向誰去？
>
> 橫汾路，寂寞當年簫鼓，荒煙依舊平楚。招魂楚些何嗟及，山鬼暗啼風雨。天也妒，未信與，鶯兒燕子俱黃土。千秋萬古，為留待騷人，狂歌痛飲，來訪雁丘處。

這首詞一起筆，就有千古流傳的潛質。當時，元好問才十六歲，是一名趕考的少年。

據元好問自述，在應試途中，他聽到一名捕雁者說，天空中有一對大雁，其中一隻被捕殺後，另一隻從天上一頭栽下來，殉情而死。

元好問被深深震撼，便買下這對大雁，把它們合葬在汾水旁，建了一個小小的墳墓，叫「雁丘」，並寫了這闋詞。

讀完這首詞你會恍惚，他到底在寫雁還是在寫人？現代詞學大師夏承燾解讀說，「悲雁即所以悲人。通過雁之同死，為天下癡兒女一哭」。

元曲來自民間，最大的特點是世俗化，帶有濃郁的生活氣息和真實活潑的風情。而徐再思這首《折桂令・春情》，竟然把相思病寫得形象生動，彷彿伸手就能摸到，讓人一讀就印象深刻，真不愧是此中高手。

> 平生不會相思，才會相思，便害相思。身似浮雲，心如飛絮，氣若遊絲。空一縷餘香在此，盼千金遊子何之。證候來時，正是何時？燈半昏時，月半明時。

納蘭性德（一六五五——一六八五年）只活了三十歲，卻足以不朽。他被王國維稱為「北宋以來，一人而已」，就是說宋代以後寫詞的高峰，有且僅有這一座。

他出身名門，風流多情，寫起愛情自然情真意切，往往能催人落淚。這首《山花子・風絮飄殘已化萍》，是他在蓮花盛開的時節，觸景傷情回憶亡妻時寫的。

風絮飄殘已化萍，泥蓮剛倩藕絲縈。珍重別拈香一瓣，記前生。

人到情多情轉薄，而今真個悔多情。又到斷腸回首處，淚偷零。

三、古代第一情聖——慧極必傷，情深不壽

時值暮春，京城剛剛泛綠的林中，幾株紅杏盛開著花。大清權臣納蘭明珠的府上來了位杭州的女客。

舒穆祿雪梅小姐芳齡十四，她的母親納蘭氏是納蘭明珠的胞妹，日前剛剛病故，而父親舒穆祿慶吉也在不久前赴任南京途中遇難去世。父母雙亡、孤苦伶仃的她，應舅家邀請，到京城寄居。

舒穆祿小姐下了轎進門，一路上不動聲色地打量著金碧輝煌的偌大相府。來到一處上房門口，幾位豔妝麗服的丫鬟笑著迎出來：「瞧！這不來了嗎？夫人正惦記著姑娘呢。」

舒穆祿雪梅與覺羅氏夫人，也就是她的舅母說過好一番家常話後，房門外間忽然傳來一聲傳報：「冬郎公子來了。」

大步跨進來的貴公子，正是納蘭明珠的長子——納蘭性德，小名冬郎。

四目相對，舒穆祿小姐卻又迅疾垂下了雙眸，最終還是忍不住不時偷瞧著。納蘭性德在母親的引見下，笑著向舒穆祿雪梅說：「這位妹妹，我曾見過的。」

01

啊，不，上面那句話自然是寶玉初見黛玉時所說的，納蘭性德對他表妹講的是另一番話。

正是轆轤金井，滿砌落花紅冷，驀地一相逢，心事眼波難定。誰省？誰省？從此簟紋燈影。

——納蘭性德《如夢令・正是轆轤金井》

高大的庭院裡，圍著欄杆的金井邊，寂然無人。石階上滿是飄落的杏花，一層又一層。隨風吹來杏色的裙擺，她驀地出現，意外相逢。乍然相見間，初見的印象在納蘭性德的腦海中便永不磨滅了。

從此，兩人在同一片天空下，同一座府邸裡，同窗共讀，同遊書海。一個是翩翩少年郎，寫得一手好文章；一個是絕色佳人女，彈得一手好弦琴。只可惜，未等情竇初開的二人回味過來，這段愛戀就如曇花一現，匆匆而逝了。

因為，他的表妹要去參加選秀。

選秀是清代獨有的一個制度。清軍入關後規定，凡是滿族八旗人家中十三至十六周歲的女子，必須參加每三年一次的選秀，選中者將成為皇帝的妃嬪或皇室子孫的福晉。清代後宮中，無論是皇后還是宮女，無一例外都是從旗人女子中選出。若有八旗子女未參加選秀，將終生不得嫁人。

最終，才貌出挑的表妹作為秀女被選入了皇宮，兩人頓成陌路。雪梅入宮後不久，便傳來吞金自盡的消息，納蘭性德且驚且哀，寫下一闋詞，語氣清冷地控訴一段無望的愛戀。

人生若只如初見，何事秋風悲畫扇。等閒變卻故人心，卻道故人心易變。
驪山語罷清宵半，夜雨霖鈴終不怨。何如薄幸錦衣郎，比翼連枝當日願。

——納蘭性德《木蘭花令・擬古決絕詞》

這段情感經歷過於跌宕離奇，後世人大多覺得不真實，但由於傳說非常盛行，以至於幾十年後，乾隆皇帝在讀了和珅呈獻的《紅樓夢》後，沉默良久，感歎直言：「此蓋為明珠家事作也。」

02

而日子還在向前走。

康熙十一年（一六七二年），十七歲的納蘭性德進入國子監學習，成為了一名貢生。他飽讀詩書，文武兼修，很快就引起了國子監祭酒徐元文的注意。徐元文曾在別人面前稱讚他：「司馬大人之賢公子，絕非常人！」

司馬大人指的是納蘭性德的父親納蘭明珠，因當時明珠任兵部尚書，相當於古代的大司馬。

不過，徐元文誇讚納蘭性德也不是為了討好他父親納蘭明珠，而是從文學的角度，認為納蘭性德確實是一個不可多得的人才。

在徐元文和明珠的鼓勵下，納蘭性德參加了順天府的鄉試，一一通過了武試和文試，年紀輕輕金榜題名，獲得了舉人的頭銜，可謂意氣風發。中舉後，徐元文把納蘭性德推薦給了他的兄長，當時的內閣學士徐乾學，接受更高一層的名師教育。

康熙十二年（一六七三年），納蘭性德憑藉著自己深厚的學識，參加會試中第，成為貢士，他的試卷還被作為優秀試卷推薦給了朝廷。

就在納蘭性德志得意滿，為殿試的到來摩拳擦掌時，他卻突然感染風寒，病倒了。許是由於心中焦慮，縱使尋醫問藥，病情也依然一天比一天嚴重，竟到了臥床不起的地步，最後還是錯過了殿試的時間。

病好了以後，頗有些意難平的納蘭性德卯足了一股勁，暢遊於無涯的書海中。每週三次騎馬到老師徐乾學處請教學問，從天破曉到鴉歸巢，孜孜不倦。兩年後，一部由納蘭性德出資主持的儒學彙編《通志堂經解》面世。作為主持人的納蘭性德瞬間名滿天下，為世人所重，康熙皇帝也對他稱讚有加。

與此同時，納蘭家又為納蘭性德物色了一位門當戶對的媳婦。

這位姑娘是擔任過第一屆兩廣總督加兵部尚書、都察院右副都禦使銜盧興祖的女兒——盧雨蟬。

兩家人對這樁婚配十分滿意，但是不得不遵循「父母之命，媒妁之言」的當事人臉上卻沒有多少喜色。

盧氏生於北京，長於廣州，快成年之時又隨父回到了北京，和林黛玉一樣，受南北文化交叉濡染薰陶，才藻豔逸。她雖是個女流之輩，素未工詩，沒有留下傳世作品，但「生而婉孌，性本端莊，貞氣天情，恭容禮典」，是個溫婉知禮的好姑娘。

他們曾在荷香水榭邊牽著手一起漫步，看著灰濛濛的天空，那下過一整天冷雨的黃昏總叫人易生惆悵。雨稍停了，他們互道了些解愁知己話，嬉戲著將蓮菂拋進蓮花池，希望種出的蓮花都如同人一樣成雙成對。

陪伴的力量讓他們在婚後逐漸嘗出了一絲愛戀的甜蜜。不知不覺中，納蘭性德那顆原本冰冷的心開始變暖，盧氏儼然成了他心上的朱砂痣，同白月光一樣，是不可或缺的存在。

康熙十五年（一六七六年），又是一個殿試之年，二十二歲的納蘭性德自然不會再錯過這次機會，他一舉獲得了此次殿試錄取進士中的第十名。

滿心歡喜的納蘭性德料想自己必定會被授予翰林院庶起士，但最後卻被康熙授三等侍衛，級別為正五品官員，後來又晉升為一等侍衛。御前侍衛一直被認為是美差，但得到美差的納蘭性德卻長歎了一口氣。他心中追求的是繼續攻讀經史，著書立說，幹出一番實際的事業，並最終出將入相，而不是現在的宿衛站崗和執事當差——這樣簡單乏味、迴圈反復的工作。

他一貫是多情而浪漫的，在理想落空後，便將更多的情緒轉投在家庭和愛情中。

03

康熙十六年（一六七七年）的春天，是納蘭性德生命中最難忘記的一個春天。乍暖還寒的暮春時節，盧氏為他生下了一個兒子，他高興極了，為兒子取小名海亮。雖然盧氏生產時一度難產，性命攸關，但最終還是順利生下來了。

本以為好日子要來了，誰料命運再度向他開了個玩笑，一個月後，盧氏因產後感染風寒，香消玉殞。

那天是農曆五月三十日。

盧氏死後，納蘭性德陷入無比悲痛之中。他將妻子的靈柩在寺廟裡停放了一年多，超過了當時親王貝勒的停靈時間。他一有空就去寺裡陪伴妻子，眼前經常出現妻子的幻影，聽見妻子的耳語，夢中也時常出現妻子的芳容。

歲月在流逝，而他對盧氏的愛情未曾衰減，納蘭詞中悼亡之哀吟沒有停止過。無論是花前、月下，還是清明、七夕，抑或是重陽、忌日，每念及和盧氏生前的恩愛，納蘭性德就有淚如雨，一生如此。

誰念西風獨自涼，蕭蕭黃葉閉疏窗。沉思往事立殘陽。
被酒莫驚春睡重，賭書消得潑茶香。當時只道是尋常。

——納蘭性德《浣溪沙》

那些過往「只道是尋常」的日子不再有了。

康熙二十四年（一六八五年）的冬天似乎格外的冷，納蘭性德病倒了，像十九歲那年一樣，寒疾發作。同年去世，年僅三十歲。

納蘭性德與原配盧氏一起合葬到了北京西郊納蘭家族的墓地中，他與盧氏分別八年後又相聚到了一起。

出殯的那天，京城乃至全國各地的文人士子紛紛前來送行，全都痛哭流涕，其中為納蘭性德寫了悼詞的達上百人。

納蘭性德去世十年後的秋天，他的同事兼好友曹寅在江寧織造任上也曾寫詩悼念說：「家家爭唱飲水詞，納蘭心事幾曾知？」

又過了很多很多年，曹寅的孫子曹雪芹寫了一部《紅樓夢》，人們透過寶玉似乎又看到了那個京城裡一生註定富貴榮華、繁花似錦的少年，以及他身上永不磨滅的癡情印記。

04

跟納蘭性德一樣，曹雪芹也是清朝難得一見的「情種」。只是，納蘭性德把深情賦予了所愛的女人，而曹雪芹卻將深情注入了一生的小說創作。

曹雪芹生在江南，就在那有著「烈火烹油、鮮花著錦之盛」的曹府。曹府的全盛時期，與康熙一朝相始終。曹雪芹的曾祖母孫氏，是康熙幼時的奶媽；而曾祖父曹璽，則是內廷二等侍衛，後來被康熙派往江南地區擔任江寧織造的肥缺。

由於這層特殊關係，曹雪芹的祖父曹寅十六歲時就開始擔任康熙的御前侍衛，跟納蘭性德做過同事，並在曹璽死後「子承父業」，也做起了江寧織造。

曹寅病逝，曹寅的獨子曹顒接任江寧織造。

康熙五十一年（一七一二年），曹寅病逝，曹寅的獨子曹顒接任江寧織造。然而兩年後，曹顒奉旨入京覲見，不幸染上疾病，醫治無效去世，年僅二十四歲。此時，曹顒在江寧的妻子馬氏已有身孕，這個遺腹子便是曹雪芹。

曹雪芹幼年跟隨家人在南京江寧織造府及揚州等地，度過一段錦衣玉食的生活。但好日子沒有持續多久，禍變很快就在雍正登基之後發生，夾雜在「接二連三，牽五掛四」的政治事件當中。

雍正死後，乾隆即位，曹家的命運有所好轉，曹雪芹也在宮裡謀著了一份差事。但這個逐漸復甦的態勢，並沒能維持多久，這個家族就又經歷了另一場變故。這場變故的詳情如何，文獻中並未記載。據傳，十數年間，曹雪芹從小康人家而墜入困頓，感受著人生的冷暖百味，最艱難的時刻，還曾淪落到住在某王府的馬廄裡，極為窮困窘迫。

乾隆十六年（一七五一年），曹雪芹來到西山黃葉村，開始了他的另一階段的生活。在那裡，他經歷了更艱苦的生計折磨，但也更集中精力進行他的小說創作。

05

《紅樓夢》的創作大概是從乾隆八年（一七四三年）開始的，此後，曹雪芹「在悼紅軒中披閱十載，增刪五次，纂成目錄，分出章回」，整整十年都在不斷地寫作、豐富和提高。

對此，曹雪芹本人是這樣講的：

浮生著甚苦奔忙？盛席華筵終散場。悲喜千般同幻渺，古今一夢盡荒唐。
漫言紅袖啼痕重，更有癡情抱恨長。字字看來皆是血，十年辛苦不尋常。

民間傳聞曹雪芹寫作《紅樓夢》時，沒有錢買紙，就把舊年的黃曆拆開，把書頁反過來折上，訂成本子，字就寫在黃曆的背面。

乾隆二十八年（一七六三年），住在北京西郊的曹雪芹收到了一封書信，信上是一首小詩：

東風吹杏雨，又早落花辰。好枉故人駕，來看小院春。
詩才憶曹植，酒盞愧陳遵。上巳前三日，相勞醉碧茵。

——敦敏《小詩代簡寄曹雪芹》

這一年是好友敦誠的三十歲生日，他和他的兄弟敦敏熱情邀請曹雪芹三月初一小聚，像從前一樣賞花聚飲，快意論人生，「相勞醉碧茵」。

然而，今年的敦敏、敦誠兄弟倆並沒有如願等來曹雪芹的赴約，因為曹雪芹的獨子病了，不久夭亡。

而曹雪芹在悲痛交加中也病倒了，死於這一年的除夕。

曹雪芹一生遍歷苦楚，早年無父、中年喪妻、晚年喪子，人生三苦他都一一體會了。

曹雪芹死後，脂硯齋悲痛萬分，屢次在批語中感傷悼念：「書未成，芹為淚盡而逝；餘嘗哭芹，淚亦待盡！」，「讀五件事未完，餘不禁失聲大哭，三十年前作書人在何處耶？」「今而後，惟願造化主再出一芹一脂，是書何幸！余二人亦大快遂心於九泉矣！」……。

慧極必傷，情深不壽。當納蘭性德的《飲水詞》和曹雪芹的《紅樓夢》流傳天下時，我們是否還會記起它們的背後，曾經站著兩個「情種」？

他們將一生所愛，獻祭給了時代，如夢如幻，如真如假。

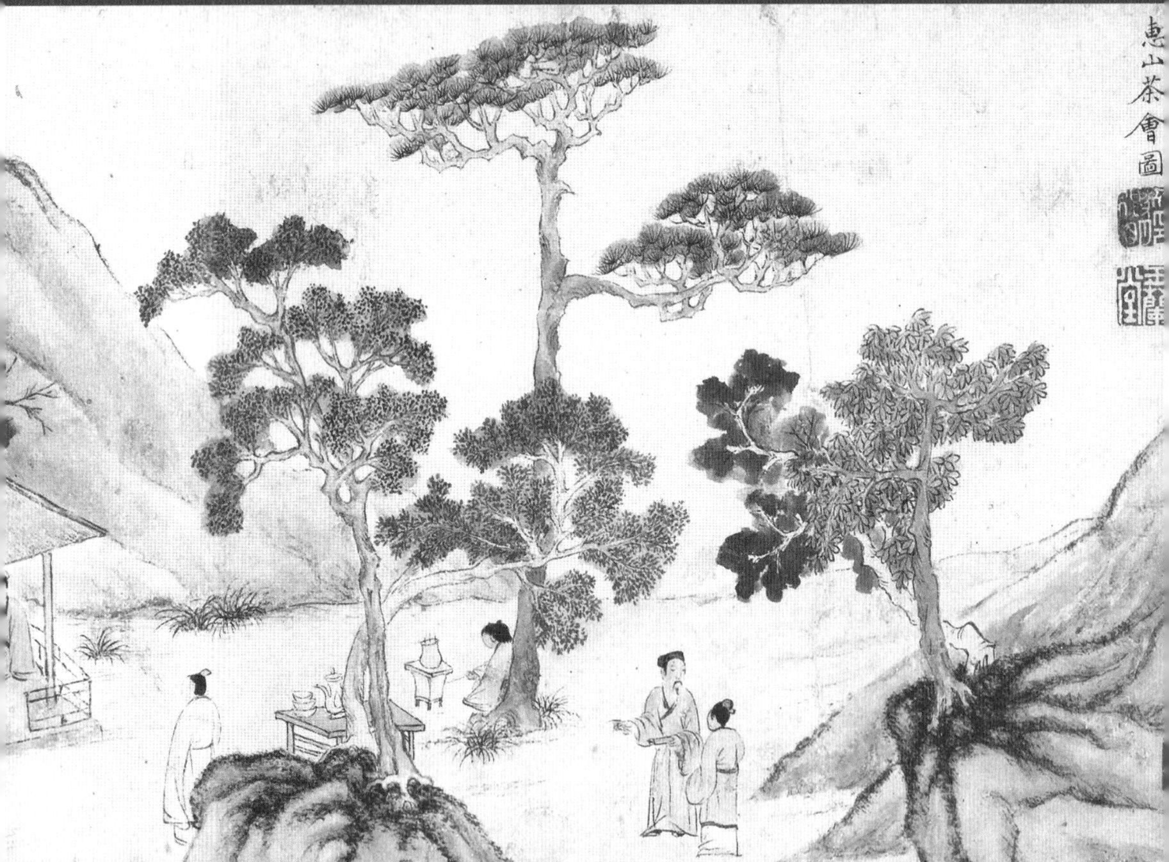
惠山茶會圖

第三記：浮生記奇

一、西醫往事——康熙為它按讚，孫中山靠它創業

康熙三十一年（一六九二年），康熙皇帝生病了。經過御醫診治，仍高熱不退，情況不容樂觀。

康熙正值壯年，如果此時病逝，歷史恐怕就要改寫。

太醫院一籌莫展，朝廷只好遍訪名醫。這時，醫師洪若翰、劉應求見，這兩人用的是漢名，其實都是從法國遠道而來的傳教士。

他們得知康熙得的是瘧疾，表態說：問題不大，我們能治。

01

瘧疾一般是藉由蚊蟲叮咬傳染，在醫療條件落後的古代常形成瘧疾瘟疫，後來，西醫發明了醫治這種病的特效藥——金雞納霜（奎寧）。

金雞納霜用產於南美洲祕魯的金雞納樹樹皮研磨製成，被傳教的耶穌會士發現，並帶到世界各地。洪、劉二人，此時正好收到一包從印度寄來的金雞納霜。

自從康熙生病後，和尚、道士等各路神仙大顯身手，但都沒能醫好皇上。這時突然來了兩個金髮碧眼的洋人，朝廷自然信不過，但情勢緊迫，只得冒險一試。

四名大臣自告奮勇，親自嘗藥，為以防萬一，他們還找來一些患瘧疾的病人服用。患者用藥後，果然康復，四名大臣也沒有出現不良反應。

康熙這才服下金雞納霜，沒過多久病就好了。他龍顏大悅，賞賜傳教士一間豪宅，允許他們在京傳教，還將金雞納霜稱為「聖藥」，親自做藥品首席代言人。

這已經不是康熙第一次為西醫按讚了。

康熙年間，鮑仲義、羅德先、羅懷忠等西方傳教士曾任職於太醫院，他們除了為皇帝、王公大臣看病外，還在民間為窮人行醫治病。

其中，德國人羅德先醫術最為精湛，「精外科，尤善配藥，並諳脈理。嘗以不治之症驗之，無不立愈」。

羅德先曾兩次挽救康熙的性命。一次是康熙廢太子後，心臟病發作，羅德先為其診治；一次是康熙上唇生瘡，羅德先為他進行手術。

康熙十次出巡，羅德先都隨侍左右，康熙還賞賜他價值二十萬法郎的金錠，作為酬謝。

不過，康熙對西醫，只是一種玩樂的心態。從近代西醫傳入中國，到被老百姓普遍接受，是一個漫長的過程。

02

康熙被稱為最懂科學的皇帝。在多次得到西醫治療後，他對西藥產生了濃厚的興趣，下令在宮中開設一間化學實驗室，命傳教士進行研究。相傳，他在聽說西方的人體解剖學後，還在傳教士的指導下，親自解剖過一頭冬眠的熊。

一個皇帝，整天搗鼓這些玩意兒，是因為明白科技是社會的第一生產力嗎？恰恰相反，康熙學習科技，只是為了炫耀，為了滿足私欲。正因為他壟斷新知，嚴重阻礙了先進文明傳入中國，才使得西醫沒有得到廣泛傳播。

傳教士用滿文翻譯的人體解剖學著作被束之高閣，他分抄三部藏在北京文淵閣、暢春園和承德避暑山莊，近代以後流失海外。

康熙認為，自己有責任讓其臣民免受「精神汙染」，他傳諭：「此書不可示諸青年，故書中圖形除爾等分任諸員外，不可示諸他人。」意思就是，這部書只有朕能看，其他青年別玩這些東西。

康熙也不尊醫重衛，相反，他對待這些「洋御醫」，仍是一種天朝上國的傲慢態度。有一次，康熙還取笑跟隨傳教士入華的醫生烏爾達：「你治死了多少人？想是爾治死的人，比我殺的人還多了。」說完，康熙自己「大笑甚歡」。

這也不怪康熙對西醫有偏見，西醫也曾有過野蠻落後的面貌。

中世紀以來，在外科手術還沒有成為一門真正的科學時，諸如放血、截肢、傷口包紮等手術，都是理髮師做的。他們所用的工具還都是刀、鋸、烙鐵等，著實讓人膽戰心驚。

西方醫學史上，有一個著名的「死亡率百分之三百的手術」，犯下這一失誤的是蘇格蘭外科手術的先驅——羅伯特．李斯頓。

在科技落後的時代，評價手術的好壞，最重要的標準是「快」。羅伯特．李斯頓，人稱「飛刀」，天生一副急性子，據說截一條腿只要二十八秒。

有一次，李斯頓做手術，下手速度太快，失手切斷了助手的兩根手指，導致對方感染死去，而他的患者也因當時手術消毒尚未普及，在翌日感染去世。更想不到的是，在場觀摩的一個同行，因為受到驚嚇，也給嚇死了。

近代以後，西醫經過不斷改進，逐漸居於世界領先地位。麻醉學、消毒學等學科迅速發展，外科手術在十九世紀突破了疼痛、感染、失血三大難題，孕婦如果難產，還能安全地進行剖腹產。

醫學家刻苦專研，發明了治療各種疑難雜症的西藥與技術，有了緩解破傷風的石碳酸法、解熱鎮痛的阿斯匹靈，以及治療各種皮膚病的碘化鉀溶液。中國卻未能及時掌握這些先進技術，醫學水準仍止步不前。

03

十八世紀末，廣州有天花流行，洋商來華貿易，頗感不便。

一八〇三年，在中國販賣鴉片的英國東印度公司發出一份急電，希望公司送一份牛痘苗到中國。羊城悄悄為西醫打開視窗，來華洋商的專聘醫生往來於澳門、廣州，為中國帶來了牛痘接種法。

當時，牛痘接種法已經在西方逐漸普及，天花這一人類史上的噩夢即將走向終結。而牛痘的發明，其實曾從中國的人痘接種法得到啟發。

英國醫生皮爾遜和葡萄牙醫生巴爾米斯到華種痘，在廣州大受歡迎。東印度公司的船員發現：「中國之人民，平常皆恨我等……只有醫學乃系中國之人頗肯信……中國人亦頗信歐羅巴醫道之妙手，即已稍肯就醫。」

嘉慶二十二年（一八一七年），廣東人邱熺作《引痘略》，詳細介紹皮爾遜等人所傳牛痘法，並親自為數萬人接種。

此後，學種痘術的中國人與日俱增，在兩廣與福建、湖南等省傳播，就連力主禁煙的兩廣總督阮元也對西醫頗感興趣，請邱熺為自己的孫子種痘。

西風呼嘯著吹向古老的東方，西方近代醫學隨風而來。

04

一八三四年，一個叫伯駕（Peter Parker）的美國傳教醫師到達廣州。伯駕出生於麻塞諸塞州一個貧農家庭，在來華那一年取得耶魯大學醫學博士學位。

他來中國，純粹是因為內心的宗教

狂熱，但萬萬沒想到，來到中國後他的生活只剩下醫學。

伯駕是近代第一名來華的傳教醫師，他雇用的助手關韜在其指導下，成為第一位掌握西醫外科技術的中國人，甚至能獨立做腫瘤的臨床切除手術。

伯駕不是一個稱職的傳教士，卻是一個優秀的醫生，整日被醫院繁忙的事務所淹沒，樂此不疲。

一八三九年，伯駕接待過一個特殊的病人——正在廣東禁煙的林則徐，病歷卡編號六五六五。

林則徐看一次西醫可不容易。

第一次，林則徐托人拜訪伯駕，是為了請他幫忙翻譯《各國律例》中的若干段落，同時也是為了索取治療疝氣的綁疝帶。綁疝帶需要外科醫生親自為病人操作，林則徐正在廣州焚燒鴉片，不願意與外國人私自接觸，就沒有親自上門，出於醫生的職責，伯駕也就沒有應命。

第二次，林則徐的病情拖到秋季，越發嚴重，只好透過一位北京的老朋友，再次向伯駕要一副綁疝帶，伯駕還是沒有同意。

第三次，一位自稱是林則徐弟弟的人登門拜訪伯駕，詢問醫院的情況。據伯駕回憶，此人身材、樣貌與林則徐一模一樣，還說：「凡他適合的托帶，必然適合其兄。」伯駕不知來者是不是林則徐本人，但還是將疝氣帶奉上了。

據說，疝氣帶送給林則徐後，他身體狀況好轉，還為伯駕送去水果表示感謝。在鴉片戰爭前夕，他還曾轉托伯駕尋找戒煙之法，幫助中國煙民戒除鴉片癮。

林則徐對西醫的青睞，讓伯駕倍感自信，他幾次請求登門拜見林則徐，希望能同這位特殊的患者深入交流，卻都遭到拒絕。

這對傳奇醫患究竟是否見過面，成了一個永遠的謎。

05

兩次鴉片戰爭後，商人、傳教士接踵而至，踏上通商口岸。與之同時到來的，還有醫生。西醫學作為一門完整的科學在華傳播，一間間近現代醫院和診所在中國拔地而起。

鴉片讓中國陷入戰爭的泥潭和近代百年的屈辱，給中國帶來了無窮的災難。來到中國的西醫，卻始終沒有忘記醫學的本質，將社會的醫療保健視為第一責任。

鴉片戰爭後，流毒還在中國彌漫，中外西醫師致力於幫助中國百姓戒煙，在各地設立鴉片治療所，尋求根治鴉片煙癮的方法。

十九世紀七十至八十年代，在華傳教醫師掀起一場「鴉片煙之罪」的討論，英籍醫生向英國政府提出中止鴉片貿易的建議，並就鴉片煙給中國社會帶來的災害進行討論，從生理、病理和藥物學等角度痛斥鴉片貿易的毒害。

英籍傳教醫師德貞深入中國社會進行研究，發表了長達三萬字的論文《論使用鴉片的危害》，他指出：「近代中國人吸鴉片，是歐洲人為了與印度、麻六甲及中國進行貿易，而將鴉片作為藥物介紹到中國，它導致了吸煙罪惡的擴散……但這一責任是在英國，毋庸置疑，我們是有責任的。」

後來，德貞在北京創辦了第一所近代化醫院——雙旗杆醫院，即今天協和醫院的前身。

一八四六年，容閎、黃寬等中國少年成為近代第一批出洋留學的學生。

容閎被譽為「中國留學生之父」，活躍於近代中國的政治舞臺。而與他同時出國的黃寬卻鮮為人知，甚至幾無著述遺世，二人境遇截然不同。

實際上，這與二人學習的專業不無關係。容閎學的是法律，而黃寬是一名精通病理學和解剖學的醫學博士，曾就讀於愛丁堡大學。

留學十三年後，黃寬回到中國，以精湛的醫術服務國人。容閎在談到他這位同學時曾說：「以黃寬之才之學，遂成為好望角以東最負盛名之良外科。」

作為第一位全面掌握西醫學科的中國人，黃寬傾盡全力於醫療事業，開設診所，建設醫院，沉浸於繁忙的診療、教學和研究之中，在廣州、天津等地留下足跡，終日默默無聞。

經過長年累月的工作，黃寬積勞成疾，頸項患有癰疽。

一個孕婦難產，請黃寬出急診，家人再三勸阻，讓他為自己身體著想，黃寬卻堅持出診。他對家人說：「吾疽縱劇，只損一命；婦人難產，必戕二命。詎能以愛惜一命而棄二命於不顧耶？」

孕婦產後平安，黃寬回家後項疽惡化，不久就病故了，年僅四十九歲。

事了拂衣去，深藏身與名，儘管中國醫學的先驅黃寬被歷史遺忘了，但近代醫學的精神卻從此不斷流傳，直至今日。

據統計，一八五九年中國僅有西醫師二十八人，到一八七六年，已有教會醫院六所、診所二十四所。一八九七年有教會醫院五十所，到一九〇五年更是發展到有教會醫院一百六十六所、診所二百四十一所、醫師三百零一人，分布全國二十餘省。

06

一八七九年，李鴻章的夫人患病，他遍訪天津名醫，請來十七個醫生，都毫無把握，不能對症下藥，導致夫人病情加重。

李鴻章一度以為，只能盡人事、聽天命了。這時，美國駐津副領事建議李鴻章請西醫診治，於是他請來了當地一個英國醫生。

這個英國醫生「只先用犀利銀刀，就夫人臂上剔皮挖肉，穴一小孔，視種洋豆略為深鉅，穴上插一玻璃管，灌以藥水，水性下注如泉，未幾已挾髓淪肌，藥性由外達內」。

之後，醫生為她開藥方，「用西國平肝散氣之劑，藥水每用不過一兩匙，藥末不過一刀圭三兩」。經過治療，李夫人轉危為安，一天後飲食如常，身體迅速康復。整個過程其實一點都不複雜，就是現在西醫常見的治療方式，只不過中西醫各有所長，這名醫生找對了診治李夫人的方法。

李鴻章信任西醫，但當一八九四年，一個學醫的青年向其提出救國之法時，他卻視而不見。

這名青年在《上李鴻章書》中，建議清政府仿照西方資本主義制度，指出：「歐洲富強之本，不盡在船堅炮利、壘固兵強，而在於人能盡其才，地能盡其利，物能盡其用，貨能暢其流——此四事者，富強之大經，治國之大本也。」

遺憾的是，當時正值甲午戰爭前夕，李鴻章忙於軍務，並沒有時間接見這個小醫生。這個青年醫生此後走上了另一條救國之路，他就是孫中山。

一八八六年，孫中山進入博濟醫院附設的南華醫學堂學西醫，後來還曾在澳門開設醫館。

在一八九三年七月的《鏡海叢報》上，還曾刊載有孫中山行醫的六個病例，可見他也算是當地小有名氣的醫生。

一個叫武沁的牙患病人，四處求醫皆無果，經過孫中山醫治後藥到病除，且孫醫生還不收費用，拒受禮物，可謂醫德高尚。這位患者為了報恩，就在廣州《中西日報》上登了一則鳴謝啟事：

復荷先生濟世為懷，輕財重義，藥金不受，禮物仍辭，耿耿私心，無以圖報。謹將顛末，爰錄報端，永志不忘，聊攄微悃，不特見先生醫學之良，亦以表先生人品之雅云耳。

如此看來，孫中山就是沒有成為革命家，當醫生也會是個好醫生，真的離不開那條定律：優秀的人做什麼都優秀。

二、贅婿的逆襲——靠老婆不丟臉

贅婿，俗稱「倒插門」。

所謂倒插門，即男子嫁入女方家中，成為女方家族中的一員，並從此與原生家族毫無瓜葛。

中國的入贅傳統由來已久，既有說起源於財產抵押的，也有說是因先秦時期齊國風俗流傳的，但更大的可能應該是源於母系社會的殘存。

母系社會以女性為尊，男子嫁入女方家中，相妻教子，組建家庭。這種婚姻制度在一定程度上解決了所謂男婚女嫁的問題。但自從進入父系社會後，男嫁女，逐漸變得不那麼尋常了。特別是在「三綱五常」、「三從四德」等儒家思想出現後，更是沉重打擊了過去女子為尊的地位。在這種背景下，下嫁給女子的贅婿，社會地位之卑微，可想而知。

01

作為中國歷史上千千萬萬個贅婿中的一員，戰國時期齊國的淳于髡絕對算得上其中的先驅。據《史記》記載：「淳于髡者，齊之贅婿也。」

而他的初始人生，怎一個「慘」字了得。

淳于髡長不滿七尺，在古代，七尺男兒往往代指有能力頂天立地的男子漢，不滿七尺，其外形可想而知。

除此之外，淳于髡的「髡」，源自古代的髡刑。所謂髡刑，就是將罪犯兩鬢的頭髮剃掉。這種事情，在現代人看來或許不算什麼，不過就是剪個頭髮。但在古代，身體髮膚受之父母，你還剃頭，豈不是要命？

好在經受了多重打擊的淳于髡，最終練就了幽默風趣且極富才學的好本領。憑藉一身好本領，淳于髡被招入了當時齊國最高學府——稷下學宮，當起了稷下先生。

彼時，齊威王剛剛上位。這位君主一開始做事就特別有個性——他不理朝政，縱情享樂，跟大臣說話，也老是打啞謎，讓大家頭疼不已。但在已成為齊國著名教授的淳于髡看來，新王不過是耍耍小孩子脾氣，只要引導得當，成就一番事業，不成問題。

於是，淳于髡投其所好，以鳥不飛不鳴，比喻齊威王無所作為，刺激其奮發圖強，最終成就了戰國中期「徐州相王」的齊國霸業。

不過，與淳于髡同一時期的其他贅婿們，就沒有這麼好命了。

根據湖北雲夢睡虎地秦墓中出土的竹簡記載，戰國時期，魏安釐王曾經下令嚴禁授予贅婿田地和宅基地，這意味著贅婿一輩子只能乖乖地在魏國境內，聽老婆的話，連自立門戶都不可以，更別說步入仕途、改變人生了。

即便到了秦國統一天下，贅婿的地位依舊低下。據《漢書・賈誼傳》記載，「秦俗日敗，故秦人家富子壯則出分，家貧子壯則出贅」。意思是說，在秦朝時，有錢人家的男子長大後，家裡都會劃出財產份額，讓其娶妻生子，開枝散葉。只有那些家中壯勞力多且窮苦的人家，才會將自己的孩子抵押給有錢人家，省一筆婚嫁費用，甚至還可換得女方家部分經濟補償，可謂是不虧的生意。

因此，入贅起源於財產抵押的說法也說得通了。既然是抵押品，自然也不需要有什麼地位了，故這一時期的「倒插門」女婿多半成了老丈人家裡免費的勞工。

而在老丈人家受盡磨難的贅婿們，到了社會上同樣被鄙視。在當時，人分三六九等，秦始皇就曾頒布詔令，將贅婿、商人、罪犯等列為同一級。遇到戰爭時，他們將是第一批被發配到邊疆服勞役的。《史記・秦始皇本紀》中就有記載：「三十三年，發諸嘗逋亡人、贅婿、賈人略取陸梁地。」由此可見，在秦始皇眼中，這些入贅男子和犯人沒啥區別。

即便到了漢文帝時期，儘管朝廷一再下令禁止對犯人使用黥（刺面）、劓（割掉鼻子）、刖（砍斷腳）、腐（去勢）等先秦殘忍刑罰，但在贅婿問題上，開明的漢文帝卻依舊滿是鄙夷。據《漢書》記載：「孝文皇帝時，貴廉潔，賤貪汙，賈人贅婿及吏坐贓者，皆禁錮不得為吏。」意思是，贅婿和商人、犯人等地位相近，禁止進入仕途，改變命運。

而到了漢武帝時期，隨著不斷延續的對外征伐戰爭，漢朝國力損耗嚴重，為了擴充兵員和維持戰爭運轉，贅婿及囚徒們又通通被徵召到前線，成了保護漢朝士兵生命的「炮灰」。

總而言之，生活在這一時期的贅婿，就如草芥，卑賤如泥。

02

在魏晉南北朝時期，贅婿雖不用再上前線送死，但大眾對贅婿的蔑視並沒有減輕。直到盛唐的出現，贅婿才總算能鬆了一口氣。

由於盛唐處於中國古代封建社會的繁榮上升期，因此，無論是在國家政策層面，還是在民間風俗習慣上，禁錮人性的封建禮教都不像後世朝代那樣嚴格。男子大膽擇偶、女子離婚再嫁是常有的事，與其他朝代相比，在唐朝上層社會中還實行著多重形態的「多偶制」。如皇帝三宮六院七十二妃，王侯貴族、富商巨賈，多則妻妾成群，少亦三妻四妾，就連與妻子感情甚篤的白居易，在正室之外，也有樊素、小蠻等姬妾。

唐朝貴族男女都較為開放。武則天在當唐太宗才人時，私通皇子李治，成為皇帝後又公開收養面首；高陽公主私通辨機和尚；上官婉兒風流成性；作為皇家駙馬爺的郭曖，則膽敢借著酒勁「家暴」公主。

隸屬於唐朝婚姻制度的入贅制度，也得到了最大程度的解放。根據《舊唐書》記載：「婚嫁之法，男先就女舍，三年役力，因得親迎其歸。役日已滿，女家分財物，夫妻同車而載，鼓舞共歸。」也就是說，從唐朝開始，贅婿不再是完全沒有人身自由的「抵押品」，而是與岳父家存在一種契約關係，男方只需要在岳父家賣力幹活，以三年為期限，時間一到，就能拿到岳父分給自己的財產，拉著自己的媳婦，大大方方地回到生身父母身邊或者另立門戶，組成自己的小家庭。

隨著社會對贅婿的態度發生轉變，「倒插門」的聯姻也逐漸為人們所接受，並盛行一時。

03

作為唐代最偉大的浪漫主義詩人，「詩仙」李白也是贅婿。史載，李白一輩子與四個女人同居過，其中一前一後兩任夫人都是宰相家的小姐：一個是宰相許圉師的孫女許氏，一個是宰相宗楚客的孫女宗氏。

雖然大唐時期的贅婿地位有所上升，但入贅始終是低人一等的。作為「安能摧眉折腰事權貴」的有骨氣詩人，這種自降身分的事情，李白做起來怎麼又如此心甘情願呢？

其實這句詩，不過是他在長安受冷遇後，發牢騷所作。畢竟在此事發生以前，他還曾留下了「仰天大笑出門去，我輩豈是蓬蒿人」的豪言壯語，說明他打心裡還是覺得自己是當官的好材料。只不過他到京城走了一遭，發現自己只能混個翰林供奉的名號，未能接觸實際政務，因此心情相當失落。

按唐朝科舉制度的設定，凡從事工商活動的人一律不准參加考試，很不幸，李白就是這類人。為了早日實現自己為國效力的願望，李白意識到人脈是個關鍵因素，於是，在「天府之國」生活了二十四年的李白，踏上了遠遊的征途。

在此次長達三年的旅途中，他沿長江自西向東，遊覽了三峽、荊門、揚州等地，在路上結識了一批如孟浩然、杜甫等與自己志同道合的文人。在新的人脈關係下，孟浩然為李白牽來了人生中的第一根「紅線」——已故宰相許圉師的孫女許氏。

許氏的曾祖父許紹，與唐高祖李淵是同學，自小認識。大唐建立後，許紹憑著這層關係及軍功，進爵大唐國公之列。因此，許氏家族在當時的唐朝也算得上是百年豪門。

在古代，有「父母之命，媒妁之言」，男女雙方的婚姻基本就塵埃落定了。但這也得看男方家是否與女方門當戶對，很顯然，李白跟許氏還差得遠。

為了不錯過好姻緣，李白只能選擇入贅。

正式入贅後的李白，也重新燃起了入仕當官的熱情。經過一番深思熟慮後，開元二十二年（七三四年），李白向時任荊州長史的韓朝宗遞交了一封信，即《與韓荊州書》。在信中，李白讚美韓朝宗禮賢下士，並趁機附上了自己的簡歷：「白，隴西布衣，流落楚、漢。十五好劍術，遍幹諸侯。三十成文章，曆抵卿相。雖長不滿七尺，而心雄萬夫。皆王公大人許與氣義。此疇曩心跡，安敢不盡於君侯哉！」

這封信遞出去後，猶如石沉大海，沒有下文。李白的入仕之夢，就此泡湯。但好在孟浩然這個媒人當得還算可以，許氏也走進了李白的心中。沒能收穫功名的李白，反倒收穫了愛情，與許

氏育有一子一女，子曰李伯禽，女曰李平陽。

不過，美好的時光總是短暫的。沒過多久，李白的第一任夫人許氏因病去世，李白也因此離開了岳父家。

當李白遇到宗氏並再次入贅時，已是四十多歲的中年男人。這些年沒了許氏的他，又先後與兩個女人生活過，並誕下一子。儘管如此，這位出身宰相家族的宗氏夫人卻沒有冷落李白，反而與之感情頗深。當時李白捲入永王謀反案，按罪當斬，宗氏為了救他，不惜動用家族關係，才使李白有機會改判流放，留下名篇《早發白帝城》。

04

自從出了李白這種名聞天下的贅婿之後，到了宋代，入贅已經不是什麼醜事了。那些想一朝鯉躍龍門的窮苦漢子，更是大有人在。若能入贅到女方家中，好歹算岳父大人的「半個兒子」，即便不能得償所願，至少不會太窮。宋人范致明在《岳陽風土記》中記載，「生男往往作贅，生女反招贅舍居」，說明那個時候，在今天湖南一帶，男人入贅已經成了一種正常現象，不入贅反而不正常。

在宋代諸多贅婿的身影中，有一個身影比較特別，他就是宋太祖、宋太宗兄弟倆的父親——宋宣祖趙弘殷。儘管擁有廟號，但他沒當過一天皇帝。

關於宋宣祖的入贅事宜，在北宋范鎮的《東齋記事》中可以查閱到：趙父自何朔來，至杜家莊院，當時大雪，不得前行，避於門下。久之，看莊院的人私下給他送飯，見其狀貌奇偉，又十分勤謹，於是告訴主人。主人出見，愛之，遂留下趙父，並讓他成為女兒舍居婿。

憑藉自己的才能和岳父的幫襯，趙弘殷步步高升，成為後周世宗柴榮的部將，並為趙匡胤兄弟打下堅實的物質基礎。趙匡胤後來才得以成為後周世宗的托孤大臣，並以「黃袍加身」換來了一番帝業。

正因全民喜行贅婚，所以立法之人不得不對這個群體做出較為明確的法律規定：在婚書制度上，此時的贅婿與明媒正娶者相同，朝廷會要求在問名和納吉兩個階段中男女雙方各簽一份婚書，並注明男子入贅身分。同時，朝廷也對贅婿的同居時間進一步放鬆，從唐代的三年變成了沒有時間限制。但為防止心懷叵測的贅婿侵吞岳父家財產，除喪葬費用外，贅婿所能繼承的財產也從原來的三分之二，銳減到十分之三。

儘管宋朝時期的贅婿現象普遍，且受法律保護，但在傳統婚姻家庭中，贅婿始終是婚姻的被支配者。用來束縛宋代女性的「七出」之規，到了贅婿身上，也同樣適用。

05

元朝是中國歷史上一段十分特殊的歷史時期。作為中國首個以少數民族——蒙古族為統治主體的王朝，蒙古族舊制和漢人文化相互交融，在贅婚現象上也產生了諸多特殊的要求。

贅婚形式在蒙古族內部早已有之，且十分流行。蒙古人將贅婿稱為「庫兒堅」，意即將男子送入女方家。作為贅婿，大蒙古國的開創者成吉思汗早年間就曾入老丈人德・薛禪家住過一段時間。但鑒於漢人內部始終對入贅一事「耿耿於懷」，元代統治者決定取消元以前贅婿服役三年分財產的制度，改將贅婿劃分為養老、年限、出舍、歸宗四種方式。

所謂養老型贅婿，就是終身服侍老丈人；而年限制，就是原來的三年服役分家產；至於出舍，則是服役期滿後，允許贅婿自立門戶；而歸宗型，就是贅婿服役期滿後，可以選擇離婚，回家認祖歸宗去。

以往朝代對贅婿雖然有這些形式上的劃分，卻從沒有訂立制度，對於贅婿，元朝的統治者算是給予了前朝未曾有過的寬鬆政策。

元朝曾一度廢除科舉制度，僅在元仁宗時期實行「以儒治國」時短暫恢復過。但元代官方始終沒有禁止贅婿入仕當官，甚至有不少人是中舉之後再入贅。這在元雜劇創作中，有較為明顯的記錄：如《破窯記》中，呂蒙正為窮酸秀才時，與劉月娥相愛，但直到中舉後，劉員外才讓呂蒙正入贅，當自己的上門女婿。而在另一出元雜劇《東牆記》中，也有書生馬文輔高中後入贅董家、成就美好姻緣的故事。

或許是出於同情，元代統治者廢除了贅婿只能繼承岳父十分之三財產的規定，改為贅婿繼承十分之七，岳父家傳十分之三，並規定養老送終型贅婿必須有岳父財產的繼承權。而元代《通制條格》中還規定：「只有一子者不許出贅，若貧家只有一子，立年限出舍者，聽。」

總之，元代的入贅不再是強行的，成為贅婿之後，發展方向也是多種多樣，任君選擇。

06

元朝滅亡後，中國進入了封建時期的最後兩個王朝。明清時期是中國皇權專制的最後歲月，無論是中央集權的官僚政治，還是社會經濟的恢復發展，都達到了前所未有的水準。贅婿發展到此，出現了前所未有的「倒插門」女婿——左宗棠。

作為晚清湘軍著名統帥之一，左宗棠在成名前是湖湘周家的上門女婿。前文提到，湖湘人士在宋代時就有招婿入贅的傳統，所以左宗棠的入贅多半與地方習俗有著一定的關係。

左宗棠出生在一個書香世家，祖上七代皆是秀才，左家傳承到他這一代已經家道中落。按照傳統，左宗棠十五歲那年就在「父母之命」中完成了古代婚姻的第一個流程——問名，算是正式進入訂婚階段。然而，接下來左家發生的一切出乎所有人的意料，先是左宗棠的母親因病去世，隨後左宗棠的父親也撒手人寰。短短幾年間，左宗棠從一個待娶少年成了無人問津的孤兒。更雪上加霜的是，這些年左宗棠曾多次參加科舉考試，每每名落孫山。

眼見婚期將近，周家決定敦促左宗棠早做決定。此時接連遭遇雙親去世、科舉不第的打擊，左宗棠的日常生活都有問題了，哪還有精力完成接下來的婚禮安排，於是婚姻之事一拖再拖。

而周家面對這樁婚姻更是著急，思來想去，左宗棠的準岳父周系輿向左宗棠提出招婿入贅的要求。這既可以解決女兒的出嫁問題，又可以解決左宗棠的生活問題。心中略有愧疚之意的左宗棠，最終答應了岳父的要求，在湖湘周家當了十多年的上門女婿。

由於此時的贅婿已經可以自立門戶了，因此「嫁入」周家的左宗棠並不著急。作為贅婿的他，除了繼續參加科舉考試外，也應湖南巡撫吳榮光的邀請，去湖南淥江書院主持教學，同時在家研究中國地理，繪製中國地圖。

對於左宗棠，周家二老並沒有半分輕視，再加上周家向來開明，左宗棠的夫人周詒端更是賢慧，在岳父全家的鼎力支持下，左宗棠終於憑藉推動洋務運動、收復新疆等多項功績，成為名垂青史的英雄。

三、武狀元簡史——歷史上的「武林盟主」

清光緒二十四年（一八九八年），直隸開州（今河南濮陽）人張三甲，來到戊戌政變後的京城。

張三甲此行的目的，是參加武舉會試。此前一年，他參加鄉試，不負眾望，以精湛的武功，考取了武舉人，現在是進一步獲取功名的時候。

張三甲是當年武狀元的熱門人選。他出身武術世家，自小習武，據說十四五歲時，曾將鄰家門前兩個數百斤重的石獅子舉過頭頂，玩耍一陣後放回原地，面不改色氣不喘。

他拜在武林名師楊國昌門下，「弓、劍、刀、石，色色冠群」，是楊門的希望所在。

參加會試的武舉人，大多出身豪門富戶。張三甲家境一般，朝中又無人，心灰意冷了一大半，只想著耍耍武功露露臉，然後就打道回府了，沒想到會試竟拿了個頭名。

武進士已經到手，還可以更進一步。

殿試中，張三甲手提一把沉重的大刀，威風凜凜。他擺定架勢，揮起大刀，前後左右寒光閃閃，只見刀光，不見人影，如蛟龍潛水，似鯤鵬展翅，令人目不暇給，望而生畏。

突然「哐啷」一聲，大刀落地，全場愕然。

張三甲處變不驚，用腳尖一挑，大刀順勢飛起，正落在手中，他接著連耍數招，全程如行雲流水。

憑藉這次出色的「救場」，張三甲一舉奪得武狀元，欽命御前頭等侍衛。

春風得意馬蹄疾，張三甲匆忙回鄉省親。

直隸省城、開州等地方官員和名流，絡繹不絕地登門拜訪，贈匾道喜。張三甲天天忙於應酬，迎來送往，回鄉十幾天便患了重病，臥床不起，經多方診治無效而死，年僅二十二歲。

一切加諸於身的功名榮耀，戛然而止。

張三甲衣錦還鄉的時候，廢除武舉的呼聲已經響徹晚清。他這個極具悲劇色彩的人物，最終成為中國最後一個武狀元。

悲劇沾染了傳奇，如此而已。

光緒二十七年（一九〇一年），清政府宣布永久廢除武舉考試制度。

張三甲之死，成為中國一千兩百年武舉制度的一個隱喻：當一項制度製造出來的頂級精英，命運竟然孱弱如此，這項制度本身的命運也該結束了。

01

中國的武舉制度，創始於武則天長安二年（七〇二年），此後，儘管歷朝歷代不時有廢除或停止武舉的政策，比如元代和明代前期都沒有武舉，但就歷史大勢而言，武人終於像文人考科舉一樣，有了一條常設的晉升通道，可以實現階層流動。

直到清末永久廢除武舉，這項考試制度前後存在了一千兩百年。然而，迄今為止發現，有名可查的武狀元，不過兩百八十人左右。算下來，平均每四年多，才有一個武狀元。

武狀元如此少，一個原因是確實難考，另一個原因則是中國文人對武人的鄙視。我們都知道，武狀元、武進士的名字和生平等要流傳下來，靠一雙拳頭打遍天下是沒用的，終歸還是得靠文人的一支筆，尤其是歷代修史者的那支筆。

很不幸，那支掌握話語權的筆，不僅文人相輕，文武更相輕。北宋修史的歐陽修，就直接撂下一句話，說武舉毫無價值，史書無須浪費紙墨。

完了，有了這句話，唐代的武狀元狀況，後人基本就無從得知了。

按照唐朝的武舉制度，一年一考，少說也誕生了一兩百名武狀元。但我們現在知道的唐代武狀元（含武進士）只有四十一人。

這四十一人中，有十九人籍貫不詳。剩下二十二人，山西一省就有十一人，占了一半。可見在唐代，山西人的武功是最硬的，打遍天下無敵手。第二是陝西，國都所在，出了四個武狀元。第三是河北，占了兩個。

天下武功，半出河東（唐代河東，主要指山西一帶），山西人憑什麼撐起了武舉制度的半壁江山？

山西是大唐的發家之地。唐高祖李淵起兵反隋，雖然依仗關隴集團的支持，但其發兵的武力支撐來自山西。晉陽（今太原）首次起兵，對於李唐王朝的意義可想而知。

此外，唐代的山西，經濟地位類似今天的廣東，實力雄厚，無疑也是催生武狀元的適宜土壤。其他地方連飯都吃不飽，還有力氣習武嗎？

山西人能打，恰好唐代的武舉，是百分之百純武舉，只考武不考文。這樣的制度簡直是為山西人量身定制的，想不贏都難。

唐朝武舉的科目，大致分為三類：

一是考射箭，分為馬射和步射；

二是考體力，有翹關和負重。「關」是過去城門用的長門栓，所謂「翹關」，即要求武人單手握門栓的一端，用力把門栓平端起來。負重一科，則要求武人背著五石（約三百公斤）米往前走，走的步數越多，成績越好；

三是考身材和言語，就是看你是否高大、威猛，以及回答問題的表述是好是壞。

到了宋代，武舉的考試重點變了，山西「武狀元省」的寶座也就不保了。

02

武舉制度的設立，是為國家選拔靠譜的武將。武將的素質肯定要全面，武功、謀略、戰術、大局觀、忠誠度，都非常重要，只有一身蠻力是遠遠不夠的。

宋代對整個武舉制度進行了完善，其中最主要的是對考試科目重劃重點。具體來說，宋代武舉分為比試（資格考試）、解試、省試和殿試四級，考試科目既考武藝，又考程文。

武藝科目包括弓步射、弓馬射、弩踏、掄使刀槍等器械，仍以步射、馬射為主，即主要看射箭成績。

科目的變更是根據當時的戰爭需求設立的。唐代的翹關、負重等科目，到宋代，被挽弓開弩取代，透過拉弓弩的幅度，測試武人的力量。

宋代比唐代增設了程文（一般稱為「內場」）考試，包括策問和兵書墨義。也就是說，宋代的「術科」，既要根據時務邊防進行答對，類似於現在的申論，也要講解兵書的主要意思，相當於現在的默寫原文加閱讀理解。難度和占比還挺大。

當時的武學（類似公辦武校），對那些術科很好但武藝一般的學生，都會格外開恩，列為優等生，尤其照顧那些知陣法、懂謀略的考生，武藝不及格也沒關係。

宋仁宗天聖八年（一〇三〇年），仁宗「親試武舉十二人」，主要考騎射和策問，以策問為主，即「以策為去留，弓馬為高下」。這說明，宋代皇帝確實重文輕武，選武進士，術科還是排第一位。

這些改革，有利於促使武人從四肢發達頭腦簡單，向有智慧的方向發展。但隨之而來的，是「武狀元省」的轉移。

唐代武功獨步天下的山西，此時被浙江取而代之。兩宋共產生武狀元七十四人，除去籍貫不詳者二十四人（大部分為北宋武狀元），剩下五十人中，浙江一省二十四人，幾乎占了一半。福建這一時期有十五名武狀元，也相當厲害，僅次於浙江。

可以看出，兩宋武狀元的地域分布，與文狀元的分布基本一致。

浙江省內，平陽縣兩宋時期出了十四名武狀元，由此被譽為「武狀元之鄉」。同時期，東陽縣也將六頂武狀元桂冠收入囊中。

這不難理解，因為經過宋代的武舉改革，武舉名為考武，實為考文，哪些地方文風盛，文武狀元也就更多。

還有一點必須說明，南宋的地盤被局限在南方，北方很多省分無緣參加南宋武舉，這也使這一時期的武舉成為南方各省的專屬舞臺。

北宋繼承和改革武舉的初衷，是要通過「海選」求得將帥之才，但實際狀況與目標相去甚遠。武舉人、武進士，不是被安置在京城負責捉賊、當騎兵教練，就是被派往邊疆一線，充當士卒，離將帥的距離差得不止一點兩點。

而原因當然出在制度上。只要是考試，就會存在應試教育，宋代也不例外。所以當時的情況，朝廷歸結為「所取非所用，所用非所學」，就是考試跟實戰脫鉤了，武進士到了實戰中，大多不堪大用。

因此，唐代武舉還有郭子儀撐門面，宋代名將卻基本不是武舉出身，被人津津樂道的，竟然是一個九歲的武狀元朱虎臣，這不能不說是一種諷刺與悲哀。

03

相比南宋偏安一隅的政治局面，明代版圖擴張，讓武狀元的地域分布更加廣泛，遍布中國。那麼，大一統的明代，哪個地方出最多武狀元呢？

答案得從武舉的考試重點去找。

朱元璋曾說，武舉「是析文武為二途，自輕天下無全才矣」。武學、武舉遂被打入冷宮，直到明朝立國百年後，武舉才恢復正常化。

就考試內容和側重點而言，明代幾乎是宋代的翻版，相當重視術科成績。以鄉試（省考）為例，明代規定要考三場：第一場考騎馬射箭，以三十五步為準；第二場考跑步射箭，以八十步為準；第三場筆試，或問古兵法，或問時務。

這些考試內容，尤其是射箭一項，從唐到清，整個冷兵器時代都未被淘汰，說明它有很實用的一面。

古代作戰，弓射最具殺傷力，也最難防備。八十步以外，一箭射去，效果和現在用槍差不多。所以當時武舉考射箭，道理跟現在的士兵練射擊打靶是一樣的。

至於徒手搏擊這一類的傳統武術，在戰場上幾乎是不可能出現的，所以從未被列為考試重點。

萬曆末年曾有過一次關於武舉改革的討論，有朝臣主張設「將材武科」，初場試武藝，內容包括馬、步箭及槍、刀、劍、戟、拳搏、擊刺等法；二場試營陣、地雷、火藥、戰車等項；三場各就其兵法、天文、地理所熟悉者言之。

顯而易見，這是一個具有遠見卓識的提議，可惜並未引起朝廷重視，只是說說罷了。

由於術科的比重仍然很大，明代出文狀元的地方，也盛產武狀元。

整個明代有武狀元五十二人，其中籍貫可考者四十五人。

這四十五名武狀元中，江浙兩省分掉一半。其中，江蘇十三人，浙江十人。接下來，安徽四人，排第三。在排行榜前七名的省分裡，除了陝西，都位於南方，這與文狀元前五名的省分高度重疊。

按南北來分，明代武狀元三十九人出自南方，占百分之八十七；僅有六人出自北方，占百分之十三。

南方人武舉厲害，除了前面講到的術科優勢，還有一個重要原因：明中期沿海倭患嚴重，促使當地居民重視武藝，形成習武的氛圍。

在倭患最嚴重的嘉靖時期，十二名籍貫可考的武狀元中，就有九人來自江浙地區。可見，倭寇侵擾對武狀元地理分布的影響還是很大的。

到了崇禎時代，面對內憂外患，崇禎帝銳意重武，力圖改革武舉重文輕武的舊習。

崇禎四年（一六三一年），參加武會試的舉子中，能使用百斤大刀舞刀花的，只有王來聘、徐彥琦兩人。放榜後，徐彥琦榜上無名，崇禎帝認為有人作弊，將考官、監試御史等一大批官員下獄、撤職，再命人重新主持複試。

此後，直到明朝滅亡前一年，每隔三年，崇禎帝都會親自主持殿試，欽點武狀元，封官許願賜戰袍，在特殊年代，給予了武狀元無上的榮耀。

儘管這一切並不能挽回大明的落日餘暉。

04

清代比以往任何時代都更重視武舉，武狀元授官也比前代優厚許多。一旦欽點武狀元，馬上從平頭百姓成為正三品將領，不是授予參將就是紫禁城中的頭等侍衛。

清朝皇帝個個精明得很，武舉一方面是精選將才，另一方面是「別有用心」。至於怎麼個「別有用心」法？社會上的武藝精英，即使什麼也不幹，只是通過選拔將這些人豢養起來，也總比留在社會上謀反生事強。

清代武舉一改宋明兩代重文輕武的趨向，在沿襲明代考試制度的基礎上，將錄用標準逐步恢復到注重武藝的本質上。

讓北方武人屢屢吃虧的術科，在清代漸漸往容易的方向改革：考策、論文章，「策」相當於問答題，「論」是按試題寫一篇議論文。

順治時定為策二篇、論一篇，題目選自「四書」和兵書。康熙年間改為策一篇、論二篇，策題出自《孫子》、《吳子》、《司馬法》三部兵書，論題只從《論語》、《孟子》中出，考試難度有所降低。乾隆時，進一步縮小命題範圍，規定題目都選自《武經七書》。

到嘉慶年間，朝廷考慮到武人多不能文，所考策、論多不合格，而不少外場成績突出者又往往敗於內場，於是乾脆廢除策、論，改為按要求默寫《武經七書》中的一段，通常只要默寫一百字左右。

這樣等於已經把術科考試的難度降低了很多，內場考試的水準越來越低，最後差不多只是走走形式了。

術科項目在武舉中淪為陪襯，結果是北方省分終於壓過南方省分，在武狀元數量上包攬了前兩名。

清代共有一百零九名武狀元，直隸（今河北、北京、天津全部以及河南一小部分）占了四十一名，山東占了十四名。這兩個典型的北方省分，一舉拿下全國武狀元的一半名額。

明代武狀元人數最多的江浙兩省，此時並列第三名，分別有七名武狀元。

全國武狀元人數前七名的省分，除江浙兩省外，都是北方省分，與明代的情況，形成了有趣的反差。

河北人突然發力，碾壓全國，與該省武風素盛分不開。但還有一個主要的原因，河北拱衛京師，清代給的鄉試名額比其他省分多，享受政策性的照顧。

自唐代以來，武功最高、武狀元最多的省分，兜了一圈，終於又回到北方。

晚清西方列強的堅船利炮，進一步突顯了傳統武舉弓矢刀石的可笑。

一九〇一年七月，兩江總督劉坤一、湖廣總督張之洞聯合上奏，請求與時俱進，廢除武舉，理由是「硬弓刀石之拙，固無益於戰征；弧矢之利，亦遠遜於火器」。武舉選拔出來的人才，武功再高，也敵不過槍炮，這是赤裸裸、血淋淋的事實。

一個多月後，清廷下旨，宣布永遠停止武舉考試，河北人作為武舉制度最後的贏家，黯然散入江湖。

四、明清海盜簡史——古代的大航海王

當自稱「淨海王」的大海商汪直被處死的時候，明朝嘉靖皇帝以為，帝國的海疆終於安寧了。

這是嘉靖三十八年，即一五五九年。

在此前的三十多年裡，這名以權力制衡出名的皇帝，厲行了明朝最嚴酷的海禁政策，由此導致東南沿海「倭患」不斷。

汪直是繼許棟、李光頭之後，壟斷帝國東南沿海與東南亞、日本走私貿易的大海商。他的大本營設在雙嶼島（今浙江舟山），最鼎盛時擁眾十萬餘，大小船隻無數，過往的商船都要打著「五峰」（汪直，號五峰）的旗號方能通行。不過，在明朝官方看來，他們都是帝國「倭患」的根源。

為了抗倭，浙直總督胡宗憲與汪直的海商集團鬥智鬥勇多年，最終在一五五九年將汪直誘騙入杭州，並進行抓捕。

汪直被朝廷處死後，雙嶼島作為官方認定的大賊窩，也被搗毀了。然而，出乎明朝君臣意料的是，一個新的「雙嶼島」迅速形成。

被朝廷軍隊擊散的倭寇和海盜沿著海岸線南下，一直到了閩粵交界的海面上。在那裡，一個三不管的小海島及本土的海盜團夥接納了這股逃竄的海上力量，隨後野蠻成長，很快就發展成為讓帝國官員頭痛不已的海盜巢穴。

這就是南澳島（今廣東汕頭南澳縣），面積僅為一百一十三平方公里左右，約等於三個半澳門。

在此後一百多年的時間裡，明清帝國針對以南澳島為中心的海盜勢力的鬥爭與博弈，深刻改變了閩粵兩省乃至整個中國的歷史走向。

01

準確地說，在汪直集團被摧毀之前，閩粵交界的潮州府，包括南澳島一帶，海盜勢力已經頗有聲勢，只是尚未引起官方的重點關注。

這整片地方，今天統稱為潮汕地區，涵蓋潮州、汕頭、揭陽三市，是一個三不管的海島。南澳島早在南宋時期就成為海盜巢穴。

史載，宋孝宗淳熙七年（一一八〇年），一個名為沈師的大海盜「嘯聚甚眾，犯南澳，嶺東震動三月」。時任廣東常平提舉的楊萬里集合數郡兵力，總算平定了沈師之亂，沈師因此在史書中被稱為「海上巨寇」。

到了明朝，南澳島上原本有民戶居住，但在海禁的基本國策下，官方擔心島民作亂，將他們遷往大陸，「遂虛其地，糧因空懸」。

在朝廷看來，一座無人荒島是最安全的，但在另外一些人眼裡，這就是嘯聚的天然據點。嘉靖時人陳天資在《東里志》中記載：

> （南澳島）惟深澳內寬外險，有臘嶼、青嶼環抱於外，僅一門可入，而中可容千艘。番舶、海寇之舟，多泊於此，以肆搶掠……長沙尾，西跨南洋，近於萊蕪澳，為船艘往來門戶，海寇亦常泊焉。

也就是說，在嘉靖時期，南澳島上的深澳、長沙尾等港灣，早已成為海盜聚眾泊船的據點。

當時活躍於漳州、潮州地區的重要海盜集團，幾乎都在南澳島有根據地。日本商人也循聲而來，每年五月定期在島上搭棚貿易，當時人說「刀槍之類，悉在舟中」，看得一清二楚，然而貿易各方都習以為常。

雙嶼島被摧毀後，海上武裝勢力盤踞的南澳島才徹底暴露在朝廷的視野之內。

02

在南澳島最早崛起的大海盜中，最有名的是許朝光和吳平。

許朝光是廣東饒平人，本姓謝。傳說他幼年時，父親被大海盜許棟擄殺，母親則被許棟霸占。因許棟無子，遂收其為子，並改姓。

傳說中，許朝光長大後，聽其母講述身世，怒不可遏，遂趁許棟從日本貿易返回南澳島途中，伏兵刺殺了這名縱橫四海的養父。而在歷史記載中，許棟則死於嘉靖「禁海名臣」朱紈之手。

一五五〇年左右，包括許棟、李光頭在內的九十六名「倭寇」和「海盜」，被朱紈下令處死（一說許棟成功逃逸，不知所終）。同時，朱紈指責閩浙兩省的世家豪族勾結倭寇，這引起了兩省豪門大族的恐慌，他們紛紛動用關係，彈劾朱紈越權擅殺。

在巨大的壓力下，朱紈最終喝毒藥自殺，臨死前，他頗為無奈地說：「縱天子不欲死我，閩浙人必殺我。」

總之，許棟死於養子的刺殺或許只是許朝光發跡前後自我宣傳的虛構事蹟。但因為這個故事體現了維護倫理、崇尚復仇至上與勝者為王的原則，所以得到了海盜群體和潮汕民間的廣泛傳播。

可以確定的是，許朝光崛起後，自立為「澳長」。他將今南澳島後宅鎮一帶作為根據地，在那裡修宮室、建敵樓、築城寨，同時將勢力擴張到牛田洋、鮀浦諸海口。

史載，許朝光控制的海港，但凡商賈往來，都要交保護費買平安，名曰「買水」。這種開創性做法，隨即被其他海盜幫派學去，與官府爭奪商稅，成為各大海盜集團的穩定收入來源。

嘉靖四十年（一五六一年）前後，許朝光多次聯合倭寇劫掠潮汕沿海村寨，引起很大的震動。

地方官府兵力鬆散，防備吃力，只得對許朝光採取招安政策。許朝光同意招安，但提出了一系列苛刻的條件：

本人入城招安，入城後不能關閉城門，不能斥去左右隨從，不能解除隨從所持兵器。各城門都要兼備本人手下人員守護。入城時應當用特殊禮宴請，縣佐首領官必陪在身旁，宴畢後必立即出城，不能命令我等拜見府道大人。

官府最終任憑許朝光的大隊人馬進城，名為招安，實際上對其毫無約束力。乾隆版《潮州府志》載：「（許）朝光居大舶中，擊斷自恣，或嚴兵設衛，出入城市，忘其為盜也。」

許朝光後來被手下頭目莫應夫刺殺，當時已是嘉靖朝的最後一年，一五六六年，此時，朝廷針對潮州府海盜的剿殺也進入了尾聲。

03

許朝光曾經的對手、閩粵海盜巨魁吳平，因為勢力太大，最終震動朝廷，引發閩粵兩省聯合剿殺。

吳平是福建詔安人，自幼聰慧好兵，曾在有錢人家做家奴，遭到女主人虐待，遂入山為寇，後又出海為盜。傳言吳平得勢後，擄掠了原先虐待他的女主人進行了殘酷的報復。

史載，吳平頗有謀略，抗倭名將戚繼光「猶憚（吳）平，平所設奇，皆與相當，號為勁敵」。這個有頭腦的大海盜，得到同時期海盜頭目如許朝光、林道乾、曾一本等人的推崇，吳平也當仁不讓，以閩粵海盜的總首領自居。

當時，活躍於南澳島海域的大海盜之間形成了一張錯綜複雜的關係網，不過，海盜之間往往只有利益，沒有情義。

當吳平在南澳島東北角築寨之時，手下「戰艦數百，聚眾萬餘」。許朝光擔心吳平會蠶食自己的勢力，設計挑撥吳平父子關係。吳平中計，在醉酒之後怒殺了自己的兒子，待到酒醒，後悔莫及，舉兵與許朝光火拼。雙方大戰於南澳島中部的牛頭嶺，戰鬥激烈，人頭滾地，迄今牛頭嶺仍有「人頭嶺」的別稱。

許朝光戰敗，退守自己的據點，而吳平則進一步奠定了自己海盜霸主的地位。

但南澳島一帶海上巨寇的養成，已經引起了朝廷的重視。

潮汕地區人多地少，民眾大多以海為生。即便是在明朝的海禁國策下，潮汕人也未停止與東南亞、日本等地的海外走私貿易。待到嘉靖後期執行明朝史上最嚴厲的海禁政策時，潮汕人為了生存，只能遊走在亦商亦盜的邊緣，身分模糊。

時任潮州知府的江西人郭春震指出，潮州海患嚴重的主要原因，是本土海盜具有廣泛的社會基礎，當地人駕船挾貨，往來東西洋，將「通番」貿易視為家常便飯。

嘉靖皇帝卻不認為是他的海禁政策催生了海盜集團，他認為是地方官府的縱容私通、武力不濟，才養成了一個個海上大盜。

嘉靖四十二年（一五六三年），潮州府增設澄海縣，與南澳島隔海相望，以加強對地方的行政控制。新設的縣取名「澄海」，表明那裡海宇未靖，朝廷希望此後能夠剿滅海寇，「澄清海宇」。在此前後，潮州府下饒平、惠來、普寧等縣的設置，也大致出於同樣的原因，縣名均取同樣的寓意。

當吳平的聲名傳到帝都，朝廷將他視為「廣東巨寇」的時候，嘉靖皇帝震怒了。他要求閩粵兩省「嚴督兵將，協心夾剿，以靖地方」。於是，兩廣提督吳桂芳與福建巡撫汪道昆協同部署，督令總兵俞大猷、戚繼光率軍水陸並進，直取南澳島。

經過數場惡戰，嘉靖四十四年（一五六五年），吳平的海盜集團在福建海域被戚繼光部擊沉戰船百餘艘之後，退據南澳島，築土堡木城，準備作最後的反抗。

與此同時，戚繼光的軍隊也登上南澳島，而俞大猷則統率三百餘艘戰船與戚繼光會師。在人稱「俞龍戚虎」的朝廷兩大抗倭名將發動最後總攻之前，朝廷的戰船已將整個南澳島團團圍住，防止吳平的人馬逃竄。

此戰，吳平的海盜集團被殺、被擒一千五百餘人，燒死、淹死五千餘人，主力被消滅殆盡。

儘管如此，在明軍水陸兵的強大攻勢下，吳平還是率殘部逃出了包圍圈。

史載，吳平輾轉逃到了安南（今越南）萬橋山。嘉靖四十五年（一五六六年）四月，俞大猷的部將湯克寬在萬橋山之戰中最終剿滅了吳平的殘餘勢力。

吳平投水身死，一代海盜傳奇落幕。

04

吳平不是明朝盤踞南澳島的最後一代海賊王，但他的死預示著潮州海盜的鼎盛時期逐漸成為過去式。「俞龍戚虎」在南澳島的勝利，成為明朝平定潮州「海患」的一個轉捩點。

隆慶元年（一五六七年），新即位的隆慶皇帝聽從福建巡撫塗澤民的建議，有限度地開放海禁，一時間「寇轉為商」，「漳潮之間，旋即晏然」。

萬曆三年（一五七五年）起，明朝在南澳島設副總兵，以水兵三千人專守此地。儘管南澳的官方守備很快就鬆懈下來，但這一標誌性事件，表明一直處於權力真空狀態的南澳島被納入了軍事管理。這個嘉靖後期海盜集團的孕育之地，終於相對平靜了數十年。

吳平死後，林鳳、林道乾等常年活動於南澳島的潮州海盜集團，紛紛起兵攻打沿海城鎮，尋求新的據點。在朝廷軍事鎮壓下，這些海盜戰敗，率船隊和人員流散於東南亞，有的還在東南亞建立了自己的政權。東南亞因此成了潮州海盜最後的退身之地，而他們演變成為潮汕人移居海外的先驅，也為海外潮商奠定了基礎。

這或許就是歷史的奇詭之處。

明末，福建南安人鄭芝龍的海商集團崛起後，整個閩粵海域，涵蓋東南亞、日本的航線，基本屬於他的勢力範圍。他擁有無可匹敵的制海權，還仿照許朝光收取「買水」錢的做法，給過往商船發通行證，獲得了巨額收入。

崇禎元年（一六二八年），在擊潰了福建的官軍之後，鄭芝龍卻意外地選擇投入朝廷的懷抱，出任明朝一個名為「防海遊擊」的低級職位。

事後的結果證明，鄭芝龍做出了精明的選擇。他雖然投靠朝廷，卻依然擁有自己的船隊與地盤，不僅自身利益絲毫未受損，還可以打著官方的名號去剿殺其他海盜集團，擴大鄭氏集團的勢力。

五年後，一六三三年十月，明朝水師與荷蘭東印度公司的艦隊在金門島附近的料羅灣展開了一場海戰，這是中國與歐洲列強在海上的一次重要較量。結果，明朝取得了這次海戰的勝利，而鮮為人知的是，明朝的主力艦隊其實都是鄭芝龍的船隊。

這可以算是二十八年後其子鄭成功擊潰荷蘭人、進入臺灣的一次預演。

料羅灣海戰後，明朝在福建和廣東東部的海防力量都被鄭氏集團控制。

崇禎十三年（一六四〇年），鄭芝龍就任南澳副總兵。儘管他在四年後就升任福建都督，離開南澳，但此後的三四十年，明清朝代更替，南澳一直是鄭氏集團軍事與貿易的重要基地，完全脫離了中央王朝的控制。

清順治三年（一六四六年），鄭芝龍降清，但其子鄭成功「止南澳，招兵制械，得數千人」，扛起了反清復明的旗幟。

康熙元年（一六六二年），由於鄭氏集團內部矛盾，時任南澳副總兵的陳豹降清。同年，清政府在潮州沿海實行大規模的遷海政策，南澳島和大陸沿海數十里居民全部內遷，民不聊生，哀鴻遍野。

南澳島——這個持續了兩百餘年的海盜巢穴，又回到明初的蠻荒狀態。

05

邱輝是明清兩代潮州最後一個有影響力的大海盜。

他是今汕頭達濠人，有個綽號叫「臭紅肉」，如今譽滿天下的達濠魚丸，相傳就是邱輝孝敬其母而首創的。

邱輝活躍的時候，清朝已實行「遷海」政策，南澳島荒蠻，所以他的據點建在了南澳島西南方向的達濠半島上。他在達濠建寨固守，控制粵東沿海的鹽業和漁業，成為當時潮州沿海唯一駐守「界外」的海盜頭目。

當時，退守臺灣的鄭氏集團已經傳到第三代鄭經。邱輝奉鄭經為正統，支持其反清復明大業，被封為「忠勇伯」。

連橫在《臺灣通史》中稱，邱輝「踞達濠……布帛無缺，凡貨入界者以價購之，婦孺無欺。自是內外相安，轉運毋遏，物價愈平」，頗有義盜之風。

邱輝占據達濠十多年，並在達濠設置「大明潮州府」，其戰船經常在沿海出沒，「清兵莫能禦」。

康熙八年（一六六九年），潮州各地「復界」，但懾於邱輝的勢力，清政府特別規定達濠仍為「界外」。

清政府平定三藩之亂後，移師南澳，準備收拾邱輝。在清軍水陸並進的攻勢下，邱輝的達濠寨被攻破，他本人撤退到臺灣。後來，在與清軍發起的收復臺灣的海戰中，邱輝戰敗，引爆火藥桶自殺。

邱輝之死，宣告了潮州最後一段海盜傳奇的落幕。

康熙二十三年（一六八四年），清政府收復臺灣後，宣布取消海禁。潮州沿海的海盜活動終於告一段落。

只是南澳島的過往「汙點」，依然讓清政府憂心忡忡。清政府為了防止南澳島形成割據勢力，在設置總兵的同時，分別由廣東、福建各出一營軍隊駐紮該島，形成了由兩省分治共管的局面。時人藍鼎元鑒於明朝晚期以來南澳海盜集團風起雲湧的歷史，特別提出：「南澳一鎮為天南第一重地，是閩粵兩省門戶也，鎮南之法以搜捕賊艘為先。」

他希望清政府務必不要放過任何一艘海盜船，以免南澳島再次發展為大賊窩。

有意思的是，當乾隆年間東南沿海的缺糧問題越來越嚴重之時，朝廷最終允許潮汕海商從暹羅（今泰國）進口大米。這樣，曾經流落東南亞的潮州海盜後代，紛紛以商人的身分率領船隊回來貿易。所有人似乎都忘記了，僅僅半個世紀以前，他們的前輩還是帝國的敵人，是朝廷必欲除之而後快的海賊。

海盜與海商的身分轉換，完全取決於帝國的對外政策調整，這是多麼吊詭的事情。一直到今天，受明清官方意識形態反覆多變的影響，潮汕人對於歷史上喧囂一時的本土海盜傳奇人物的評價，亦處於一種矛盾的心態之中：

一方面，海盜大幫的血腥劫掠，深刻影響了潮汕歷史，是催生數百年間潮汕鄉村軍事化、宗族抱團、械鬥等地域文化的原因；另一方面，海盜集團織就的海上貿易網路，也深刻影響了潮汕經濟的結構，是潮汕本土藏富於民、海灣港口繁榮發展、潮汕商幫稱雄海內外的原動力。

五、史官的變遷——從地位崇高到毫無節操

記者這個行業，在中國要到晚清才出現。古代並沒有記者，但是有一群人，他們鐵肩擔道義，妙手著文章；他們為了記錄真相，秉筆直書，不惜冒著生命危險；他們嚮往公平正義，哪裡有黑暗，哪裡有不公，都會被他們原原本本地書寫下來。

後人稱他們寫下來的文字為「信史」，內容確實可信，沒有掩惡溢美，能夠取信於當代，流傳於後世。

這群人就是史家（史官），古代版的「調查記者」。

01

當上皇帝後，宋太祖趙匡胤有段時間迷上一項休閒運動：彈弓打鳥。有個御史見了，認為趙匡胤有玩物喪志之嫌，於是，在某次皇帝玩得正起勁的時候，謊稱有要事稟奏。

趙匡胤無奈放下彈弓，接見御史，臉色不太好看。等御史奏完事，趙匡胤更鬱悶了，因為奏的是件芝麻綠豆的平常事，哪裡來的十萬火急！

他質問御史是什麼意思？御史不怕，答道：臣以為此事再小，也比打鳥的事大。

趙匡胤怒不可遏，當場「以柱斧柄撞其口，墮兩齒」。御史沒有跪地求饒，他緩緩俯下

身子，撿起被打落的牙齒，藏到懷裡。

趙匡胤納悶了，你撿起牙齒，莫非還想當物證，到哪裡去告我不成？御史回答：臣到哪裡都告不了陛下，不過，自然有史官記下這件事。

這可把趙匡胤嚇壞了，他趕緊道歉，給御史賜金帛，然而歷史還是都記錄下來了。

論監督，沒有人監督得了皇帝。御史敢監督皇帝，不是因為他們不怕死，而是因為他們有靠山——史官，一群隨時處在事發現場且堅守如實記錄的人。

趙匡胤怕自己的不當言行上史書，已經不是一次兩次了。還有一次，早朝後，他很不高興，原因是思及一件事情處理不當，怕史官記錄：「早來前殿指揮一事，偶有誤失，史官必書之，故不樂也。」

宋代宮中還有女史，專事內起居注的寫作，時刻不離皇帝，記錄其行動，當晚交給史官。她們的住處外面釘有金字大牌，上書「皇帝過此罰金百兩」。

按照傳統，皇帝不能翻看當代史，包括本朝、本人的一切記錄，這是為了防止皇帝利用權力篡改歷史。

唐太宗李世民在位期間，多次提出要調看關於其日常言行的歷史記錄——起居注。他給出的理由還很

正向：「朕看了，才能『知得失以自警戒』，不然自己做錯了都不知道。」

第一次被諫議大夫朱子奢制止了，他認為皇帝親覽起居注的做法傳示後代，必然使史官不能秉筆直書，信史就無從談起。

第二次是七年後，李世民還是不死心，死皮賴臉要看起居注。當時的諫議大夫兼起居注官褚遂良同樣明確拒絕，說起居注記錄人君言行，善惡畢書，自古迄今，從來沒有哪個皇帝躬自觀史。

言下之意，皇帝您不要開這個惡例，要是開了，那也是要上史書的。

李世民問，朕有不善的言行，你真的都記下來了？儘管聽出李世民語帶威脅，褚遂良還是一字一頓地回答：不記下來，那就是我的失職！

黃門侍郎劉洎站出來為褚遂良打圓場，勸皇帝說，人君有過失，就算褚遂良不記下來，天下人也會記下來的。

多數皇帝怕史官，是因為真相懸在天地之間，而古往今來的史官，為了捍衛真相，不惜以生命為代價。這，是中國古代史官的一項傳統。

02

凡是有修養、有責任感的史家，都會把「信以傳信、疑以傳疑」奉為職業圭臬。你的職業精神到哪裡，你的作品可信度就到哪裡。

早在春秋時期，史官就有這種自覺性及職業榮譽感。

最著名的故事是「崔杼弒其君」，為了寫下這幾個字，當時齊國一個史官家族兄弟四人被殺了三個，殺得崔杼也沒了脾氣，只好放棄，最後四兄弟中的小弟倖存下來。

與此同時，齊國另一個史官家族南史氏，聽說崔杼在殺史官，立刻舉家抱著竹簡趕赴現場：你如果把太史一家殺光了，我們接著寫，接著用頭顱來捍衛真相，捍衛歷史的尊嚴。

當時的史官是世襲的，史官秉筆直書，為了天下，也為了捍衛家族榮譽。從此，史官和青史的權威就奠定下來了。

司馬遷寫《史記》，不僅寫「古代史」，也寫「當代史」，寫到他生活的年代——漢武帝時期為止。武帝連年對匈奴作戰，是當時一個尖銳而敏感的現實問題，司馬遷在史書中客觀記述了征戰造成的惡果：不僅民眾困苦不堪，連文景時期韜光養晦積累下來的財富也被耗盡了。

司馬遷自述心跡，說他寫這些「負面」東西，是要留下一部信史，藏之名山，傳之其人，「雖萬被戮，豈有悔哉」？

不過，記錄真相的阻力之大，時常超乎想像。這種阻力，不僅來自專權殘酷的上層，還來自盲目自信的精英。

當時很多社會精英，恰恰認為武帝時期是大漢崛起的關鍵點，司馬遷秉筆直書的這些東西，是他們所不願看到的。一直到東漢時期，還有人說司馬遷專寫大漢的汙點，《史記》是一部「謗書」，以武帝不殺司馬遷為恨。

還好，史官的價值觀還是一致的。他們互相抱團取暖，推崇司馬遷的史書為「實錄」，並將他作為太史、南史之後秉筆直書的新榜樣。

到了魏晉南北朝時期，朝代更替與皇帝輪換跟走馬燈似的。亂世中，無道之事更多，對史家的考驗更大。

這時候，一些史家已經被異化，開始墮落。有的畏懼權勢，誰當權就替誰粉飾太平；有的把手中筆當成個人求取富貴的工具，誰給好處，就把誰及其祖先捧上天。

最沒節操的是，負責修北魏國史的魏收，公然放言：什麼東西敢和我過不去？我舉之則使之上天，按之則使之入地。

什麼職業操守，什麼信史良史，在他魏收身上沒有這回事。

當然，整體而言，史官這個群體還是守住了傳統。魏收的《魏書》一出來，就遭到群嘲，被稱為「穢史」。這至少說明，史官好壞、史書良莠的標準沒有坍塌。

這時候，出了不少有骨氣的史家，氣概直追春秋史家。比如，寫晉代歷史的孫盛，面對權臣桓溫的滅門威脅，仍然堅持

不刪改桓溫在枋頭吃敗仗這段不光彩的歷史。

孫盛算幸運的，崔浩就真的遭到滅門夷族，堪稱當時影響最大的史官血案。

崔浩深得北魏太武帝拓跋燾器重，奉命修撰當朝史書。拓跋燾特意叮囑他，要「務存實錄」，崔浩沒揣摩出皇帝這四個字是故作姿態還是真心實意，就把拓跋氏不光彩的歷史一五一十地寫了出來。書成之後，他還好大喜功，命人將這部史書刻石立碑，任人觀看。

拓跋燾大怒，命人將崔浩收監，讓數十個衛士輪流在他頭上大小便。備受羞辱之後，崔浩慘死獄中。不僅如此，崔浩家族，及其聯姻的大族，都被滅門，這起史官慘案牽連受戮的人數以千計。

這件事給史官群體留下了一道深刻的心理陰影。

03

史官的另外一道陰影，是李世民造成的。李世民幾次要求調看起居注，裝作是一個歷史「小白」，實際上，他對歷史的功用和控制，精通得很。

歷史上，權臣監修史書的制度，正是從李世民執政時期開始的。由皇帝安排一個親信大官，作為官方修史活動的總負責人，這樣有利於當局對國史修撰進行控制。

這個惡例一開，以後正直史官求取真相的空間就縮小了。國史監修作為總把關人，第一要務是把不利於當朝的記錄，全部刪削乾淨。

真相不能當飯吃，安全才是監修們首先要考慮的。

李世民最終還是透過宰相、國史監修房玄齡看到了自己的起居注。這麼多年來，他執著地要看起居注，其實是惦記著歷史會怎麼闡述他發動的玄武門之變。

史官對此心知肚明，經過緊急刪改後，呈給李世民。李世民看到自己最關心的玄武門之變寫得很隱晦，語焉不詳，就對房玄齡說，我當年發動玄武門事變是為了安社稷、利百姓，史官為什麼要隱諱呢？

房玄齡是聰明人，不會傻到跟崔浩一樣聽不出皇帝的弦外之音。他隨即心領神會，安排人按照皇帝定下來的基調——玄武門事變是安社稷、利百姓的好事——重寫這段歷史。

大約兩百年後，到了唐文宗時期，皇帝向起居舍人魏謨索要起居注觀看。魏謨拒絕並上奏，說：「陛下但為善事，勿冀臣不書；如陛下所行錯誤，臣不書之，天下之人皆書之。」又說：「臣以陛下為太宗皇帝，請陛下許臣比職褚遂良。」

魏謨表示，自己將向褚遂良學習，希望唐文宗也以唐太宗為楷模。

魏謨竟然不知道李世民後來得逞了，不但看了起居注，而且親自指導了對關鍵歷史事件的重寫。可見，唐代對真實國史的遮蔽到了何其嚴重的地步。

聽到魏謨的話後，唐文宗淡淡地說了句：你以前的史臣是同意看的。

這句話，足以讓這個堅守史家職責的魏徵五代孫崩潰。曾經抱團取暖，以守護真相為榮的那些同行，他們都到哪兒去了？

魏謨的孤獨，想想都讓人悲哀。

但事實就是如此殘酷，在魏謨之前，史官行業早已徹底淪陷。韓愈曾經跟朋友說，他原來想做一名史官，但怕自己因為秉筆直書而丟了性命，還是放棄了。

在韓愈之前，劉知幾已經深切感到「近古良直（史官），卻如披沙揀金」，所以一再感歎實錄難遇。他說，「古之書事也，令賊臣逆子懼；今之書事也，使忠臣義士羞。若使南（南史氏）、董（董弧）有靈，必切齒於九泉之下矣」。

總之一句話，當時史官的節操都「掉一地」了。

04

史官秉筆直書的精神，越往後世越弱。唐朝開的惡例很壞，但還不是最壞的。史官最壞的時光，在清朝。

以前的朝代，官修史書修完了，再給皇帝看；清代帝王則要求，一些重要史籍每修若干卷就要進呈御覽，隨時審閱。康熙曾要求明史館將《明史》寫好的部分「以次進呈」，實際上就是審查。

清朝官修的各類史書中，只有起居注號稱皇帝不能看。實際則不然。乾隆曾經出來闢謠，說他沒有閱覽起居注，真是欲蓋彌彰。

更可怕的是，從雍正開始，起居注已經失去了它的本意和價值，只是抄錄一些皇帝的諭旨而已，像趙匡胤打落御史兩顆門牙這種事，寫都不敢寫。起居注變成了語錄，閱與不閱，皇帝其實也無所謂了。

清代史官多是知識精英，原本有著修史以經世的情懷，但修史處處要體現官方意志，他們其實心裡委屈得很，備嘗人格分裂之苦。

一旦禁不住良心誘惑而越軌，史官們就可能慘遭橫禍。嘉慶年間設館編纂《明鑒》，涉及清朝開國之事，其中按語被認定「多有悖謬之處」，嘉慶閱後大為光火，斥責該館總裁等人「率行纂輯，實屬冒昧」。結果《明鑒》館總裁、總纂、纂修等官均被罷免，交部議處，原稿一律作廢。

這些內心扭曲的史官，寫出來的作品，後來被形象地稱為「哈巴狗史學」。

到了晚清，梁啟超以歷史的筆調開始懷念傳統史官：

從前人喜歡講史官獨立……這種史官是何等精神！不怕你奸臣炙手可熱，他單要捋虎鬚！這自然是國家法律尊重史官獨立，或社會意識維持史官尊嚴，所以好的政治家不願侵犯，壞的政治家不敢侵犯，要侵犯也侵犯不了。

手中有筆，就要寫出世間的真。可是，梁啟超沒有說出來的話是，這種人，這種精神，從什麼時候起變得只可追憶了？

六、古代替身簡史——歷史上的「影」

歷史上有關替身的故事比比皆是。

早在春秋時期，齊國國君就發掘出替身的妙用。

齊桓公的哥哥齊襄公昏庸無能，荒淫無度。此人平生一大「壯舉」，就是與同父異母的妹妹文姜亂倫，並為此派人殺了妹夫魯桓公。

有一次，齊襄公外出打獵，一頭野豬竄出來，把他嚇得不輕，當場從車上摔下來，受了重傷，被抬到行宮裡躺了好幾天。

齊襄公的堂弟公孫無知圖謀不軌，便夥同奸臣發動政變，闖入行宮，來到齊襄公床前，將床上的人殺掉。

但是，被殺的這個人並非齊襄公，而是他常年培養的替身孟陽。

公孫無知仔細一看這屍體，有些納悶：「這人不是國君，長得不像啊。」

齊襄公沒來得及跑遠，躲在門後面，腳都露出來了。公孫無知雖然名叫「無知」，人卻很機智，旋即就發現了門後的齊襄公，派人將他拖出來，亂刀砍死。

01

在齊晉兩國的鞌之戰，也有一個替身忠心護主。

據《左傳》記載，這場戰役的起源很無厘頭。齊頃公六年（前五九三年）春，晉國派遣大臣郤克出使齊國，齊頃公也不知哪根筋不對了，讓母親藏在帷後觀看晉國來使。

郤克是晉國的名臣良將，偏偏生得跛足駝背。齊頃公母親見他登臺階的樣子很滑稽，竟然放聲大笑，笑聲傳到郤克耳中。

郤克大怒，發誓：「如果我不報此仇，今生不再過黃河！」回國後，郤克請求晉景公出兵伐齊。晉景公不同意，只讓他消消氣。郤克就是咽不下這口氣，後來齊國使者進入晉國，他在河內將四名使者拘捕，並下令處死。

四年後，又是一個春天，齊攻魯、衛。

魯、衛兩國向晉國求援，晉景公當機立斷，派大軍前往，領兵的正是郤克。兩軍在鞍地交戰，郤克先是中了對方一箭，鮮血直流到腳。郤克疼痛難忍，幾欲退軍，車夫看出主將的心思，直言：「小人從開戰到現在，已經受了兩次傷，不敢言痛，擔心士氣受挫，將軍您也應該忍著點。」

於是，郤克振臂一呼，繼續與齊軍鏖戰，將士們見主帥身先士卒，也都奮力殺敵。

齊頃公則在陣前豪言：「衝啊！攻破晉軍後回來辦宴會！」此君開玩笑在行，打仗不太行，面對晉軍的猛攻，齊軍的形勢不容樂觀。

眼見齊軍將敗，齊頃公侍臣逢丑父急中生智，與齊頃公交換了衣服和位置。齊頃公假裝為車右（駕車人右邊的武士），逢丑父改穿齊頃公的甲冑。

隨後，晉將韓厥殺到齊頃公車前，將車上人俘虜，他以為自己將要立下大功，喜不自勝，特意戲弄齊頃公，拜伏在車前，說：「敝國國君派遣在下援救魯、衛兩國。」

齊頃公怒不可遏，但又不能暴露自己。韓厥將齊頃公和逢丑父押解回營，路上，假裝齊頃公的逢丑父稱自己口渴，取出一瓢對身邊的齊頃公說：「我渴了，去取水來。」

韓厥不疑，於是齊頃公以打水為由，偷偷逃走，又在沿途齊軍將士的幫助下安全撤離。

韓厥帶著逢丑父回到晉軍大營，郤克見過齊頃公，當然知道中計了，當即要殺逢丑父洩憤。逢丑父反駁道：「今日我若代國君而死，今後恐怕為

人臣者就沒有人敢忠於國君了！」

郤克畢竟還是正人君子，轉念一想，殺了忠臣，不吉利，就把逄丑父放了。逄丑父的「替身」任務圓滿完成，毫髮未損地回到齊國。

02

值得一提的是，鞍之戰中立下戰功的晉將韓厥，日後被拔擢為晉國八卿之一，三家分晉的韓國正是出自這一家族。

春秋諸侯紛爭，戰國七雄爭霸，猶如彈指一揮間，一統天下的大秦沒有傳承千秋萬代，而是很快淹沒在起義浪潮之中。在此之後，新的主角是劉邦與項羽。

楚漢戰爭時，在滎陽，這個曾屬於戰國時韓國的土地上，又上演了一齣李代桃僵的好戲。

西元前二〇四年夏，漢軍被楚軍圍困於滎陽，城中缺糧斷水，全軍筋疲力盡。劉邦很慌，他手下有一名將領卻很淡定。這手下名叫紀信。

紀信和劉邦長得極像，乍一看像一個模子刻出來的，可能就只有劉邦傳說中的「左股七十二黑子」無法複製。

忠心護主的紀信對劉邦說：「現在情況緊急，臣有辦法，可保漢王安全。」

聽完紀信置生死於度外的建議，劉邦只好同意。他讓陳平寫一封降書，送給項羽，聲稱今晚就出東門投降。

深夜，劉邦大開東城門，兩千婦女相擁而出。楚軍一臉迷惑，不是要投降嗎？怎麼盡是婦女？劉邦在哪兒？

此時，劉邦已經在眾將士的保護下，從西門逃出。等到東門的婦女們走完，天都亮了，劉邦早已跑遠。

就在楚軍茫然四顧之際，身著漢王服飾的紀信坐在黃屋車上，用一邊衣袖擋住臉，慢悠悠地駛出城來。

「劉邦」終於來降，項羽大喜過望，楚軍高聲歡呼。等到走近一看，咦，這傢伙不是劉邦啊。

項羽傲然問道：「你是誰，竟然冒充劉邦？」

紀信毫不退讓，高喊：「吾乃大漢將軍紀信！」

項羽被惹怒了，馬上又問：「快說，劉邦在哪裡？！」

紀信回答：「漢王早已離開。」

項羽被騙，氣急敗壞地將紀信活活燒死。紀信用自己的生命換得劉邦安全，解了滎陽之困局，歷代對其推崇備至，奉為忠臣楷模。西晉陸機曾贊道：「紀信誑項，軺軒是乘。攝齊赴節，用死孰懲。身與煙消，名與風興。」

03

劉邦善用人，正是有紀信等人才各顯神通，才得以打敗項羽，開創大漢王朝。兩漢國祚四百年，分久必合，合久必分，到東漢末年，豪傑並起，此時，又見替身的身影。

有人用替身是為了脫險。

一九〇年，各方牧守興兵討伐董卓，但大部分都只在隔岸觀火，真正出力的不多。其中，長沙太守孫堅率領少量的先頭部隊，跟董卓軍交手數次。歷史上，華雄就是孫堅部所斬的，並不是關羽的功勞。

之後，孫堅率軍與董卓麾下的徐榮在梁縣交兵，奈何寡不敵眾，打不過，只能跑了。徐榮軍緊追不捨，孫堅一時難以脫身，幸虧部將祖茂出手相救。孫堅平時愛戴紅頭巾，在戰場上很顯眼，後來他征討荊州，孤軍入峴山，被黃祖軍輕而易舉射殺，可能也與此有關。

在危急時刻，孫堅將紅頭巾戴到祖茂頭上。徐榮部下眾騎果然將祖茂當成孫堅，趨馬追趕，孫堅則趁機從小路逃脫。

祖茂勢單力薄，眼看對方就要追上，情急之下，飛身下馬，將紅頭巾掛在路邊一根燒過的柱子上，自己躲到草叢裡。孫堅與祖茂的這招替身之計默契無間，徐榮軍圍著柱子轉了半天，定睛一看，知道自己被耍了，方才各自散去。

也有人用替身是為了避嫌。

有一回，曹操要接見匈奴使臣。曹操雖是一代英主，但其貌不揚，覺得自己的相貌不足以威懾匈奴人，於是請崔琰充當替身，代替他接見使臣。

崔琰出身名門望族，長相英俊，氣質威嚴，讓他代表大漢，頗有面子。曹操自己則站在坐塌之側，手握寶刀，假裝侍衛。

匈奴使臣來了，雙方就漢匈關係進行了友好磋商和深入探討，氣氛十分融洽。事後，曹操偷偷派人問匈奴使臣：「你覺得曹丞相這人怎麼樣？」

匈奴使臣似乎早已看穿一切，答道：「丞相儀容風采非常人可比，風雅高尚讓人嚮往，但是，他那床頭捉刀人才是真正的英雄。」

匈奴使臣若是慧眼識珠，必有過人之能，不可放虎歸山，更不可讓他妄議漢相。曹操是典型的多重人格，他聽說後，馬上派人把這個匈奴人殺了。

04

明清時，有替人出家的替身。

《紅樓夢》第二十九回寫清虛觀打醮，提到有一位榮國公的「替身道士」——「這張道士雖然是當日榮國公的替身兒，後又倒做道錄司的正堂……現今王公、藩鎮都稱他為『神仙』，所以不敢輕慢」。

在明清史料中，常見「替身出家」的事例。據明末沈德符的《萬曆野獲編》記載，明代皇子降生，都要剃度其他幼童作為其替身出家，以表虔誠祈福。這風俗不僅限於皇室，在達官顯貴中也十分常見。

到後來，替身不再是帝王將相的專屬，而是逐漸發展為職業，甚至走進千家萬戶。

還有專門代人受刑的替身。

清人余懷在《板橋雜記》裡曾記載這樣一個故事：明代開國功臣徐達的十一世孫徐青君，本來靠著祖上的積蓄，「家貲鉅萬，廣蓄姬妾」，過著富二代的瀟灑生活，卻不幸遇上改朝換代，田產被沒收，住所也被改為江寧道衙門。

徐青君淨身出戶，身無分文，他突發奇想，想靠「為人代杖」過活。若有人因罪需受杖刑，在方便的情況下，都可出錢由徐青君代為受刑。

一次，他與受刑人約定好杖數，沒想到受刑時，杖數是原定的數倍。徐青君原是富家子弟，身體也沒多健壯，實在承受不住，嗷嗷大叫，趕緊自報家門，稱自己乃徐達的後代，衙門還是原來自己的住宅。

江寧道臺林天擎聽到這年輕人訴說，方知其中內情，頓時心軟，將他釋放，又把一些家產退還給他。後來徐青君靠賣花石自力更生，也算有了個好結局，這替身沒白當。

歸根到底，這世上始終沒有最好的「影子」，只有更好的自我。假如能夠踏踏實實地做人，也不用整天跟自己演戲。

第四記：浮生記趣

一、古人的相親——無論在哪朝哪代，都躲不過相親「鄙視鏈」

你相親過嗎？

現代人相親，很多時候都呈現出一條赤裸裸的「鄙視鏈」：沒房的不行、收入低的不行……。

基於此，一份中國式相親價目表被整合出爐：不同地段的房地產和不同層級的學歷對應著不同的身價，男性和女性則奉行不同的標準。

其實，不僅是當代，有史以來，中國人的擇偶觀都很現實。畢竟現實往往是殘酷的，越殘酷越真實。

01

大家都知道魏晉南北朝時期，上品無寒門，下品無士族。但寒門與士族之間的區隔，嚴重到了什麼程度，估計很多人都沒有概念。

用婚姻來解釋最直觀。

出身於太原王氏的王元規，幼年喪父，家道中落，兄弟三人隨同母親寄居舅父家裡。當地有個叫劉瑱的土豪為攀上名門親戚，想以巨資陪嫁，把女兒嫁給王元規。母親準備答應下來，王元規卻哭著說：「我們正是因為一直保持婚姻門第，才受人敬重，怎麼能夠因為家貧就與非貴結婚呢？」

最後婚事未成，土豪就這樣被無情鄙視了。據說當時王元規才十二歲，這種保護門第的覺悟比身體還早熟啊。

南朝齊時，出身東海王氏的士族王源家世顯赫，但在聯姻方面，王源卻唯利是圖。王源經常將媒人喚到府上探問，媒人說吳郡的滿璋之是高平舊族、寵臣後代，家財雄厚，正在托人為自己的兒子找伴侶，王源遂決定將女兒嫁給滿家。

御史中丞沈約知道這事後，覺得其中有蹊蹺，便考察了一下滿璋之的家譜，結果發現滿璋之並非真正的士族。於是他上表彈劾王源，指出王滿連姻無視相親「鄙視鏈」，實在駭人聽聞，玷汙了名門，要求革去王源官職，踢出士族，禁錮終身。

北魏時，崔巨倫出身博陵崔氏，是北方士族中首屈一指的家族，但他有一個單隻眼睛失明的姐姐，大家子弟沒有肯娶的，家裡沒有辦法，準備將她下嫁庶族。

崔巨倫的姑母（大家李氏也是當時的名門望族）聽說了這事，悲痛地說，怎麼能讓侄女「屈事卑族」？於是讓自己的兒子娶了她。

你看，這不是赤裸裸的相親「鄙視鏈」是什麼？有錢也沒用，殘疾也不怕，因為我們看中的是家族門戶。

02

到了隋唐時期，由於士族力量的存在不利於皇權鞏固，兩個朝代的皇帝都曾對世家大族的勢力進行抑制。此時，山東（指崤山以東）地區的崔、盧、王、鄭等大族雖然逐漸衰落，跟南北朝時期時的氣勢沒法比了，但這些家族仍然憑藉著祖宗的門第，站在婚姻「鄙視鏈」的頂端，不與庶族通婚。

唐太宗無法容忍山東士族的風頭蓋過他出身地的關隴士族，因而命令高士廉修撰《氏族志》，重新評定門第的高低。然而，高士廉似乎無法理解唐太宗的深意，在修成的《氏族志》中，仍把南北朝的大族列為第一等。唐太宗看後大發雷霆，只能對高士廉把話講明白。

唐太宗指點高士廉說，山東士族已經衰微了，北齊和南朝的梁、陳亦不過是偏安一隅的下國，沒必要把崔、盧、王、謝這些家族捧得很高。最終，重新出爐的《氏族志》將大唐皇族列為第一等，唐太宗這才滿意。

不僅如此，為了打擊士族門閥，唐太宗還專門下詔，不准崔、盧、李、鄭等世家大族互相通婚。

詭異的是，這些打壓士族門閥的舉措，反而成就了被打壓家族的高貴之名。他們被稱為「禁婚家」，代表受皇帝欽定的不允許通婚之家。你越是禁止，我就越顯高貴。

唐文宗時期，宰相鄭覃有一個孫女，當時的權貴都來為子孫求婚，但一概被拒絕。最後，鄭覃選中了一個九品芝麻官崔皋。原因很簡單，崔皋雖然官職低，但門第高，也屬於「禁婚家」，兩家門當戶對。

而身為皇帝的唐文宗曾想把公主嫁給世家大族，遭到對方拒絕後，唐文宗悲歎說：「民間修婚姻，不計官品而尚閥閱。我家二百年天子，反不若崔、盧耶？」

03

基於門閥大族的婚姻「鄙視鏈」，是隨著唐朝的覆滅而終結的，正所謂「舊時王謝堂前燕，飛入尋常百姓家」。五代以後，士族飄零，寒門崛起。尤其是宋

代，朝廷推行文治，注重科舉考試的公平與正義，雖為寒門子弟，一旦登科，便身價百倍，人們的價值觀也發生變化：「萬般皆下品，唯有讀書高。」

這時，舊的婚姻「鄙視鏈」瓦解，但新的婚姻「鄙視鏈」也建立了：科舉功名成為新的相親門檻，主宰了宋代及以後近一千年的中國婚姻社會。

在宋代，父母最嚮往的婚事，就是為女兒找一個有才華的青年男子，進士、狀元則成為佳婿首選。許多達官貴人便從科舉及第者中物色快婿，或選婿於白身之中，或論婚於中第之後。

這種現象風靡一時，被稱為「榜下捉婿」。

南宋紹興八年（一一三八年），福州人陳修考中了探花（殿試第三名）。這一年，陳修已經七十三歲，終生未娶，宋高宗得知此事，當場就從宮中選了個三十歲的宮人賜給他。事後，有人開陳修的玩笑，編了兩句打油詩：「新人若問郎年幾？五十年前二十三。」

沒有功名就無人問津，而一旦擁有功名，哪怕七老八十都有可能被皇帝賜婚，真正詮釋了什麼是「書中自有顏如玉」。

那些擁有科舉功名的人，不管出身、年齡、相貌、貧富，此時都站在了婚姻「鄙視鏈」的頂端。這也不難理解，當科舉成為衡量世俗成功的標準時，中舉者就相當於那個時代的潛力股，等待他的是權力、地位與財富。

04

與此同時，財富也逐漸獲得了與科舉功名同等的地位。甚至在明清時期，財富跟功名是可以互相兌換的。所謂「捐官」、「捐監」都是由此而來，有錢人家自然就取得了婚姻主動權。

古代宣導「士農工商」四大等級，商人雖衣食無憂，但政治地位極為低下，婚姻也受到限制。唐代有個富商叫楊萬貞，但他只能娶一個妓女為妻，要想娶官員之女是門都沒有。進入宋代，隨著市民經濟的發展。以及婚姻觀念的變化，庶民、士人與商人聯姻日益普遍。宋人筆記有載：「近歲富商庸俗與厚藏者嫁女，亦於榜下捉婿，厚捉錢，以餌士人，使之俯就，一婿至千餘緡。」可見，有實力參與「榜下捉婿」的家族，除了朝廷中的權貴，就是當時的富商了。

北宋大書法家蔡襄曾說：「觀今之俗，娶其妻不顧門戶，直求資財。」在當時人的婚姻觀念中，有沒有錢非常重要。宋代的富人嫁女兒，陪嫁通常多達六、七十畝地。明清也是如此，明朝人說：「婚姻之家，惟論財勢耳。有起自奴隸，驟得富貴，無不結姻高門，締眷華胄者。」可見，財富已經成為重要的擇偶標準，「古人重嘉偶，今人重財婚」。

嫁娶雙方重錢財的風尚，也造成了許多社會弊端，以至於出現溺嬰、棄嬰及貧女難嫁、富人多招贅婿等現象。很多地方都出現高陪嫁、高聘禮的習俗，「有一女方嫁而家產蕩然，致使貧窮之家，或溺女不舉，或女老不嫁」，這是古代版「天價聘禮」的悲劇。

05

值得研究的是，近代以來，歐風東漸，那中國式的相親「鄙視鏈」被瓦解了嗎？

一八九九年，蔡元培的夫人王昭去世，為其做媒續弦的人很多。蔡元培乾脆公開提出了他的徵婚條件，包括女子須不纏足者、須識字者、夫婦不相合可離婚等。

章太炎在其原配去世後的第二年，在《順天時報》上刊登了續弦廣告，條件包括：一、須文理通順，能作短篇文字者；二、系出名家閨秀，舉止大方者；三、有服從性質，不染習氣者。

這是名人開出的相親條件，非名人的徵婚條件也大抵類似。

一九〇二年，有個署名「南清志士」的人在報紙上徵婚，內容如下：「訪求天下有志女子，其主義如下：一要天足；二要通曉中西學術門徑；三聘娶儀節悉照文明通例，盡除中國舊有之陋俗。如能合以上諸格及自願出嫁，又有完全自主權者，勿論滿漢新舊，貧富貴賤，長幼妍媸，均可。」

你要是覺得這些條件很稀疏平常，不要求房產戶口，不要求年齡相貌，哪還存在鄙視不鄙視？那你就過於天真了。

對女性兩隻腳的要求，這門檻就很高了。清朝晚期，裹足之風在城市裡流行，比起現在的隆胸隆鼻還要盛，凡是有地位或有錢人家的小姐，很少不纏足。

隨著新知識分子宣導天足運動，曾經流行的小腳一下子就過時了，纏足女子變成了一個受歧視的群體。天足甚至成為評判一位女性是不是「近代女性」的基本標準。甚至有人說，二十世紀第一個十年，女人的美麗標準就是會說洋文的大腳女人。

不管是蔡元培還是「南清志士」，都把「天足」作為徵婚的第一個條件，這就把多少纏足女子及其家庭鄙視下去了。

對女性學識的要求，這門檻就更高了。要知道，在民國以前，大城市女性的文盲率超過百分之七十，輕輕一句「識字」、「文理通順」，就跟現在來一句「設籍臺北信義區」一樣，「殺人不見血」。

這是清末民初知識男性的擇偶「鄙視鏈」：年齡容貌不限，戶籍房產不限，但我們看中的是天足、識字及思想開明程度。

正如我們所見，每一個時代都有屬於那個時代的相親「鄙視鏈」，只是有的標榜門第，有的標榜學識，有的標榜出身，有的標榜身體某個部位。

德國社會學家穆勒里爾認為，婚姻具有經濟、子女、愛情三大動機。

愛情誰都嚮往，但它真的只是婚姻的一條腿而已，沒有相親「鄙視鏈」中的另外兩條腿支撐，它註定是要塌的。

二、「皇上，駕崩了！」——為什麼皇帝多短命？

自西元前二二一年秦始皇確立帝制，到一九一二年宣統帝退位，皇帝制度在中國存在了兩千一百三十二年。

在這兩千多年間，一共有三百七十六人（一說是四百多人）做過真正的皇帝。其中，有生卒年記載的皇帝大約三百人。

有學者專門統計過這些皇帝的平均壽命。他們得出的結論不算一致，但差不多：有的說是三十九歲，有的說是三十九點六歲，還有的說是四十一歲。

總之，皇帝們的平均壽命在四十歲左右，僅為歷史上有年壽記錄的名醫、名僧平均壽命的二分之一。

皇帝都被稱為「萬歲」，卻沒想到連四十歲的門檻，都很難活過去。

那麼，擁有當時最好的物質條件和醫療服務的皇帝們為什麼普遍不能長壽呢？

01

物質生活條件太好，有時反而不利於養生。

皇帝們富有四海，舉天下以奉一人，使他們有條件養尊處優，享受肥甘厚味，從而容易患膏粱之疾，也就是我們所說的「富貴病」。

一般來說，肥甘厚味食物膽固醇含量高，易使動脈粥樣硬化而發生高血壓、心腦血管疾病、肥胖症等。

史書記載，有許多皇帝「無疾而終」。著名醫學家范行準認為，古代「無疾而終」者並非「無疾」，其死因除了心臟病外，大多和腦血管疾病有關。

例如十六國時，前秦的苻健、南燕的慕容德、大夏的赫連勃勃、前涼的張軌、成漢的李壽、後涼的呂光、北涼的沮渠蒙遜等帝王，都因「寢疾」去世。所謂「寢疾」，就是在睡夢中死掉了，其實他們極有可能都死於腦血管疾病。

和其他朝代相比，宋代皇帝是腦血管疾病發病率最高的群體。

北宋九帝中，有四位——真宗、仁宗、英宗和神宗，都患有腦血管疾病。他們腦血管疾病發作時具有若干共同特徵，如言語蹇澀或不語、行動不便等症狀。

嘉祐八年（一〇六三年）三月，五十四歲的宋仁宗趙禎夜裡突發急性腦血管疾病，發病後出現失語。御醫第一時間趕到開藥，但已無濟於事，僅兩個時辰宋仁宗就去世了。

肥胖症也是古代皇帝的致命殺手。

最出名的應該是南朝宋明帝劉彧。劉彧以貪吃肥胖著稱，尤其喜歡吃河豚、臘肉。史載，劉彧「以蜜漬逐夷（河豚肉），一食數升，啖臘肉嘗至二百臠」。

由於暴飲暴食，他後來肥胖到了不能行房事的地步。沒有繼承人怎麼辦呢？那就把他那些已經懷孕的弟媳們強行拖入宮中，生男孩就把其母殺掉，視為己出。

劉彧死時不過三十四歲。

明仁宗朱高熾也相當胖。

《明史》上說，朱高熾體態肥胖，行動不便，總要兩個內侍攙扶才能行動，而且總是跌跌撞撞。他雖然是明成祖朱棣的長子，但因為肥胖，朱棣不喜歡他，差點登不上皇位。不過，朱高熾雖然如願登基，但僅僅十個月後就去世了，享年四十七歲。

02

對於坐擁天下的皇帝來說，面對眾多後宮佳麗，明知縱欲無益健康，明知克制情欲、節制房事可以養生，但就是控制不住自己。

北齊武成帝高湛的一位寵臣，和士開曾勸高湛及時享樂，說：自古帝王，盡為灰燼，堯、舜、桀、紂，竟復何異。陛下宜及少壯，恣意作樂，縱橫行之，即是一日快活敵千年。

這種「好話」，高湛執行起來毫不費力，當皇帝不過四年，就因酒色過度而死，年僅三十二歲。

宋哲宗趙煦少年縱欲，患上了「腰疼，便旋中下白物」、「又多滑泄」的慢性前列腺炎。他因房事過度，身體虛弱，抵抗力降低，導致結核病加重，二十四歲便撒手人寰。

宋哲宗去世後，因無子嗣，徽宗趙佶得以繼位。

史載，宋徽宗「五、七日必御一處女，得御一次即畀位號，續幸一次進一階」。

他的兒子宋欽宗繼位後，「放宮女六千餘人於外」。宋人據此估計，徽宗時期的宮女至少有萬餘人。

他的另一個兒子宋高宗趙構，史載其「好色如父，侍婢多死者」。

這位患有嚴重「恐金症」的逃跑皇帝，很精明地在五十多歲時主動禪位，結果以退位續命，竟然活到了八十歲出頭，在宋代皇帝中活出了一個壽命高峰。

中國最後一個縱欲而死的皇帝，應該是年紀輕輕的同治帝。

據說，同治帝小小年齡，耽溺男寵，常常在恭親王之子載澂、翰林院侍讀王慶祺的陪伴下溜出皇宮，微服冶遊，整夜在南城琉璃廠、八大胡同等處盤桓，狎邪淫樂。直至第二天早朝時，才神不知鬼不覺地潛回宮中。

結果，同治帝十九歲就英年早逝，雖然官方公布的病情是天花，但民間一直傳言是梅毒。

03

服食丹藥，也是很多皇帝的死因。

有些皇帝縱欲過度，急需壯陽補腎；有些皇帝追求長生不老，希望成為真正的萬歲⋯⋯他們共同的做法，就是煉丹吃藥，結果往往適得其反。

東晉哀帝司馬丕「雅好黃老，斷穀，餌長生藥」，最終服食過量，中毒而死，時年不到二十五歲。

北魏道武帝拓跋珪則表現出典型的寒食散中毒症狀，要麼數日不食，要麼通宵不睡，喜怒無常。大臣、皇子們人人自危，懷恨在心，最後，他被自己的兒子刺死了。

但要論服食丹藥，當數唐代和明代皇帝最瘋狂。

據統計，唐朝二十一帝中，迷戀金丹者至少有十一帝，即唐太宗、唐高宗、武則天、唐玄宗、唐憲宗、唐穆宗、唐敬宗、唐文宗、唐武宗、唐宣宗、唐僖宗。

其中，多位皇帝因此喪命。如唐太宗因服食胡僧配製的長生藥，遂致暴疾不救；唐穆宗李恒因方士進金石之藥，吃後中毒暴亡；唐武宗李炎「重方士，頗服食修攝，親受法籙，至是藥躁，喜怒失常」，中毒身亡。

明代十六帝中，有九人服食丹藥。他們服藥的原因，除了求長生，還有治療疾病、縱欲與求嗣等。

朱高熾很可能因縱欲過度得了不治之症，服用丹藥想求醫治，反而中毒身亡；嘉靖帝服用丹藥後，經常折磨後宮少女，以致激起宮闈叛變，差點被十幾個宮女勒死；他的兒子隆慶帝更加荒唐，服用丹藥後，「陽物晝夜不僕，遂不能視朝」。他們長期服食含有砒霜、水銀、朱砂的丹藥，最後不免縱欲而亡。

這份中毒而亡的名單中，最後還迎來了一個重量級帝王——雍正帝。

來自朝鮮的史料記載，雍正晚年貪圖女色，病入膏肓，自腰以下長期不能行動，常年要服食丹藥。

結果，雍正迷戀丹藥的神奇功效，卻因此送了性命，享年五十八歲，比起康熙、乾隆，甚至嘉慶、道光都短命。

04

總體而言，在相對和平穩定的朝代，皇帝們多死於疾病，如西漢、北宋、南宋；當戰亂紛爭、皇權旁落或者一個王朝即將終結時，皇帝們多死於非命，如魏晉南北朝、五代時期皇帝，多死於各種自殺、他殺。

中國的皇帝，接近三分之一死於自殺或他殺。只有那些明智、運氣好，同時帝國處於上升期的皇帝，才能長壽。

比如活了六十九歲的康熙，他曾說：

吾人年老而經事多，則自輕易不為人所誘，每見道士自誇修養得法，大言不慚。但多試幾年，究竟如常人，齒落鬢白，漸至老憊。觀此，凡世上之術士，俱欺遊人而已矣。神仙豈降臨人世哉？

這才是活得明白的過來人。他兒子雍正不信，不到六十就死了；他孫子乾隆信了，活了八十九歲，創下中國皇帝的最長壽紀錄。

三、大宋美食指南——有錢和有權的人都吃什麼？

有一天半夜，宋仁宗肚子餓了。

他想吃燒羊肉，可又不願命令御廚料理，以免此事成為貽害後世的常制，寧願饑腸轆轆直至天明。

宋仁宗是個美食愛好者，卻厲行節約，宮中生活精打細算，就連宋仁宗的皇后曹氏想要做一道皇帝愛吃的糟制淮白魚，還得親自向大臣夫人討要食材。

一次宮廷宴會上，御廚準備了二十八隻蟹，宋仁宗還未動筷，說：「這蟹一隻多少錢？」

左右答道，一千錢。

宋仁宗頗為不悅，說：「我多次告誡你們，不要奢侈浪費，一下筷就是三十多千錢，吾不忍也。」他將此菜放置一旁不吃，作為警示。

宋代是一個美食盛世，中國飲食的發展至此已進入「鼎盛時代」。上至廟堂，下至市井，煎、烹、煮、炒、燒、烤、燉、溜、煸、蒸、泡等幾十種烹飪方式爭奇鬥豔，大放異彩。

我們熟悉的俗語「柴米油鹽醬醋茶」，就出自宋代的《夢粱錄》。在堪稱宋代生活指南的《東京夢華錄》中，更是描寫了東京汴梁「集四海之珍奇，皆歸市易；會寰區之異味，悉在庖廚」的盛景。

01

宋代的文人墨客頗有當大廚的潛質。北宋的梅堯臣、歐陽修、黃庭堅與南宋的陸游、范成大、楊萬里等都是有名的「吃貨」，常將飲食生活寫入詩詞中。

還有一位勇於承認自己是「老饕」的美食家蘇軾，他在一篇《老饕賦》中點評杏仁漿、蛤蜊、蟹、葡萄酒等美食精粹，最後「一笑而起，渺海闊而天高」，說起吃的就來勁。

《東坡志林》中，留下了不少其研究美食的記載。

這位宋仁宗年間的進士，一生足跡遍及各地，不僅擅長發掘美食，還為美食代言。以蘇東坡名號命名的菜有多種，如東坡肘子、東坡墨魚、東坡餅、東坡肉等。

若說宋詞中寫飲食美學的極致，更不得不提蘇軾的這一首《浣溪沙・細雨斜風作曉寒》：

細雨斜風作曉寒，淡煙疏柳媚晴灘。入淮清洛漸漫漫。

雪沫乳花浮午盞，蓼茸蒿筍試春盤。人間有味是清歡。

那是元豐七年（一〇八四年），春寒料峭，蘇軾與好友同游南山，在山林間野餐。在宋代，立春有饋送春盤的習俗，即以蔬菜、水果、餅食等裝盤贈送親友。春盤中的蓼茸與蒿筍等果蔬鮮脆可口，滾燙的水在茶具中沖起雪花一般的乳白色泡沫，待浮沫退去，就是一杯沁人心脾的春茶。

一句「人間有味是清歡」，更是道出了詩人清曠淡泊的人生境界。

蘇軾常以品茶、飲酒為樂，自稱「酒困路長惟欲睡，日高人渴漫思茶」。他認為，煮茶的關鍵在於水，以雨雪之水為最佳，井泉甘冷者為其次，而關鍵在於溫度，精妙在於器皿。

他還有一首記詠採茶、製茶、點茶、品茶過程的《水調歌頭・嘗問大冶乞桃花茶》，頗有一番閒趣：

已過幾番雨，前夜一聲雷。旗槍爭戰建溪，春色佔先魁。採取枝頭雀舌，帶露和煙搗碎，結就紫雲堆。輕就黃金碾，飛起綠塵埃。

老龍團，真鳳髓，點將來。兔毫盞裡，霎時滋味舌頭回。喚起青州從事，戰退睡魔百萬，夢不到陽臺。兩腋清風起，我欲上蓬萊。

縱使人間萬苦，一句「吃茶去」亦可自得其樂。蘇軾大半生都在貶謫中，嘗盡了漂泊的苦楚，卻始終懷著一腔樂觀向上的人生態度，其中一大原因或許是有美食相伴。

政敵看不慣蘇軾苦中作樂，不斷將他貶謫，從黃州赤壁磯到西湖之畔，從嶺南海濱再到天涯海角的海南島，但無論去到哪裡，蘇軾身邊都少不了美食。

蘇軾在黃州（今湖北黃岡）時，當地豬肉價格低廉，富貴者不食，老百姓買得起，卻不知道如何烹調，浪費了大好的食材。

自己動手，豐衣足食，蘇軾便親自下廚研製豬肉，做出了「東坡肉」，並寫下自己的美食祕方，在民間大力推廣：

黃州好豬肉，價賤如泥土。貴者不肯吃，貧者不解煮，早晨起來打兩碗，飽得自家君莫管。

一道傳世名菜就此誕生，而其製作的初衷，其實是蘇軾在地方為官的利民之舉。

後來被貶惠州（今廣東惠州），蘇軾不因地處邊遠而苦悶，卻只想「日啖荔枝三百顆，不辭長作嶺南人」。

貶到海南時，蘇軾又學會烹飪牡蠣，嘗到了其鮮美後，還寫信給別人，調侃朝中大臣：「無令中朝士大夫知，恐爭謀南徙，以分此味。」蘇東坡這是自嘲地說，如果讓他們知道了，我怕他們都爭著要來南方。

為了吃，蘇軾連死都不怕。

當春江水略帶寒意時，江中嬉戲的鴨群已經在江水中感覺到春天的到來，這個季節是吃河豚的好時節。河豚是一道美食，也是蘇軾的心頭好，因此他才在《惠崇春江晚景二首》其一中寫道：

竹外桃花三兩枝，春江水暖鴨先知。蔞蒿滿地蘆芽短，正是河豚欲上時。

河豚內臟有毒，如果稍有不慎、處置失當，食用後可能斃命。別人吃飯要錢，這玩意兒吃起來要命。有一次，蘇軾冒死品嘗河豚，別人問他味道如何，他淡定地說：「值得一死。」

這老饕，太有仙氣了。

02

儘管有美食相伴，蘇軾在漫長的漂泊歲月中，仍不免有背井離鄉的孤寂之感，如這首《南歌子・遊賞》所寫：

> 山與歌眉斂，波同醉眼流。遊人都上十三樓。不羨竹西歌吹、古揚州。
> 菰黍連昌歜，瓊彝倒玉舟。誰家水調唱歌頭。聲繞碧山飛去、晚雲留。

菰黍，即粽子，因菰葉可以裹粽而得名。這首詞是蘇軾擔任杭州知州期間所作。他在端午節登上當地的名勝十三樓參加宴席，席間除了粽子，還有以菖蒲嫩莖切碎加鹽製成的昌歜，以及玉壺、玉杯盛裝的美酒。

端午節在宋代已經有了多元的文化意蘊，不再只是躲避災禍的惡月。宋人在端午祈求祛災，紀念屈原，共飲菖蒲酒，同食粽子。宋代粽子以糯米為餡，種類繁多，有筒粽、團粽、九子粽等。不過那時還沒有甜鹹之爭，宋人食粽，大都喜歡蘸糖而食。

在宋代，夏天的另一個美食，是以夏初竹筍製成的「傍林鮮」。

山間隱士不需要特意上山採摘，只需在夏初林筍正盛時，「掃葉就竹邊煨熟」，其味甚鮮。這道被稱為「蔬食中第一品」的美食，就記載於南宋隱士林洪所著的《山家清供》中。

林洪是一個奇人，詩詞書畫無一不精，卻仕途不順，只求在山林過幽隱生活。他所著的《山家清供》更是一部奇書，融飲食、養生、文學為一體，以筆記的形式記錄了一百餘種宋代美食，涉獵廣泛。

在傳統士大夫看來，林洪的人生可謂特立獨行，是個毫無存在感的邊緣人。但他怡然自得，把家搬到山裡，稱呼自己的妻子為「山妻」，常年游離於世俗之外，投入到碧澗羹、槐葉淘、山家三脆、黃金雞等山野之菜構築的美食世界中，以蘇東坡等文豪為偶像。

在一個「互相比較」的社會中，他始終堅持做自己，過自己想要的生活。

有一次，林洪閒暇無事，去拜訪好友陳介。陳介頭戴角巾，超凡脫俗，一邊請林洪飲酒，一邊讓兩個童僕唱起晉代陶淵明的《歸去來兮辭》，奉上「松黃餅」佐酒。松黃餅，是取松花黃和煉熟的蜜拌勻而成，有著特殊的清香。林洪認為，世人所豔羨的駝峰、熊掌等貴重名菜的味道，也遠不如這山野間的松黃餅。

還有什麼比精神的愉悅與滿足更重要？這也是美食存在的意義吧。

03

除了取自山林的美食，在宋代的夏天，由於藏冰技術的進步，民間已經有冰雪可以食用，甚至有人沿街叫賣冰飲。

九龍齋及西單牌樓邱家的冰飲號稱「京都第一」，大概相當於那個時代的「網紅店」。據記載，他們家的酸梅湯「以酸梅合冰糖煮之，調以玫瑰木樨冰水，其涼振齒」，在當時大受歡迎。

宋代冷飲店興起的背後，是坊市界限打破後市民階層的崛起。

在北宋畫家張擇端的曠世傑作《清明上河圖》中，中小商人遍布於街道兩旁，可以明確認定為餐飲店面的有四十五家，近乎半數。畫中還出現了各種特色招牌，堪稱打廣告的鼻祖。

宋人記載了一則關於打廣告的笑話。當時有一個游走街邊賣環餅的小販，為了表示自己家的餅物美價廉，別出心裁地想了一句廣告詞：「吃虧的便是我呀。」他跑到宋哲宗被廢的孟皇后居處瑤華宮附近，也這樣叫賣，引起了開封府衙役的注意，懷疑他借此諷刺皇帝廢后，就把他抓起來審問。

一經審訊，才知道這個小販只是為了推銷自己賣的餅，便罰杖一百後釋放。此時小販還是按照職業習慣，改口喊了句：「待我放下歇一歇吧。」官府人員覺得又好笑又好氣。

據宋朝宮廷統計，當時著名的麵點和糕點有八十六種之多。另有人統計，宋代的酒名多達一百餘種。此外，宋人吃五穀雜食、飲酒飲茶的種類都比前代豐富，且逐漸普及了三餐制，即便是普通人家也可以有一日三餐的生活。

正因民間餐飲業的發達，宋室南渡後，許多開封的老字型大小也隨之遷移，宋高宗還時不時命人到臨安（今浙江杭州）的飲食店採購美食。

04

皇帝經常到宮外取食，一不小心就吃壞了肚子。宋高宗的養子宋孝宗是個蟹癡，有一次就因為吃多了蟹而腹瀉不止。

秋天，是吃蟹的最佳季節，尤其要選秋季的母蟹，若是結霜時節的螃蟹則更肥美。南宋朝廷偏安於東南，水道密布，還有海洋貿易，河鮮、海鮮更是取之不盡。《武林舊事》等記載以蟹為原料的菜品就有蟹供、蟹羹、酒蟹、醉蟹、蟹生、洗手蟹等數十種。

出生於紹興江陰縣的陸遊，就是一個吃蟹達人。即便是在年老失意時，吃蟹品酒仍然能讓他眼前一亮，如他在《記夢》詩中所說：團臍霜蟹四腮鱸，樽俎芳鮮十載無。塞月征塵身萬里，夢魂也復醉西湖。

前有蘇軾，後有陸遊。作為南宋美食家的代言人，陸游詩詞中涉及飲食的篇目數以千計，他更喜歡家鄉的美食。

在數十年的宦遊生活中，陸遊將對家鄉的思念與壯志難酬的憂慮，都寄託於美食之中，如這首寫給老朋友范成大的《雙頭蓮・呈範至能待制》：

> 華鬢星星，驚壯志成虛，此身如寄。蕭條病驥。向暗裡、消盡當年豪氣。夢斷故國山川，隔重重煙水。身萬里，舊社凋零，青門俊遊誰記？
>
> 盡道錦裡繁華，歎官閒晝永，柴荊添睡。清愁自醉。念此際、付與何人心事。縱有楚柁吳檣，知何時東逝？空悵望，鱠美菰香，秋風又起。

鱸魚、菰菜都是典型的江南風味，晉代張季鷹就有著名的蓴羹鱸膾之思。陸游心懷北定中原的壯志，在宦海之中沉浮，無法如張翰一樣駕車返鄉，就只能在秋風中思念鱠美菰香的美味佳餚，空悵望。

除了吃蟹，宋人還「尚羊」，宣導以羊肉為主的肉食消費，將羊肉與人參並列，認為羊肉「味甘，大熱，無毒」，適合在虛勞寒冷時食用，可說是一道冬季的美食。

據《東京夢華錄》記載，宋代以羊肉為原料的美食就有燉羊、鬧廳羊、入爐羊、蒸羊頭、煎羊白腸等數十種。

前文提及的宋仁宗、蘇軾都是愛吃羊肉的同好。蘇軾還是烹羊的好手，有一道袪除羊肉膻味的獨家秘方：「先將羊肉放在鍋內，用胡桃二三個帶殼煮，三四滾，去胡桃。再放三四個，竟煮熟，然後開鍋，毫無膻氣。」

宋仁宗雖厲行節儉，且不願為半夜吃羊而勞師動眾，但宋仁宗一朝也有過宮中一日宰羊多達兩百八十餘隻的記載，可見羊肉在宮廷飲食中的地位。

05

靖康之變前後，兩宋宮廷早已拋棄前期諸事尚簡、自我約束的生活作風。文藝皇帝宋徽宗在位時，每次宴席八珍羅列，而無下筷之處，可見飲食的鋪張豪華。宋徽宗本人還經常親自指導宴設，對飲食器皿尤其講究，所用的材料有瑪瑙、琉璃、水晶、翡翠等。

在極盡奢華後，他與兒子宋欽宗一同被金人俘虜而去，受盡屈辱，金樽美酒、玉盤珍饈從此只在夢中。

到了南宋，宋高宗紹興年間，大臣張俊為皇帝辦了一桌史無前例的家宴，廣納近兩百種菜品，其中僅羊肉佳餚就有羊舌簽、片羊頭、燒羊頭、羊舌托胎羹、鋪羊粉飯、燒羊肉、斬羊等七種，其餘奢侈菜品更是不勝枚舉。宋高宗帶著大小一百多位官員前往赴宴，其中就包括陷害岳飛的宰相秦檜，而且每個人的功能表都不同，可見張俊家宴的奢侈。

這一宴席與唐代燒尾宴、清代滿漢全席相比，有過之而無不及。

張俊供奉宋高宗的這份「大宋第一菜單」，被全文收錄於《武林舊事》中。宋高宗君臣並沒有因為這場饕餮盛宴而名垂青史，反而因此為人不齒，備受嘲諷。

帝王、官僚的腐化生活不值得歌頌，只有蘇軾、陸游、林洪等真正愛美食、愛生活的文人雅士會被人記住，他們的作品與精神將流傳千古。

常年歸隱山林的林洪，在《山家清供》中曾諷刺地方為政者只顧大吃大喝而荒廢政事：「世之醉飽鮮而怠於事者視此，得無愧乎！」可見，這樣的不良風俗已經從宮廷傳播到各地。

南宋宰相史浩在其所作的《聲聲慢・喜雪錫宴》中，也曾描寫臨安宮廷宴會的奢靡：

風收淅瀝，霧隱森羅。群山萬玉嵯峨。禁街車馬，銀盃縞帶相過。胥濤晚來息怒，練光浮、都不揚波。最好處，是漁翁歸去，鼓棹披蓑。

況是東堂錫宴，龍墀驟，貂璫宣勸金荷。慶此嘉瑞，明歲黍應多。天家預知混一，把瓊瑤、鋪遍山河。這宴飲，罄華戎、同醉泰和。

富而節儉，往往才是真正的強盛，相反，宋朝的宴會越豪華，朝廷就越頹靡。南宋權貴「直把杭州作汴州」，換來的是北伐的荒唐與崖山的血淚。

四、君臣的密折來往——他們不只是在搞笑？

下面是真實的奏摺內容集錦……

01

閩浙總督：「這是臺灣的土產叫芒果，獻給皇上您。」

康熙：「知道了，這種東西沒什麼用，不要再送了。」

一個月後……

閩浙總督：「這是臺灣的土產叫芒果，獻給皇上您。」

康熙：「知道了，以前沒見過芒果，本來想看看，看了之後似乎沒什麼用，以後不要送了。」

杭州織造：「皇上您好嗎？」

雍正：「朕很好。」

如此問候了十多次，雍正說：「朕最近還胖了些。」

直隸巡撫：「我可以回京城給皇上過生日嗎？」

康熙：「不必上本。」
直隸巡撫：「我要來給您過生日！」
康熙說：「不許來！」
直隸巡撫：「河北下雨了。」
康熙：「我知道！」

大清智商最高、工作最拼的兩任皇帝，身邊是環繞著一圈又一圈的像是「來搞笑的人」嗎？

先說一說送芒果的覺羅滿保。他是滿洲正黃旗人，進士出身。康熙五十年（一七一一年）任福建巡撫，康熙五十四年（一七一五年）升閩浙總督，一直到雍正三年（一七二五年）逝世，在閩浙總督的位子上幹了十年。

康熙六十年（一七二一年），滿保指揮南澳鎮總兵藍廷珍、福建水師提督施世驃率水路軍，由澎湖赴臺，鎮壓臺灣朱一貴起義，以功加兵部尚書。

朱一貴事件是臺灣歸入清朝版圖以後，發生的第一次大規模社會動亂。朱一貴打的是反清復明的旗幟，最後這場起義被平定，康熙對滿保的能力還是很認可的。

雍正繼位後，對滿保的印象也很不錯。他曾在湖廣總督李成龍的奏摺上批示說：「天下督撫中，惟于伊二人（指閩浙總督覺羅滿保、福建巡撫黃國材）批諭甚多，寫有數十萬字。」

那時候，滿保已經逝世了，雍正還提起來，說他給滿保的批示最多。可見，在雍正心目中，滿保的奏摺還是十分有分量的。

回過頭來，再看覺羅滿保給康熙進獻臺灣土產芒果，這件事情笑過之後，其實頗堪玩味。將臺灣納入清朝版圖，是康熙的武功之一。進獻臺灣土特產，本身含有地方歸化中央的意思，滿保不至於昏聵到一而再再而三地去刺激康熙。事實上，在此之前，康熙已經多次表示過，「蕃酸（即芒果）朕一次未見過，曾欲看看」，「番檨（即芒果）從來未見，故要看看」。

因為皇帝有這麼強烈的訴求，滿保才會一再進獻芒果。不僅如此，他還把芒果樹進呈到了北京，康熙命人將這些樹苗遍植京城。但在這之後，皇帝對芒果的三分鐘熱度過了，才對滿保說「京城各處均已種植，不必再進」。

不僅是芒果，滿保還喜歡給皇帝進獻西瓜。最早是康熙給了滿保一匣子西瓜籽，讓他帶到福建試種，滿保把大部分西瓜籽送到了臺灣，到了收成季節，他開始主動加戲。

第一次，他把西瓜作為貢品獻給康熙品嘗，但受到了康熙的批評。康熙說，此物，朕未曾令爾呈送，只是說在臺灣試種。（我送西瓜籽給你試種，誰讓你進貢西瓜了？）

滿保並未放棄送西瓜。第二次，他給康熙上了一個長長的奏摺，說試種恰逢雨水少，又長蟲，瓜皮有裂痕什麼的，說了一堆，最後忠心耿耿地表示，他用心挑了一些好的瓜，專門進獻給皇帝您，並希望皇帝繼續賜西瓜籽。

奏摺原文如下，可見滿保的用心：

竊照今年（康熙五十三年）六月，奴才派齎御賜西瓜籽到臺灣種植。今攜西瓜至，問之，言八月下種，雨水略少，十月正值生長之際，葉又生蟲，故西瓜表皮稍有疤痕，而瓜瓤仍好，自十一月二十日始成熟，今攜之來等語。奴才親自選看，外皮略有疤痕，瓜瓤無恙，仍好。唯今秋臺灣雨水不調，故生長似有不足。今特派人齎捧御覽。叩請聖主施恩，復賜大內西瓜籽，六月帶往臺灣謹種。為此謹具奏請。

於是，康熙繼續賜下西瓜籽。

第三次，又是各種大風大雨，西瓜越長越小。滿保在奏摺裡，表達了十分憂懼的心情，說只能給皇帝送這麼多西瓜了，再多就小得拿不出手了。

搞得康熙只好對他連加安慰，說「西瓜事小，有何關係」。

此後，滿保每年都會向皇帝進獻西瓜，西瓜成了定期的貢品。他為什麼會這麼執著地向皇帝進獻水果呢，無論西瓜，還是芒果？

因為這是一項特權。皇權體制下，不是什麼人都有資格向皇帝進貢的，有資格進貢的人，主要是親王、郡王、貝勒、大學士、尚書、左都御史、都統、織造及衍聖公等。作為地方大員，只有總督、巡撫、提督，才有資格向皇帝進貢方物。

乾隆年間，皇帝還取消了福建水師提督的進貢資格。

官員以個人名義向皇帝進獻貢品，那是十足的榮耀。反過來，也變成了官員向皇帝表達忠孝之意，博取歡心的一種手段。皇帝也心知肚明。康熙就說過，這些貢物哪有那麼珍貴，朕不過是借此考察你們的誠敬之心罷了。

02

再說一下彙報雨情的趙弘燮。

趙弘燮這個人很不簡單。首先他的出身就不簡單。

金庸的《鹿鼎記》中，韋小寶在天津衛見到大鬍子將領趙良棟。趙良棟對韋爵爺沒有絲毫阿諛奉承之意，搞得韋小寶說出了著名的「兩個凡是」：凡是沒本事的，只好靠拍馬屁去升官發財；凡是不肯拍馬屁的，一定是有本事之人。

趙良棟不是小說虛構的人物，他是趙弘燮的父親。

在平定三藩之亂中，趙良棟立下赫赫戰功，官至雲貴總督、兵部尚書。官二代趙弘燮繼承了父親的能力，後來又繼承了父親的爵位。他在知縣的仕途起點上，就表現了非凡的魄力，改革當地陋規，並把革除事項刻榜公示，堪稱政務公開的老前輩。

趙弘燮後來歷任山東布政使、河南巡撫、直隸巡撫，在調任直隸巡撫十年後，加總督銜。直隸是拱衛京師的地方，位置十分重要且敏感，不是最高統治者視為心腹的人，不可能安排在這個地方擔任一把手。

透過父子兩代人與皇帝的密切關係，以及有目共睹的政績，我們不禁懷疑：趙弘燮需要通過雨情彙報，在皇帝面前刷存在感嗎？想必大家會覺得不需要吧。

那麼，這些雨情奏摺是怎麼回事呢？

一般人的想像中，給皇帝的奏摺，肯定都是軍國大事，芝麻綠豆的事都不好意思煩皇帝勞神。事實恰恰相反，官員給皇帝的奏摺中，絕大部分都是小事，比如有關雨雪情形、年景收成、米價貴賤等常態化的奏摺最多。

這種彙報地方國計民生情況的奏摺，在康熙中期以後，基本上已經制度化。康熙藉由指定特定官員向他彙報這些情況，從而掌握整個帝國的基礎——農業情況。

有幸被指定彙報雨雪、糧價等情況的人，一定是皇帝的親信。比如，蘇州織造李煦，他有專門彙報當地雨水情形的奏摺，稱為晴雨冊；江寧織造曹寅，也有專門彙報雨水情形的奏摺，稱為晴雨錄。

趙弘燮在這方面是後起之秀。他是在康熙四十四年（一七〇五年）開始奏報雨水情形的，當時他是河南巡撫，他奏報的雨水情形折，次數之頻繁，內容之細，堪稱帝國之最。

仔細看那些被當作笑料的雨水情形折，就會發現趙弘燮彙報的是京城及順天府、河間府、保定真定等各地的雨情，而不是反覆彙報一個地方的雨情。

要知道，康熙可不是好糊弄的主子。有人向他奏報說，眼下湖廣、江南、山東、陝西俱已有雪，來年一定豐收，結果遭到康熙的怒斥：「明年的收成你現在就可以料到啦？你是大神啊？」他還會派人去實地驗證那些人奏報的雨雪情形是否屬實，農作物是否遭遇旱災等，用他自己的話說，叫作「掘地看視」。

趙弘燮的認真負責，無疑得到了康熙的極度信賴。康熙曾諭令他訪報河南鄰省的年景，即要他把與河南相鄰的直隸、山東、湖廣交界地方的作物收成、蝗旱、雨水情況都訪查明白，向自己密奏。

這個任務是比較困難的。因為當時趙弘燮僅是河南巡撫，並沒有向外省發號施令要求報收成及雨情、蝗災的權力。但趙弘燮僅花一個月的時間調查，就完成了任務，他派與鄰省相接的河南邊界縣官府前往密訪，最終把鄰省情況摸得很熟。

正是因為趙弘燮在奏報雨雪、蝗旱、收成等方面很認真仔細，康熙決定調他任直隸巡撫，成為拱衛京畿的心腹重臣。

現在再回頭看，康熙在批示中，說趙弘燮奏報雨水情形「太密」，其實全然沒有責備之意。就像老闆表面上對做事認真仔細的下屬抱怨：「小趙啊，你的工作態度太積極了」，但心裡顯然是極為滿意的。

03

最後說一說喜歡請安的孫文成。孫文成是杭州織造，與蘇州織造李煦、江寧織造曹寅關係密切，彼此之間有親戚關係。江南地區有「江南三織造」的說法，指的就是擔任這三大織造的三個家族。

因為曹雪芹的知名度，大家都知道曹家在雍正年間被抄。雍正登基後，也曾派浙江巡撫去查孫文成的問題，查來查去，結果沒有問題。五年後，雍正以年老體弱為由，免去了孫文成的杭州織造職務，孫文成平安落地。

不要小瞧孫文成一月一次「皇上您好嗎？」（恭請皇上聖恭萬安）的請安，在這背後，實際上是一項嚴密而恐怖的制度。

這種請安折，一開始類似於見面打招呼，沒有特殊內容，是皇帝特許不在京城的臣工與其保持聯繫的一種權力。皇帝的回覆，一般也只批「朕安」兩字，身體有特殊情況，或心情大好大壞，才會多加描述。

官員向皇帝進貢是有資格門檻的，請安同樣如此。康熙時期，有資格上摺子請安的臣工並不多，大多是督撫提鎮以上的官員。

在這些有資格上請安折的人中，又分出許多親疏關係，比如有些人可以隨時上折請安，有些人一年只能請一兩次。康熙曾責備山東巡撫佛倫，指出他請安的次數多了，「不必時常具奏」。

「江南三織造」與皇帝的親密關係，這時候就體現出來了。無論是李煦、曹寅，還是後來的孫文成，他們都是上三旗包衣出身，是皇帝極為信任的僕人，所以他們可以隨時上折請安。孫文成的請安折，基本上一月一次，密集轟炸，正是因為他具有了這項特權。

請安折的功能，在康熙朝中期悄悄發生了變化。

請安折一般由官員差親信家奴送到京城，再由皇宮專門負責接收的可靠太監轉交皇帝，因此只有皇帝一個人可以看到內容，保密性極強。在此之前，無論是題本（官員奏請公事）、奏本（涉及私人事務）都是依靠政府系統傳遞、票擬，別人也能看到內容，所以都是公開的。

康熙決定在私密性極強的請安折上做文章。他指示部分親信，比如「江南三織造」，明確讓他們可以在請安折內另附摺子上報地方事務。他給李煦的批示說，「但有所聞，可以親手書折奏聞才好」，意思是不管大事小事、流言八卦，都熱烈歡迎，且多多益善。

在此過程中，無論是皇帝本人，還是獲得授權密報的親信，都把這件事當作最高級別的機密在操作。康熙無數次在批示此類奏摺時強調「萬不可與人知道」，有一次還連續寫了「小心，小心，小心，小心」。

李煦有一次派家奴王可成給康熙送奏摺，王可成在路上把奏摺弄丟了，卻謊報已送進宮裡。康熙特別跟李煦交代，不要公開處理王可成，直接寬免，不然會使整個密報體制公開化，這樣很不好。

請安折就這樣變成了皇帝的密報系統，有資格請安的親信，也慢慢被發展成皇帝安插在地方的密探。

康熙四十七年（一七〇八年），曹寅受康熙指示，祕密監視並上報大學士熊賜履的任何情況。因為熊賜履退休後住在江寧，這是曹寅的地盤，所以他是最合適的人選。

接下來的一段時間內，康熙多次在奏摺裡要求曹寅上報熊賜履的最新情況。曹寅也沒有辜負皇帝的厚望，把密探工作做得相當到位，打聽到了熊賜履交往的都是什麼人、每日在幹什麼、寫什麼詩、生病吃什麼藥、叫哪幾個醫生、最後怎麼死的、死後家庭情況怎樣，甚至連他湖北老家的地產情況，事無鉅細，都摸得清清楚楚。

康熙一直擔心熊賜履造反，有了曹寅這麼得力的耳目，總算放寬心了。

04

雍正即位後，把老爹這套密報系統更加制度化，同時擴大了上報官員的範圍。最高峰時，全國有一千多名官員、僧人、名流、退休官員等，可以直接與雍正實現點對點的資訊溝通。

有統計顯示，孫文成擔任杭州織造期間，向兩任皇帝上了兩百多個奏摺，其中有很多的請安折，但在一句「皇上您好嗎」的背後，往往附帶著許多涉及閩浙地方事務的密報。

你以為人家很無聊，其實「細思極恐」啊。

皇帝在全國布下這麼多耳目，鼓勵他們互相告密、打小報告，營造出一種「老大哥隨時盯著你」的社會氛圍。臣僚間都不知道別人所上密折的內容，故人人都處於可能被告密的狀態，行事都要小心謹慎，這本質上，已經是一種恐怖統治了。

對此，雍正十分自得，公開表示：「耳目不廣，見聞未周，何以宣達下情，洞悉庶務？」

密折制度，絕對算得上清朝的首要罪孽，它扼殺人的主觀能動性和創造性，除了雍正的少數幾個心腹大臣稍微勇於任事外，廣大臣僚都人人自危，僅求自保。

張廷玉在雍正時也算是位極人臣的重臣，而他的為官箴言卻是「萬言萬當，不如一默」，整個帝國官僚系統的可悲，由此可見。

雍正元年（一七二三年），湖廣總督楊宗仁向皇帝上了一個單純的請安折，雍正把他原折中的「奴才」二字塗掉，改為「臣」，並批示說，以後稱臣比較得體。

這就是當時官僚系統的一個縮影：都爭著當奴才，結果還會被嫌棄說：你不配。

康雍之後，中國少了一味藥，一味可以讓脊樑挺起來的藥。始作俑者不是別的，正是這些讓很多人笑出聲的請安折，那些你以為「詼諧」的「朕又胖了些」的這類批語，其實殺人於無形。

五、古人的休假指南——古人比現代人更會享受假期

回顧歷史，古人是如何放假和度假？哪個朝代假期最多、最幸福？而閒散的士大夫們，又是如何度假的呢？

01

假期最多的朝代，毫無疑問是宋朝。

宋代假期多到什麼程度呢？全年一百多天的假。也就是說，宋朝的公職人員，全年有接近三分之一的時間可以休息。

宋朝人龐元英所著的《文昌雜錄》中記載：

官吏休假，元旦、寒食、冬至各七日；上元、夏至、中元各三日；立春、清明各一日，每月例假三日，歲共六十八日。

除了這六十八天的規定假期外，宋代還有一項超級福利，那就是每到農曆十二月二十日，官員就可以「封印」回家度假了，然後到次年正月二十，再返回衙門「開印」辦公，整個假期前後歷時一個月。

不僅如此，碰到皇帝或皇后崩逝的忌日還有大假，大忌十五天，小忌四天，這又是額外的福利啊。

以上估計起來，宋人一年約有一百天的假期。

假期多，福利好，所以，宋人很會吃喝玩樂，北宋人孟元老就在記載北宋開封城的《東京夢華錄》中說：

時節相次，各有觀賞：燈宵月夕，雪際花時，乞巧登高，教池游苑。花光滿路，何限春遊，簫鼓喧空，幾家夜宴？伎巧則驚人耳目，侈奢則長人精神。

大意是說，像元宵節、中秋節等節日、假日的時候，大家進行各種遊玩活動，甚至通宵達旦，有的玩樂方式甚至你聽都沒聽說過。

02

當然，唐代也很不錯。

在唐代，加上正常的月休三天，唐朝的公務員們，每年至少有八十多天的假期。

而這八十多天的假期怎麼來的呢？

首先，除了每月例休三天、每年共三十六天的例牌公假，唐朝人還有三個黃金周：春節、清明、冬至，這三個節日各放假七天，共二十一天假。

其次，夏至、中秋、臘日各放假三天，共九天假。

還有，元宵節、中元節、端午節、重陽節等各個節日及各個節氣都休假一天，二十四節氣，又有二十多天的假期。

另外，皇帝的生日（名叫千秋節）、老子生日（老子名叫李聃，唐朝皇帝姓李，自詡是老子後人）、佛祖生日等也放假，兒子行冠禮可以放假三天，子女結婚可以放假九天，親戚結婚也可以放假，祖父母和父母忌日也可以放假。

所以唐朝公務員的八十多天假期就是這麼來的。

唐朝人假期多，官員也多休閒，所以孟浩然會在詩中寫道：「五日休沐歸，相攜竹林下。」

這「休沐」，便是古代的公務員每逢工作幾天，就會休息一天去洗頭、洗澡，回家看望妻兒或是走親訪友、外出遊玩。

因為古人留長髮束髮，又沒有現代的自來水和熱水器，公務員住在衙門裡，天天洗頭也不方便，所以休息的那一天，從漢代開始就稱為「休沐」。

漢代的公務員，是「五日一休沐」，也就是說，是工作四天，就「休沐」休息一天。孟浩然的這首詩，就是在說這件事。

唐代時，詩人白居易在放假前，經常跟朋友們先打好招呼，到時一起吃飯喝酒。其在《自詠》中寫道：

悶發每吟詩引興，興來兼酌酒開顏。
欲逢假日先招客，正對衙時亦望山。

多麼悠閒的唐人。

03

秦朝前後，戰爭頻繁、使民酷烈，官員或是老百姓根本談不上什麼休假，能活著就不錯了。但漢朝建立後，提倡「無為而治」，注重與民休息，張弛有度、適度悠閒的假日生活，也為藝術和文學的進一步繁盛提供了滋生的土壤。

目前存世最為古老的中國山水畫卷，是隋代展子虔的《遊春圖》。春日秀麗的山色中，這種閒暇遊玩，也體現出文人在假期中的怡然自得。

而這種怡情山水的士大夫代表，最為著名的，莫過於魏晉時期的「竹林七賢」。對此，唐代的畫家孫位，就憑藉想像和借鑒當時的唐朝日常生活情景，將「竹林七賢」們放浪形骸的悠閒生活留在了畫卷之中。

進入五代十國後，士大夫們放假時，除了室外的遊山玩水，還有室內的娛樂活動，例如南唐的宮廷畫家周文矩，就描繪了幾位士大夫圍聚下棋的閒暇時刻。

作為中國古代假期最多的朝代，宋代的知識分子也在下班後的閒暇時光裡有著自己的生活：北宋一位佚名的宮廷畫家，就畫了北宋士大夫彈琴、奏曲的唯美畫卷。

雖然是歷史上的著名昏君，卻是頂級藝術天才的宋徽宗趙佶，還曾經和宮廷畫家一起共同創作了《文會圖》，表現了北宋時期文人士大夫一起休閒聚會、飲酒賦詩的場景。

而北宋著名畫家張擇端所畫的《清明上河圖》，更是描繪了北宋首都汴京（開封）清明時節的盛況，圍繞汴河沿岸的民俗風情，表現出北宋都城民間的蓬勃生機和假日生活。

04

古人放假時間在宋代達到巔峰期的一百天左右後就急劇減少。元朝的公共假日，例如原來的幾個春節、清明、冬至等「黃金周」一律被縮減到兩天，或者只放一天假。據考證，元朝時，全年公共假日加上旬休，只剩下五十二天，相比宋朝減少了五十來天。

明朝的假期，跟元代差不多，也是五十來天。但讓公務員崩潰的是，原來漢代上四天休一天，唐代上九天休一天，到了明代竟然變成了一個月只休一天假！

所以明代的公務員很辛苦，常常是「每日侵晨於上畫卯，至暮畫酉」、「戴星而出，戴星而入」。

當然，這並不影響明代文人的

優雅心情。對於近乎自由職業的文人畫家來說，工作就是生活，生活就是工作。明代畫家文徵明在八十歲高齡時（一五四九年），就應朋友的邀請，畫下了他的好友收藏家華夏在賞玩書畫的悠閒生活。

到了清朝，鴉片戰爭前，政府機關大抵沿用明朝的放假制度。但清朝人也有創新，例如冬至、元旦、元宵三個節日，清朝就把它們串聯起來放一個月假，直到過完元宵再上班。

進入乾隆時期，天下太平，百姓假期多，安居樂業，清朝蘇州籍的宮廷畫家徐揚就畫了一幅表現姑蘇城（蘇州）繁華景象的《姑蘇繁華圖》（又名《盛世滋生圖》）。

臣子們休息，皇帝自然也是需要休息的。清朝的宮廷畫家郎世寧等人，就在《乾隆帝歲朝行樂圖》中，描繪了乾隆皇帝在新年放假的悠閒生活：逗孩子玩，看皇子們放鞭炮、調皮搗蛋。

我們現在所通行的週末休息制度，也是從清朝開始實行的。

鴉片戰爭後，清廷開始學習西方，將原來每個月三天的旬休假，改成了星期天休假制。所以清代人鄭觀應在《議院》中就寫道：「惟禮拜日得告休沐，餘日悉開院議事。」

大家是不是有點羨慕古人的假期幸福生活呢？

第五記：浮生記權

一、廢帝的保命日常——權力的遊戲

在當上皇帝僅僅二十七天後，劉賀就被廢了。

作為漢武帝與寵妃李夫人的孫子，劉賀原本與帝位距離遙遠。劉賀的父親劉髆是漢武帝的第五子，劉賀的祖母則是成語「傾國傾城」的本尊——李夫人。李夫人去世後，哀傷至極的漢武帝將他與李夫人的獨子劉髆的封國賜在昌邑（今山東省菏澤市巨野縣）。

昌邑遠離帝都長安，於是，劉髆與劉賀父子遠離政治是非，因此躲過了「巫蠱之禍」等漢武帝晚年時期的政治動盪。漢武帝去世後，即位的漢昭帝（前八十七——前七十四年在位）在位僅僅十三年就去世，於是，控制朝政的權臣霍光想來想去，決定讓遠離長安、沒有政治根基的劉賀即位為帝。

皇位突如其來的時候，劉賀才十九歲。他太年輕了，根本沒有政治鬥爭經驗。

01

作為一個在遙遠封國長大的王侯，劉賀根本不理解帝都長安的政治形勢，和權臣霍光一手遮天的跋扈權勢。他只知道，要儘快趕到長安城中接替帝位。

於是，劉賀帶著幾百位封臣和隨從，馬不停蹄地從昌邑出發。據說他第一天就一口氣跑出了六十多公里路，很多馬匹直接被累死在路上。他爭分奪秒地趕到長安城中，又開始緊鑼密鼓地計畫向霍光奪權。他太急了，年少輕狂，一切還沒開始，霍光就先把他給廢了。

儘管劉賀在位只有短短的二十七天，但在宣布廢除劉賀時，霍光和他的黨羽卻一舉羅列了劉賀的一千一百二十七條罪狀，真是欲加之罪、何患無辭。霍光還下令將劉賀帶來長安的數百位封臣和隨從斬殺，僅留下少數人跟著劉賀返回昌邑。不僅如此，霍光還宣布廢除劉賀的封國昌邑，將其降格為山陽郡。

於是，這位從昌邑王到皇帝的年輕人，最後連王的稱號和封地都沒有了。

做皇帝的時間太短了，劉賀沒有帝號，後世經常就以「漢廢帝」來稱呼他。這位輕狂的少年突然登上人生之巔，又在二十七天後急劇隕落，餘生的十五年間，他都在廢帝的陰影裡度過。

廢黜劉賀後，權臣霍光又扶持了在巫蠱之禍中死去的戾太子劉據的孫子劉詢（原名劉病已）為帝，是為西漢第十位皇帝漢宣帝。

自小在民間長大的漢宣帝精於世故，他吸取了劉賀急於奪權以致被廢的教訓，一直隱忍在心。他知道，時間站在他這邊。

果然，漢宣帝即位六年後，西元前六十八年，已經獨攬西漢朝政大權近二十年的權臣霍光終於去世，漢宣帝開始親政。兩年後，已經羽翼豐滿的漢宣帝對霍家發起政治清算，將霍光家族滅族，至此，漢宣帝終於全部掌握了西漢朝政大權。

此時，距離劉賀被廢和漢宣帝登基，也已過去了八年時間。

漢宣帝終於想起了劉賀，於是，他派心腹張敞前往昌邑監視劉賀。直到那時，在史書中已經沉默多年的劉賀，再次出現在了世人眼中。

作為漢宣帝的眼線，張敞仔細觀察和瞭解了劉賀的生活情況。從他的上報資料中我們獲悉，當時劉賀在山陽郡仍然有一百八十三名奴婢伺候，他的居所每天都大門緊閉，只開著一個小門，每天由一個差役負責領取錢物、上街採買生活物資。除了送一趟生活物資外，其他時間都禁止人員出入。

這種形同囚徒的禁錮生活，使得劉賀的身體出了問題。因此，當張敞前往劉賀的住處時，只見劉賀身長體瘠，因為身患風濕行動不便，「病萎難行」。

作為曾經的皇帝，劉賀穿著短衣，戴著武夫的頭冠，頭上還插著一支筆，顯得不倫不類。他步履蹣跚地來到張敞面前，張敞故意用言語探問他說：「這裡梟鳥（貓頭鷹）很多啊！」

梟鳥在古意中指的是惡鳥。

但劉賀隨口應道：「我以前在長安，聽不見梟鳥的聲音，如今回到昌邑多年，又經常聽見貓頭鷹的叫聲了。」

張敞的詢問別有用意，劉賀卻回答得如此隨心。回到長安後，張敞向漢宣帝彙報說，劉賀被廢多年，「身患風濕，行走不便，舉止癡傻」，這既讓漢宣帝放了心，又讓漢宣帝對自己的這位「前任皇帝」動了惻隱之心。

在連續派人監視劉賀都沒有發現異常後，西漢元康三年（前六十三年），漢宣帝下令，將被廢黜的劉賀改封為海昏侯，並賜給他四千戶封地。

海昏侯國的故址，大概在今天的江西南昌新建區北部。

於是，在西元前七十四年被廢黜，整整被軟禁了九年的劉賀，終於迎來了些許自由的時光。他攜帶著像囚鳥一般的妻兒老小，南下海昏侯國。

此時距離他生命的終點，還有四年時間。

儘管在史書中，劉賀被記載成一個冥頑紈褲的廢人形象，但是隨著二〇一一年海昏侯墓的陸續發掘，考古學家發現，海昏侯墓中下葬有編鐘、琴、瑟等禮樂用器，其中還有各式棋盤和硯臺，以及兩千多枚記載了各類典籍的簡牘，還發掘出了一件繪製有中國最早的孔子形象的屏風。

由此可見，劉賀生前的生活，處處皆有禮樂書法，絕對不是史書所記載的那般昏聵淫樂。在海昏侯墓出土的簡牘中，還有一枚寫著文字：「南藩海昏侯臣賀，拜上皇帝陛下。」

這是劉賀以謙卑的自稱上呈給漢宣帝的文書，但漢宣帝只想讓這位「前任皇帝」在當時還是蠻荒之地的海昏侯國終老一生，根本不想讓劉賀再進入長安。因此，在海昏侯墓內還出土了一個「酎金」，這本是漢朝諸王、列侯在京師長安太廟中，協助皇帝祭祖時，按照封國人口比例繳納給皇室的錢物和特產。

但漢宣帝徹底禁止了劉賀進入長安祭拜先祖和朝見天子的權利，海昏侯劉賀的「酎金」根本沒有機會進貢到長安，只能伴隨劉賀長眠地下，一直到兩千多年後才為考古學家所發掘現世。

儘管如此，漢宣帝仍然沒有忘記派人監視劉賀。趁著他被廢黜多年後，逐漸放鬆警惕的心理，漢宣帝派人去套問劉賀說：「當初霍光要罷黜你，你為什麼不斬殺霍光，卻任憑別人奪去你的天子璽印和綬帶呢？」

劉賀或許心有不甘，回答說：「是的，當初錯過了機會。」

這下可不得了，探子馬上將對話內容稟奏給了漢宣帝，漢宣帝的近臣們主張立即下令逮捕劉賀。漢宣帝倒沒有斬盡殺絕，只是下令削去劉賀的三千戶食邑，僅剩下一千戶封戶伺候劉賀。

原本以為從昌邑王到皇帝，到被廢為庶人，再到被封為海昏侯，終於等來些許好日子的劉賀，此時才發現，他的廢帝生涯其實一直都潛藏著刀光劍影。

他更加謙卑、謹小慎微，最終，在遷徙到海昏侯國僅僅四年後，西元前五十九年，劉賀在監視和軟禁下惶恐去世，年僅三十四歲。

在中國歷史的眾多廢帝中，他的結局還算好的。但顯然，這並非他想要的人生。

02

漢廢帝劉賀曾經體驗的痛苦，唐中宗李顯也感同身受。

李顯曾經在六八三到六八四年、七〇五到七一〇年兩度在位。其中第一次做皇帝時，李顯僅僅過了五十五天的皇帝癮，就被母親武則天廢掉了。

李治去世後，根據立長原則，李顯即位為帝，是為唐中宗。唐中宗李顯比較任性，登上大位後，很快就忘記了各位兄長是如何慘死在母親武則天手下的。儘管政事全部被武則天所控制，但李顯還是試圖組建自己的政治班底。登基僅僅一個多月，他就想任命自己的老岳父韋元貞為侍中（宰相職）。接受唐高宗李治遺詔輔政的裴炎認為此舉不當，進諫勸止，李顯隨即就發怒了，咆哮著說：「我以天下給韋元貞，也無不可，難道還吝惜一個侍中職位嗎？」

裴炎出皇宮後，轉身就把李顯的言語轉告給了控制朝政的武則天，暴怒的武則天大為光火，下令廢黜李顯為廬陵王。李顯很不服氣，反問武則天：「我有何罪？」

武則天怒斥兒子李顯說：「你欲將天下送給韋玄貞，何得無罪？」

罷黜李顯後，武則天又扶持自己的另外一個兒子李旦上位，是為唐睿宗。

在位僅僅五十五天，就被廢黜貶出長安，二十八歲的李顯開始認真思考起自己的處境。此後二十二年間，一直到七〇五年透過神龍政變二度稱帝，他都在膽戰心驚中度日如年。

李顯被廢後，先後被軟禁於均州（今湖北省均縣）、房州（今湖北省房縣）長達十五年，妻子韋氏一直陪伴著他，兩人相依為命，嘗盡人間艱辛。當時，每次聽說武則天派使臣前來，李顯就以為武則天要像殺他的各個哥哥們一樣幹掉他，經常驚慌失措想要自殺，而韋氏總是安慰他說：「禍福無常，也不一定就是賜死，何必如此驚恐。」

當時，武則天雖然扶持自己的小兒子李旦為帝，但實際朝政大權仍然牢牢掌控在自己手中。為了加緊稱帝，她開始瘋狂屠戮李唐宗室，這使得各地的實力派和李唐宗室紛紛起兵叛亂。先是唐朝開國功臣李勣（徐世勣）的孫子李敬業（徐敬業）起兵，後來，越王李貞、琅琊王李沖也相繼起兵討伐武則天篡奪政權，而他們也多以匡扶廬陵王李顯復位為口號。但無一例外，這些人都先後被武則天派出的軍隊擊敗。

如此一來，被廢黜在外的廬陵王李顯的處境就越來越危險了，儘管他是武則天的親生兒子，但他沒有忘記，他被貶黜的房州（今湖北省房縣），也是他的大哥太子李忠曾經被軟禁之地，而李忠最終也是被武則天所殺。

所以，外界越是以匡扶廬陵王為口號，李顯的處境就越是兇險。李顯被流放六年後，六九〇年，武則天廢黜了唐睿宗李旦，改國號為周，自己公開稱帝，是為中國歷史上唯一的女皇帝。

武則天稱帝時已經六十七歲，在古人壽命較短的現實困擾下，從她登基開始，誰來接班就一直是一個棘手的問題。起初，武則天想立自己的侄子武承嗣為皇嗣，但武承嗣殘暴、好色，後來又鬱鬱不得志，提前死了。於是，武則天又想立她的另外一個侄子武三思為皇嗣，但卻遭到宰相狄仁傑等朝臣的極力反對。

狄仁傑挺身勸說武則天說，「臣觀天人未厭唐德」，意思是還是要立李唐之後，況且梁王武三思只是陛下的侄子，而廬陵王李顯、皇嗣李旦卻是您的親生兒子，姑侄與母子相比，哪個更親呢？

幾經權衡，聖曆元年（六九八年），武則天最終決定迎回兒子李顯做接班人。

李顯回到洛陽後，被重新立為太子。但在當時，武則天的侄子等家族成員仍然處心積慮地想要除掉李顯、李旦等李唐子嗣，以便武氏家族成員繼位稱帝。

為了與武則天家族搞好關係，李顯決定與武則天家族聯姻，於是，他將女兒永泰公主嫁給了武則天的侄孫武延基，使其成了魏王武承嗣的兒媳；後來，李顯又將幼女安樂公主嫁給了武則天的另一位侄孫武崇訓，使其成了梁王武三思的兒媳。

透過與武氏家族的聯姻，李顯似乎覺得自己的地位開始鞏固了，但他顯然低估了母親武則天。

儘管高齡登基，但武則天身邊一直不缺男寵，她登基後更是經常在朝野舉行選美大賽，引得各路人馬蠢蠢欲動，想要服侍女皇。

對於祖母武則天的這些舉動，李顯的子女也免不了一番調侃。

武周長安元年（七〇一年）九月，李顯的兒子李重潤和女兒永泰公主在私下議論祖母武則天的風流韻事，並對武則天寵愛張易之、張昌宗兄弟深表不滿，沒想到卻被密探稟告給了武則天。武則天大怒，下令逼迫李重潤、永泰公主，以及永泰公主的駙馬武延基自殺。

對於連親生兒子都痛下殺手的武則天來說，殺幾個孫子、孫女根本不是什麼事，因為他們討論的不僅僅是祖母的私生活，而是挑釁了女皇的權威和至尊地位。無論是誰，私下議論女皇，只有死路一條。

面對兒子、女兒和女婿被殺的現實，李顯更加戰戰兢兢。他原本以為活著回到洛陽，加上小心翼翼交好武氏家族，就可以為自己爭取一線生機。但事實證明，他在母親面前還是顯得太過於稚嫩了。他顯然是以母親的視角去看待女皇，但女皇想要的，只是一個俯伏在地的接班人而已。

到了神龍元年（七〇五年），武則天已經八十二歲了，她身染重病，卻絲毫沒有放權的心思和跡象，只是命令男寵張易之、張昌宗兄弟日夜陪護，而太子李顯、宰相張柬之想要覲見女皇，卻被屢屢拒之門外。

因擔心政局有變，宰相張柬之、崔玄暐，以及掌管兵權的薛思行、李多祚等人決定聯合發動政變，從武則天手中奪權。

他們派出駙馬都尉王同皎，到東宮去迎接太子李顯，沒想到性格懦弱的李顯卻嚇得魂飛魄散。從六八四年被廢帝後，二十一年來，他在母親武則天的長期高壓下一直活得戰戰兢兢，根本就沒有想過要挑戰母親的權威甚至奪她的權。當王同皎等人冒死前來的時候，李顯仍然畏畏縮縮不願出面。

對此，王同皎憤慨地說：「諸位將帥宰相為了國家不顧身家性命，殿下為何還不願意出面？」

李顯這才很不情願地被迫出面，參與政變，儘管他將是最大的利益獲得者。

神龍政變後第三天，武則天最終下詔傳位於太子李顯。政變後第四天，李顯重新繼位，是為第二次登基的唐中宗。

但復位的李顯並沒有活太久，五年後（七一〇年），他被當初許諾如果復位當皇帝、一定不阻攔她做任何事的妻子韋氏，以及希望效仿奶奶武則天登基稱帝的女兒安樂公主聯合投毒所殺，終年僅五十五歲。

作為一位重新登基的廢帝，他或許至死都沒有明白皇權帝位的兇險所在。

03

如果說漢廢帝和唐中宗是被廢黜，那麼明英宗朱祁鎮的遭遇，則多少有點咎由自取。

明朝正統十四年（一四四九年），二十三歲的明英宗在太監王振的攛掇下，決定御駕親征北方宿敵——蒙古瓦剌部。結果由於草率輕敵，明軍在土木堡之變中全軍覆沒，明英宗本人也被蒙古人所俘虜。

為了避免明朝滅亡和保衛國土，留守北京的大臣在危急之下，決定推舉明英宗的弟弟、郕王朱祁鈺為帝，以此凝聚人心、擊退蒙古人。於是，明英宗在瞬息萬變之下，成了敵人手裡的太上皇和廢帝。

當時，蒙古人在土木堡之戰後決定進行休整，然後再南下入侵大明，於是瓦剌人裹挾著廢帝朱祁鎮先是北上，然後又南下入侵。由於明朝已經擁立新君，因此，蒙古人裹挾朱祁鎮所過之處，守城兵將都不肯打開城門，蒙古人無奈之下，只得裹挾朱祁鎮繞開大同等各路重鎮，直抵北京城。

朱祁鎮被俘，是在正統十四年（一四四九年）的中秋節。到了這年的十月十一日，他被蒙古人裹挾抵達北京郊外的盧溝橋。再次看見盧溝曉月時，朱祁鎮感慨萬分。

而此時，明軍則在臨危受命的兵部尚書于謙等人的有力組織下，向蒙古軍隊發起了猛烈還擊。由於進攻受挫，加上明軍各路勤王軍馬仍在源源不斷地開赴北京，擔心被首尾夾攻的蒙古人決定撤退北歸。

北京保衛戰發生在一四四九年農曆十月，當明英宗被蒙古人裹挾回到漠北高原時，已是隆冬時節。昔日貴為天子的朱祁鎮，此時身邊只剩下錦衣衛校尉袁彬、通事哈銘和衛士沙狐狸三個人伺候。蒙古人只給他們四個人準備了一輛馬車和一匹馬，以供廢帝朱祁鎮使用。

朱祁鎮每天都在盼望著南歸，但即位的弟弟景泰皇帝朱祁鈺卻非常擔心哥哥朱祁鎮回歸後爭奪帝位，因此對迎回「太上皇」意興闌珊。最終還是主持北京保衛戰的于謙說，天位已定，即使太上皇回歸，皇位也不會更改，景泰帝才答應迎回哥哥。

一直到景泰元年（一四五〇年）八月二日，朱祁鎮在做了近一年俘虜後，才終於南下歸國。臨別時，蒙古瓦剌首領也先率領部下送了半日路程，還把自己的弓箭戰袍贈送給了朱祁鎮。

到了農曆中秋節八月十五日，也就是朱祁鎮被俘整整一年的日子，他終於進入了北京城。在一番禮節性的迎接後，朱祁鎮被送入南宮（紫禁城之東的南池子一帶）居住。此後的七年間，他都被軟禁在此，無法邁出南宮一步。

更讓朱祁鎮難過的是，弟弟景泰帝為了保持形象，起初還讓朱祁鎮的兒子朱見深繼續當太子，但到了景泰三年（一四五二年），景泰帝就下令廢黜了朱見深，改而任命自己的獨子朱見濟為太子。朱見濟一年後夭亡，但景泰帝總想著自己再生一個兒子，寧願讓太子之位空著，也不同意恢復朱見深的太子地位。

在被軟禁於南宮七年的日子裡，朱祁鎮的生活越來越難。他每天所需的膳食，都是從洞穴中被遞進來，不好吃就算了，還經常不夠吃。他原來的妻子錢皇后只得放下身段，日夜刺繡，並托人拿出去轉賣換取一些飲食。

廢帝的日子看似沒有盡頭，但機會突然而至。

到了景泰八年（一四五七年）正月，景泰帝重病，一直不見好轉，曾經參與北京保衛戰的武清侯石亨、太監曹吉祥，以及失意朝臣徐有貞等人決定聯合冒險，聚兵支持朱祁鎮復辟，史稱奪門之變。

當時，景泰帝重病不起，當聽到外面的喧囂聲時，他知道事情有變，當得知是哥哥朱祁鎮奪門復辟時，景泰帝只是連聲說著「好，好！」

明英宗朱祁鎮的復辟，發生在一四五七年正月十七日。四天後，明英宗朱祁鎮宣布將年號由景泰八年改為天順元年。一個月後，景泰帝朱祁鈺「薨」。據傳說，景泰帝實際不是病死，而是被明英宗指使太監蔣安將其勒死。

景泰帝死後，明英宗下令將其謚號定為「戾」。

在逼死景泰帝之前，明英宗朱祁鎮還下令，將在八年前主持北京保衛戰的英雄、兵部尚書于謙處斬。起初，對於是否殺于謙，明英宗還有點猶豫，但參與奪門之變的徐有貞卻說「不殺于謙，此舉為無名」，明英宗便決定痛下殺手。

于謙被殺後，北方邊防逐漸廢弛。面對邊塞不斷的報警，明英宗經常愁眉不展。有一天，恭順侯吳瑾趁機說了一句：「使于謙在，當不令寇至此。」

但明英宗無意為弟弟景泰帝及大英雄于謙平反，因為他的復辟，正是踩著他們的屍體才得以「正名」的。

明英宗復辟後，又繼續當了八年皇帝。到了天順八年（一四六四年）正月，明英宗病重。臨死前，他下令廢除了明朝皇帝的殉葬令，他對太子、後來的明憲宗朱見深說：「殉葬非古禮，仁者所不忍，眾妃不要殉葬。」從而破除了從明太祖朱元璋開始實行的、皇帝死後要妃子殉葬的成例。

或許，曾經的廢帝生涯，讓他多多少少心生憐憫，擁有了人間的些許溫情。

二、儲位爭奪戰——無情最是帝王家

李世民張弓搭箭，射向了自己的哥哥——太子李建成。

這是大唐武德九年（六二六年）六月初四的早晨，當兄弟相殘的血案發生時，他們的父親、唐高祖李淵正帶著幾個重臣在皇宮裡準備查驗一起「醜聞」：前一天晚上，李世民告訴父親，大哥李建成和四弟李元吉淫亂後宮。頓感愕然的李淵說，你們三兄弟明早過來當面對質。

天亮後，李世民卻在玄武門埋下伏兵。

李建成和李元吉一起騎馬入朝，進入玄武門，發現情況不對勁。二人立即掉轉馬頭，準備返回東宮。李世民從後面叫住他們，李元吉先張弓搭箭射向李世民，但由於心急，一連幾次都沒能把弓拉滿。

這時，李世民出手果決，一箭射死了帝國的儲君李建成。

為了爭奪皇位，兄弟混戰就這麼開始了。李世民殺了兩個親兄弟，同時又將李建成和李元吉的十個兒子全部斬盡殺絕。帝國變天了。

緊接著，李世民逼父退位，自己做了皇帝。而他那被殺的兄弟則在詔書裡被攻擊得一無是處，死有餘辜。

玄武門之變，是中國歷史上儲位爭奪戰的縮影。雖是手足之間的爭奪，但它體現出來的殘酷、嗜血和瘋狂，比外姓之爭還要激烈。

可是，歷史上幾乎每朝每代都有「玄武門之變」上演。難怪熟讀帝王家史的人都有點麻木了，只能感慨一句：「無情最是帝王家」。

01

因為玄武門之變的影響過於深入人心，所以，很多人以為太子儲位的最大威脅來自於太子的兄弟，但其實並非如此。

通常情況下，太子最大的威脅，來自尚在人間的父皇。

西元前一二八年，二十九歲的漢武帝劉徹終於等來了自己的第一個兒子。漢武帝欣喜異常，又是命大臣寫賦，又是修祠建廟，舉國歡慶。

這個兒子，就是劉據。

劉據出生後，他的生母衛子夫便被漢武帝立為皇后，劉據的身也隨之變為嫡長子。到了西元前一二二年，劉據被漢武帝立為太子，成為漢帝國的儲君。

然而，隨著劉據一天天長大，漢武帝卻漸漸發現，太子不像自己。

漢武帝心中的太子，應該跟自己一樣雄才大略，繼承自己的路線，繼續開邊、興利、改制、用法，努力建設富強的國家，但劉據卻不是這一路人。

史載，劉據「性仁恕溫謹」，在許多事情上，都跟漢武帝意見相反。

每次漢武帝要興兵遠征，太子就出來諫阻，主張用懷柔政策，不要打打殺殺。漢武帝對此有些不滿，有一次直接對太子說：「吾當其勞，以逸遺汝，不亦可乎？」我現在跑前跑後，苦活累活都幹了，到時給你留個安逸、太平的帝國不好嗎？

在政治上，漢武帝「用法嚴」，多用酷吏，喜歡搞一大堆刑事案件約束百官；而太子卻「寬厚，多所平反，得百姓心」。所以，酷吏們自然也不喜歡太子：要是這樣一個「仁慈」的儲君繼承了皇位，那還要我們這些酷吏做什麼呢？

一邊是當今的天子，一邊是未來的天子。朝中群臣看得明白，於是「寬厚者皆附太子，而深酷用法者皆毀之」。

要麼站皇帝一邊，要麼站太子一邊，大漢的朝堂實際上分裂成兩派。

但很長時間內，漢武帝並無廢掉太子的打算，因為太子的背後，還站著一個勢力強大的外戚集團。

在漢武帝對匈奴的戰爭中，劉據的舅舅衛青、表兄霍去病都戰功赫赫，在他們周圍，還有李廣、公孫賀、公孫敖等一大批功勳卓著的軍人。他們或出將入相，或為九卿郡守，一時間成為朝廷政治的重心。

後來，霍去病早逝，衛青的三個兒子接連失去爵位，衛青病逝，皇后衛子夫失寵等，衛氏外戚集團勢衰，太子劉據也就沒有了最有力的奧援。

到了西元前九十一年，漢武帝已經六十六歲高齡，太子也近不惑之年，連孫子都有了。父子間日漸疏遠，導致矛盾越來越深，互相有了猜疑：漢武帝懷疑太子可能會搶班奪權，而太子則懷疑漢武帝可能會廢掉自己的太子之位。

這種情況下，只需要一點火苗，就會引爆父子間的一場殘殺。

這一年，丞相公孫賀之子公孫敬聲因挪用公款被逮捕下獄。為了救兒子一命，公孫賀便主動向漢武帝請纓，去捉拿帝國頭號通緝犯朱安世，以朱安世的命，贖自己兒子的命。

朱安世是行走江湖的大俠，抓這種來無影去無蹤的人談何容易？然而，公孫賀竟然成功了，他真的抓到了朱安世。

不過，被捕的朱安世卻笑了笑——這大概是史上最恐怖的冷笑：「丞相禍及宗矣！」丞相，你的滅族之期到了啊。

在獄中，朱安世向漢武帝告發：「公孫敬聲與您的女兒陽石公主私通，為了能與之長相廝守，讓巫師在通往甘泉宮的路上埋了木頭人偶，詛咒皇上您早日歸天。」

西漢盛行巫蠱術，用桐木刻制人偶，作為自己仇人的象徵埋入地下，然後念咒，詛咒其早死。

漢武帝一聽自己被人下了巫蠱術，大怒，將公孫賀父子下獄，並命人調查，結果真的在甘泉宮路上挖出了木頭人偶。公孫賀百口莫辯。

於是漢武帝斬了公孫賀父子，滅其族，一同被殺的還有衛皇后所生的兩個女兒陽石公主和諸邑公主，以及衛皇后的侄子——衛青之子衛伉。

這些被殺之人，都有衛氏外戚集團背景，公孫賀之妻衛君孺，正是衛皇后的姐姐。換句話說，公孫賀等人被清洗，意味著太子在朝中的勢力大受折損，他與母親衛皇后瞬間成了「孤兒寡母」。

借著這場巫蠱之禍，酷吏奸臣開始有怨報怨，有仇報仇。

漢武帝身邊有個酷吏叫江充，奉行嚴刑峻法，素來受到漢武帝的賞識。但江充曾經因事忤逆過太子，眼下漢武帝身體欠佳，怕是時日不多，因此他有些惴惴不安：假如日後皇帝駕崩，而太子真的坐上了龍椅，這天下還有我江充的活路嗎？

於是江充橫了心，要趁漢武帝在世時扳倒太子。他向漢武帝進言，說皇帝龍體仍欠安，正是因為巫蠱之事還沒清查乾淨，還有人在埋木頭人偶詛咒您。

漢武帝信了，命江充繼續追查巫蠱之事。

血雨驟下，江充帶人在太子的寢宮挖出了許多木頭人偶。鬼知道這是誰埋的，什麼時候埋的！

太子當即崩潰了，趕緊問自己的老師石德該怎麼辦。石德給太子講了一堆道理，說了一堆計策，其中有一句話：「你忘了秦朝扶蘇太子的事了嗎？」

太子不想落得跟扶蘇一樣的下場，遂假傳聖旨，收押了江充等人，將鼓搗木頭人偶的胡人巫師燒死，又親自監斬，殺了江充。

長安流言四起，都說「太子反了」，有人逃出長安，跑到漢武帝所在的甘泉宮報告長安發生的事。

漢武帝起初是清醒的，擔心資訊有錯，便派人再去長安瞭解情況。但歷史就是這麼吊詭，恰恰是這個被派去長安的信使，充當了逼死太子的最後一根稻草。這個信使素來不討太子喜歡，沒敢進長安城，便回來向漢武帝謊報：「太子反已成，欲斬臣，臣逃歸。」

漢武帝勃然大怒，急令丞相劉屈氂領兵征討太子。太子在長安將城裡的數萬百姓武裝起來與劉屈氂交戰，打了五天，死者數萬，長安城中血流成河。

由於百姓們聽聞是「太子謀反」，都不敢依附太子，太子最終兵敗，一個人逃出了長安。事後，太子的門客，盡被斬殺；凡是跟隨太子造反的，一律滅族；被脅迫參與謀反的軍民，一律發配敦煌。一個月後，太子劉據逃無可逃，絕望中自縊身亡，他的兩個兒子，也旋即被殺，皇后衛子夫也早已在宮中自殺。

這一事變的結果，是衛皇后家族及其與武帝生的兒女、孫輩，除太子之孫劉詢僥倖被搭救外，盡皆死於非命。

等到漢武帝反應過來，懷疑太子造反的真實性時，為時已晚。西元前八十七年，漢武帝死前立了最小的兒子，年僅八歲的劉弗陵為新太子。而那個「陪跑」了三十餘年、下場悲涼的「戾太子」劉據，就這樣消失於殘酷的權力場之中。

02

既然父皇對於太子的存廢具有最終決定權，那麼，討好父皇便成為奪取儲位的關鍵步驟。

按照史書的說法，隋朝的楊廣就是這麼被立為太子的。

楊廣是隋朝開國皇帝楊堅與皇后獨孤伽羅的次子。根據嫡長子繼承制，楊廣不是命定的太子。事實上，楊堅建立隋朝後，便確立了楊廣的大哥楊勇的太子之位。

史載，楊勇「頗好學，解屬詞賦，性寬仁和厚，率意任情，無矯飾之行」，被立為太子後，深得父皇厚愛，慢慢磨練處理政務的能力。他曾負責屯兵咸陽，防備胡人入侵，也曾坐鎮洛陽。楊堅一度想把山東（指崤山以東）人強制遷徙去守邊塞，被楊勇諫阻後作罷。

當時的隋帝國，主要有關隴集團和山東集團兩大勢力。關隴集團沿襲西魏、北周、隋朝的權力更替脈絡，是無可爭議的統治集團。楊堅的父親楊忠，原來是西魏的十二大將軍之一；楊堅的岳父獨孤信更了不得，是西魏的八大柱國之一。楊堅的出身和聯姻都是關隴集團的權力核心。山東集團則沿襲東魏、北齊的政權更替，因北齊被北周所滅，故權勢低關隴集團一頭。後來，隋朝攻滅陳朝後，隨著帝國版圖擴張，又有了江淮集團勢力。

楊勇兩度出鎮山東，又與渤海高氏出身的宰相高熲締結姻親，因此與山東集團關係十分密切。這就像楊廣後來借助楊素的關隴勢力，以及主管的江淮勢力進行奪權一樣，太子之爭的背後是不同集團的較量。

只是在當時，這一切均潛藏於水面之下，不曾顯山露水。連隋文帝楊堅都向群臣誇耀說：「前世皇王，溺於嬖幸，廢立之所由生。朕旁無姬侍，五子同母。」意思是說，我楊堅對婚姻很專一，只有獨孤皇后一個老婆，五個兒子都是一母所生，所以，也斷不會發生史上常見的孽子忿爭儲位之事。

當然，楊堅後來就發現話說早了。

起因仍然是父子間的權力消長。借助高熲、李德林等山東集團的支持，太子楊勇在朝中的權勢越來越大。一年冬至，楊堅發現楊勇在東宮像皇帝一樣迎接百官朝賀，頓感心驚，懷疑太子欲收天下之望，芥蒂就此埋下。

於是，楊堅下令整編衛隊，把東宮宿衛隊中的驍勇之士全部撤掉。高熲提醒楊堅說，這樣搞恐怕「東宮宿衛太劣」。楊堅又感到心驚，這高熲是楊勇的兒女親家，如此袒護楊勇，將來不知道會搞出什麼事來，便開始防備高熲。

與此同時，楊勇也失愛於母親獨孤皇后。

獨孤皇后不是一般的皇后，她與楊堅合稱「二聖」，對朝局有相當的控制力。楊勇的原配夫人元氏，是獨孤皇后親自擇配的高門望族元孝矩之女，但楊勇不喜歡，還收納了很多美女，這讓獨孤皇后很不高興。後來元氏暴死，獨孤皇后懷疑是被楊勇謀殺的，曾嚴厲責罵過楊勇。

就在太子楊勇處處招惹父母不滿之時，他那個靠演技拿下皇位的弟弟楊廣，開始了影帝級別的表演。

楊廣一面在父母面前裝孝順，扮樸素，騙得賢孝之名；一面收買權臣楊素，散播謠言，說太子楊勇求神占卜，盼望皇上早死，搞得楊堅防太子如防大敵，終於在開皇二十年（六〇〇年）廢楊勇為庶人，改立楊廣為太子。

楊勇被指定由楊廣管制，但他自認罪不至被廢，屢屢要求面見隋文帝楊堅，卻都被太子楊廣給攔下。情急之下，楊勇爬到樹上，大聲呼喊隋文帝，希望隋文帝聽見後可以見他一面。楊素趁機向隋文帝進讒言說：「楊勇已經心神喪失了，被妖魔附身，魂都收不回來了。」結果，楊堅是聽到了楊勇的呼喊，但只當是一個瘋子的呼叫而已。

仁壽四年（六〇四年），楊堅臥病於仁壽宮，史書載，楊堅的姬妾陳貴人遭到太子楊廣非禮。陳貴人將此事告訴楊堅後，楊堅始知冤枉了楊勇，緊急派人召楊勇進宮，準備廢楊廣而復立楊勇為太子。

但此事被楊廣攔截，隨即楊堅便暴崩。楊廣繼位，立即假擬隋文帝詔書，賜死楊勇。楊廣後來追封楊勇為房陵王，但是子嗣不得繼承其位，全部流放濟南，後來多數都被楊廣殺死。

03

到了清朝康熙年間，帝國儲位之爭更是進入了前所未有的白熱化階段，這便是歷史上有名的「九子奪嫡」。

康熙多子多女，一生擁有三十多個兒子，光參與排序的皇子就有二十多個。其中有九個皇子參與了皇位爭奪，過程可謂相當激烈而殘酷。

二阿哥胤礽是康熙的嫡長子，剛滿周歲就被立為皇太子。但他在做了三十多年太子後，在康熙四十七年（一七〇八年）九月初四被父皇宣布廢黜了皇太子身分。

理由很簡單：二阿哥太想嘗嘗權力的甜味了，以至於說出了「天下豈有三十年的太子」這樣的胡話，這讓康熙認定，不能讓這個無情無義、不仁不孝的兒子為君。

皇太子一廢，眾阿哥覺得自己有機會了，於是都蠢蠢欲動，不念親情，互相傾軋奪權，搞得康熙這個當爹的頭痛不已，連「諸皇子有鑽營為皇太子者，即國之賊，法所不容」這樣的狠話都放出來了，但還是不管用，阿哥們分成幾派，權鬥不休。

在廢掉皇太子胤礽兩個月後，康熙召集滿漢文武大臣齊聚暢春園，讓他們從諸位皇子中舉奏一位堪任皇太子之人。

大學士馬齊先到了，說眾人有意推舉八阿哥胤禩。康熙帝不置可否，直接讓馬齊回去，會議你別參加了。這時，領侍衛內大臣兼理藩院尚書阿靈阿等人，開始搞小動作。他們偷偷給諸臣比劃了個「八」字，於是諸大臣異口同聲推舉八阿哥為皇太子。

這就弄得康熙很尷尬了。

此前，康熙已發現八阿哥到處拉攏，私結黨羽，懷有野心。他甚至要把八阿哥關起來，罪名是謀害皇太子胤礽。十四阿哥胤禵聽說後，進宮營救，結果惹得康熙帝大怒，拔出佩刀，要殺胤禵。

為消弭諸皇子對儲君之位的紛爭，康熙最終無奈，選擇了復立胤礽為皇太子。

但二阿哥顯然錯估了康熙的愛與寬容。他故態復萌，公然結黨，甚至聯合步軍統領托合齊等人，策劃逼康熙儘早讓位。

康熙很生氣，後果很嚴重。在召見文武大臣時，康熙說，你們都是朕一手提拔的，受恩五十年，現在站隊站到皇太子那邊去了，你們到底想幹什麼？

康熙還沒來得及把托合齊凌遲處

死，托合齊就幸運地一病歸西了。但這並不足以平息康熙的憤怒，康熙命將其「銼屍揚灰，不准收葬」。

再次廢掉二阿哥胤礽之後，康熙已經不敢輕易指定繼承人。皇太子黨、皇長子黨、皇八子黨互相傾軋，但他已經毫無辦法。他曾憂憤地對他的兒子們說：「日後朕躬考終，必至將朕置乾清宮內，爾等束甲相爭耳！」他以春秋五霸之一的齊桓公晚年的境況自喻。齊桓公晚年，五個兒子樹黨爭位，齊桓公剛死，諸子相攻，箭射在屍體上，也沒有人顧及，其屍體在床上六十七天沒法入殮，以致蛆蟲爬出窗外。

隨著時間推移，一直深藏不露的四阿哥胤禛和十四阿哥胤禵，成為儲君的有力爭奪者。康熙五十七年（一七一八年），康熙命十四阿哥胤禵為撫遠大將軍，征討準噶爾部。行前，康熙舉行一系列儀式，表明他對這位皇子的期望。九阿哥胤禟甚至對胤禵說：「早成大功，得立為皇太子。」可見，他們都把這次出征立功，視為胤禵爭取皇儲的機會。

但人算不如天算，胤禵尚未班師回朝，康熙卻一病不起。

康熙六十一年（一七二二年）十一月十三日，康熙駕崩，胤禵不在身邊。正史記載，當天清晨，康熙病重，緊急召見三阿哥、七阿哥等七個皇子和步軍統領隆科多，宣布：「雍親王皇四子胤禛，人品貴重，深肖朕躬，必能克承大統，著繼朕即皇帝位。」儘管四阿哥胤禛在「九子奪嫡」中勝出的真相一直是歷史疑案，但在康熙心中，胤禛其實是不錯的儲君人選。

在諸皇子爭奪儲君之位最激烈的時候，許多人都忽略了這個後來終臨大位的四阿哥。他出身庶門，熱衷佛學，與世無爭，把真實的動機隱藏在心靈深處，給康熙留下的是一個較為淳厚老成、孝敬恭謹的印象。他沒有參加皇太子黨，也沒有參加皇長子黨，更沒有參加皇八子黨。他頭腦相當清醒冷靜，在兄弟角逐皇儲時做起了超然派，這對於被諸皇子內鬥搞得焦頭爛額的康熙來說，無疑是最大的欣慰。

爭是不爭，不爭也是爭。在無情的皇儲爭奪戰中，四阿哥胤禛將戒急用忍的鬥爭哲學運用到了極致，最後脫穎而出，成了康熙的繼承人。

即位後，雍正帝胤禛才展現出他的真手段，將此前對他構成威脅的兄弟們一律圈禁，極盡羞辱，一個都不放過。

歷史無情，而歷史上的儲君爭奪戰更有一百種方式展示它的無情。當李世民一箭射殺自己的兄長時，他或許想不到，後世還有更高明的權力玩家，可以殺人不見血。

三、古代公務員職場「摸魚」記——要有識明主的慧眼

東晉永和十年（三五四年），荊州刺史桓溫奉命統兵北伐前秦，駐軍灞上（今陝西省西安市東南）。眼看長安指日就可攻下，但桓溫卻按兵不動了。

這時，一個貧寒出身的隱士，從華山趕到桓溫的大營求見。桓溫請他談論對時局的看法。此人在大庭廣眾之中，一面捫虱，一面縱談天下大事，滔滔不絕，旁若無人。

桓溫暗自稱奇，要此人出山南下，做自己的謀士。但此人透過此次面談，已經認定桓溫不是自己要找的老闆，於是拒絕了桓溫的邀請，回去繼續隱居讀書了。

此人便是被稱為「一時奇士」的王猛。

01

桓溫北伐之時，天下大勢有利於東晉。

彼時，後趙政權的領袖石虎去世，親族不睦，互相殘殺，使得原先趨於穩定的北方地區

再度陷入混戰與分裂中。以函谷關為界，往西的關中地區崛起了一個由氐人建立的前秦政權；而東邊，則歸了石虎的死對頭、鮮卑人建立的前燕政權。

對於偏安一隅的東晉而言，這無疑是光復祖宗舊業的大好時機。眾所周知，東晉延續了西晉司馬氏的血脈，而西晉王朝在北方兩座最重要的城市——洛陽和長安，都留下了問鼎中原的帝王印記。

桓溫大軍的到來，令北方的中原遺民無不歡欣鼓舞。百姓以簞食壺漿慰勞官軍，希望桓溫能帶領東晉部隊收復長安和洛陽，光復漢人的天下。

王猛生逢亂世，出身貧寒，自小便感受到戰亂帶來的顛沛流離。在他心中，若有一人能結束亂世，乃天下之幸。

正是抱著尋找能夠統一天下之人的目的，他來到了桓溫的軍營。

桓溫有意考問王猛，稱自己不遠千里，奉天子之命前來收復故土，百姓們都無比認同，為何世居關中的地方豪強卻無動於衷，是不是他們不想配合？

王猛答道，非也，您這大軍都壓到灞上了，去長安不過一步之遙，結果您按兵不動了。那些關中豪強或許有意扶助官軍，可是他們還沒看到您下一步的作戰意向，他們也不敢輕舉妄動啊！

王猛的話，戳中了桓溫的內心，但他只是點了點頭，稱讚王猛的見解異於常人，並未表示明確的意見。也正是這一舉動，讓王猛明白，桓溫或許並非明主！

一個月後，在前秦將領苻雄的打擊下，桓溫被迫撤出關中，返回南方，東晉王朝的北伐以失敗告終。

臨走前，桓溫對王猛許以鮮衣怒馬，邀請其南下。

王猛不為所動，他在等一個「對」的人。

桓溫大軍南歸一年後，王猛終於在北方紛爭中，等來了屬於他的明主。

那時，與桓溫對峙日久的前秦高祖苻健駕崩，前秦的政局出現了急劇動盪。繼任前秦皇位的，是歷史上有名的暴君苻生。此人在位期間，只要做夢夢到大臣謀反，醒來後便將大臣全族滅掉；還經常因所謂的星象有異，將身邊的人一個個虐殺。

身為前秦皇族，苻生的兄弟們人人自危。

為防止苻生對自己下手，同為前秦皇族、在民間頗具聲望的苻堅打算先下手為強。他專程請教時任尚書的呂婆樓，希望對方能給自己出謀劃策。而呂婆樓對於苻堅舉事的成敗，無法完全篤定，所以向苻堅推薦了王猛，稱對方有不世的謀略，可為殿下鞍前馬後效勞。

苻堅趕緊派人請來了王猛。

兩人一見如故，苻堅甚至將王猛比作當代諸葛亮，聲稱自己和當年的劉備一樣有福氣，能得王猛這樣的奇才輔佐，真乃如魚得水。

不久，在王猛的協助下，苻堅成功發動政變，推翻了苻生的統治，自號「大秦天王」。

苻堅即位後，王猛出任中書侍郎，參掌機要。

前秦天王苻堅相繼攻滅前燕，出兵西拓，北取代國，南逼東晉，漸次成就統一北方的霸業。而王猛在苻堅的授權和充分信任下，終於從一個「職場新人」變成一代名相。

02

王猛終遇苻堅，固然有慧眼識明主的本事，但在職場中懂得抓住轉瞬即逝的機遇，同樣至關重要。

這就不得不提一下隋唐年間的名將屈突通了。

隋朝末年，各地紛紛起兵反隋，隋朝早已名存實亡。而此時，受隋煬帝所托的屈突通，還在長安二十四小時兢兢業業守護留守的代王楊侑（即後來的隋恭帝）。

作為當時少有的猛將，屈突通出身於一個勇武之家，與弟弟屈突蓋一起，在隋末亂世中均有赫赫威名。時人因兄弟倆的剛直和鐵面無私而盛傳：「寧食三鬥艾，不見屈突蓋；寧服三鬥蔥，不逢屈突通。」

隋大業十三年（六一七年）五月，在得知隋煬帝再度東巡江都（今江蘇揚州）後，奉命鎮守太原的李淵父子果斷起兵，宣布討隋。由於準備充分，李淵父子率領的唐軍連戰連勝，很快進抵河東地區（今山西西南部一帶）。

軍心離散之際，屈突通的處境尤為艱難。為了不讓上邊怪罪他擁兵不進，屈突通決定派出小股部隊襲擾唐軍，而他自己則固守前線，以拒唐軍。因其善於守城，唐軍始終未能從正面越過他，染指關中一步。

然而，隨著形勢發展，隋軍在各地節節敗退，屈突通的死守也變得毫無意義。

屈突通所率領的驍果軍多為關中子弟，在關中陷落後，他們不願隨屈突通東去，全都扔掉兵器。

屈突通見大勢已去，下馬向東南方向（指揚州）再三跪拜，並號哭道：「臣力盡兵敗，沒有辜負陛下，天地神祇，實所鑒察。」然後，他選擇歸降，被押送長安。

李淵並未因屈突通是隋朝最難啃的一塊硬骨頭而記恨他，反而摒棄敵我對立的矛盾，主動表示：「屈突通乃隋朝忠臣，宜受重用。」隨即，拜屈突通為大唐兵部尚書，封蔣國公，為秦王李世民行軍元帥長史，委以重任。

之後，屈突通跟隨秦王李世民攻滅薛舉、劉武周，平王世充，為大唐江山的建立立下汗馬功勞。為表其功，登基稱帝的李世民對屈突通禮遇有加，在凌煙閣落成之際，作為兩朝重臣的屈突通也圖形其上，位在第十二，功高於柴紹、程知節等人。

假如屈突通沒有遇到能夠尊重和接納對手的李淵，那麼，他或許會在押赴長安後被處死——雖然也可以在史書上留下一筆，但終歸沒有了後面的功業，難免可惜。

03

五代亂世，有一個人堪稱「摸魚王」，閉著眼睛，不用做選擇，卻始終穩居高位，屹立不倒，最後還全身而退。

此人名叫馮道。

馮道一生曆仕後唐、後晉、後漢、後周四朝，服務過的皇帝幾乎貫穿了整個五代時期。諸如歷史上著名的「兒皇帝」石敬瑭、後唐莊宗李存勖、後周太祖郭威、後周世宗柴榮等，都曾是他竭力維護的「老闆」。

在戰功吃香的時代，馮道卻無意於沙場征戰，日常除了上下班，就是「負米奉親，披誦吟諷」，無非就是吟詩作對，針砭時弊，自娛自樂。

但馮道還是很有責任心的。當看到自己的「老闆」劉守光在對抗後唐李存勖的過程中犯錯時，這個「打工仔」還是很誠懇地向上反映了戰爭雙方的利害關係。

只是，對於平常只會抄抄寫寫的馮道，劉守光根本看不起，他將多嘴的馮道關了起來。

直到劉守光兵敗，馮道才迎來仕途上的第二春。在李存勖親信張承業的舉薦下，馮道進入後唐工作，並在數年間，憑藉自己的學識一步步攀上了權力的巔峰。

後唐覆滅後，失去鐵飯碗的馮道被命運分配到了「兒皇帝」石敬瑭的手下做事。

那時，在後唐做到宰相地位的馮道已非尋常的「打工仔」，自然，石敬瑭用他也絕非尋常之事。他那溫吞的性格以及平和的處事方式，成了石敬瑭諂媚契丹政權的「最佳工具」，而這些，也是後世戳馮道脊樑骨的主要原因。

對此，馮道本人並非不清楚。

當得知自己在世人面前毀譽參半時，這個出了名的「摸魚王」只是寥寥地說了句：「凡人同者為是，不同為非，而非道者，十恐有九。昔仲尼聖人也，猶為叔孫武叔所毀，況道之虛薄者乎！」

在馮道看來，即便世間聖明如孔子者，仍無法逃避被人詆毀貶低的命運，他馮道一個不值一提的「打工仔」，實不必如此為聲名之事擔心。

不過，他很清醒，罵名可背，天下蒼生也必須救。

後晉天福十二年（九四七年），契丹的耶律德光打出救中原百姓的旗號，大舉南下，滅亡後晉，馮道再度失業。

對於此前多次出任兩大政權「友好使者」的馮道，遼太宗耶律德光並不想殺他。

於是，在耶律德光和馮道的會面中，被迫跳槽多次的馮道不卑不亢地與「勝利者」耶律德光展開以下對話：

耶律德光：「你為什麼來見我？」

馮道：「無兵無城，怎敢不來？」

耶律德光：「你是何等老子？」

馮道：「無才無德，癡頑老子。」

耶律德光：「天下百姓，如何得救？」

馮道：「此時百姓，佛再出救不得，惟皇帝（耶律德光）救得。」

此次對話之後，馮道卑躬屈膝的小人面目不幸被坐實，但中原百姓也因他的卑躬屈膝而免遭屠戮，或許對於馮道而言，這就足夠了。

在那之後，馮道又出任後周宰相。

後周顯德元年（九五四年），在遇到人生中的第十一個皇帝——後周世宗柴榮不久，這名亂世中的不倒翁，死於天下一統的前夕。

此時，他的老闆柴榮正計畫用三十年時間打造出一個和樂統一的世界。可惜柴榮壽短，歷史將天下一統的重任，交給了——趙匡胤。

四、皇帝的工作日常——窺探那些認真工作的皇帝都在想什麼？

雍正皇帝的「勞動節」不僅沒有小長假，還得拿起鋤頭。

每年仲春，雍正都要到先農壇行祭農耕藉之禮，並前往圓明園西南角的一畝園，換上農夫的服飾親自耕田。他在這一畝三分地種下稻、黍、穀、麥、豆等五穀雜糧，之後登上觀耕臺，觀看王公大臣和耆老農夫們勞作。

祭祀先農和皇帝親耕，是明清兩代的重要儀式。

雍正在位的十三年裡，先後舉行過十二次祭農親耕典禮。故宮所藏的四十六幅《雍正耕織圖》生動地描繪了雍正耕作的畫面：青山綠水之間，他和後宮妃嬪們化作農夫、蠶婦，與民同樂，彷彿置身於世外桃源。

這名熱衷於角色扮演的皇帝執鞭扶犁，揮汗如雨，算是過了一把當農民的癮。

儘管天子親耕只是一場表演秀，但這位清朝最勤政的皇帝一定會認同這句口號：「勞動最光榮。」

01

歷代有為之君，多以勤政自勉。

秦始皇嬴政在沒有紙可用的時代，每天處理政務要翻閱的竹簡重達一百二十石，幹完才肯甘休。

明太祖朱元璋也是個工作狂，他每天要批閱奏摺數百件，常常工作到半夜，第二天凌晨四點就起床洗漱，接見朝官。

洪武十七年（一三八四年）九月，朱元璋曾在八天內收到奏章一千一百六十件，涉及三千多件事，換作一般人的話真是吃不消。

到了清朝，勤政更是皇室嚴格恪守的家法。

康熙曾這樣講述自己辛苦工作的一天：

朕於宮中，未明求衣，變色而起，則命講官捧書而入，討論義理……出御宮門，則群工循序奏事，朕親加諮度……已而閣臣升階，朕與詳求治理，諮諏軍國者久之。若夫宮禁之務，各有攸司，廷臣退，乃裁決焉……及宮中燃燭，玉漏初下，則省一日所進章奏……要非夜分，不就宴息也。

每天天還沒亮，康熙已經起身更衣，挑燈讀書；到了白天，皇帝要與群臣議事，晚上大臣們都下班了，他自己還要工作，直到把工作做完才休息。

雍正以父親為表率，從政日日勤慎，不敢懈怠。用他自己的話說，就是「惟日孜孜，勤求治理，以為敷政寧人之本」。

02

民國歷史學家孟森曾說：「自古勤政未及世宗（雍正）者。」

康熙晚年實行「寬仁」之政，一時的懈怠讓帝國陷入危機。雍正一繼位便銳意進取，為掃除積弊力行改革。短短十三年間，設軍機處、改革八旗、整頓吏治、耗羨歸公、攤丁入畝、改土歸流、廢除賤籍……。

雍正雷厲風行，其大刀闊斧採取的種種舉措，在改革康熙晚年積弊的同時，又強化了君主專制，改善了民生。助力雍正改革的大臣李紱曾說：「雍正改元，政治一新。」

雍正有著強烈的「聖主情結」，甚至懷抱「將唐宋元明積染之習盡行洗濯」的理想。為此，他只有讓自己成為一個永不停歇的人。

據歷史學者統計，雍正在位期間，「日批公文八千字」，僅臺北故宮庫藏的雍正朱批就有兩萬兩千件。雍正在數萬件奏摺上曾先後寫下批語一千多萬字，平生寫作字數比不少職業作家還更勝一籌。

雍正皇帝對自己的工作效率頗為自豪，說：「各省文武官員之奏摺，一日之間，嘗至二三十件，或多至五六十件，皆朕親自覽閱批發，從無留滯。」

雍正披覽奏摺，從早至晚，鮮有休息，常常加班到深夜。他還將熬夜工作的情形寫在群臣的奏摺上，諸如「燈下所批，字畫潦草，汝其詳加審視」；「日間刻無寧時，此時已夜漏下二鼓，燈下隨筆所書」；「燈下批寫，字跡可笑之極」……。

為解釋自己是在認真加班，而不是馬虎了事，也不是作秀，雍正還加了一句：「燈下字畫潦草，恐卿慮及朕之精神不到，故有前諭，非欲示之精勤也。」

在位十三年，雍正每天睡眠時間不足四個小時，每年幾乎只有在生日那天才放假，「朝乾夕惕，事無鉅細，親為裁斷」，始終奮鬥在帝國的第一線。

03

一起奮鬥的才是好兄弟，嚴於律己的雍正對大臣們亦嚴加要求。

雍正從康熙手中接手國家時，上至中央，下至地方，貪腐橫行，財政虧空，清朝國庫中的銀兩一度只有區區八百萬兩。

對此，雍正早已知情，他說：「歷年戶部庫銀虧空數百萬兩，朕在藩邸，知之甚悉。」

他一改其父康熙的寬仁作風，大力整頓吏治，反腐倡廉，做的第一件事就是「清欠」。

清欠，就是要求拿了國庫銀子的大臣，必須在限期內還回去。

雍正的十二弟履郡王允祹曾執掌內務府，趁機從中貪汙。這位王爺不缺錢，天天金樽美酒、山珍海味伺候著。雍正一查到內務府也有虧空，毫不留情，責令允祹將所欠銀子補足。允祹心懷不忿，故意給雍正難堪，將自己家中的文物財寶拉到街上變賣，以示清白。雍正不為所動，就是要將此案查得水落石出，允祹知道老哥不好忽悠，只好乖乖將錢補齊。

清查財政虧空，雍正展露自己的鐵腕手段，對貪官絕不姑息，聲稱「畢竟叫他子孫做個窮人」。

他不但要求官員及時補足虧空，還下詔將貪汙官員一律革職，「追變家產」，若屬下貪腐，上司要負責分賠，甚至要官吏去親眼觀看貪汙官員執行死刑，以作為警示。

雍正認為：「以循良為楷模，以貪墨為鑒戒……操清廉乃居官之大本。」意思是，做官必須以廉明者為楷模，以貪汙者為鑒戒，這樣才能算一名合格的官吏。

在執政的十三年中，雍正以身作則，以實際行動號召群臣勤政節儉。

他在位期間，不愛去承德避暑山莊，也不曾巡幸江南，就算離開京城拜謁祖陵，也不提倡在沿途鋪張浪費，即便是身邊的園中美景，他也抽不出時間盡情欣賞。

他對群臣進獻的珍寶更是不放在心上，說：「假如你們能實行一項利民的政策，豈不比獻給我一件稀世珍寶更好？假如你們能給我舉薦一名有用的人才，豈不是比獻給我一個價值連城的寶物更好？」

04

雍正五年（一七二七年），大臣朱綱晉升為雲南巡撫，將要離京赴任。

朱綱辭行時，雍正就像當媽的看著兒子出門讀大學一樣，苦口婆心地勸導：「朕剛繼位時，許多大臣還不認識，所以費了好大的力氣一一鑒別，才治好了『臉盲』。朕每日做事，從早到晚幾乎沒有一刻停息，只以國家大計為重，從未顧惜過自己的身體。作為一國之君，我尚且不貪圖安逸，你們做封疆大員若是只知享樂，我豈能容忍？務必要努力工作，不要當混日子的巡撫。」

朱綱經過這一番思想教育，自然盡忠職守，為治理雲南而鞠躬盡瘁。

在雍正一朝，官員沒少吃苦，沒有朝九晚五的幸福生活，稍微貪贓枉法就要被懲處，一旦鬆懈就要挨罵。

對大臣中的拖延症患者，雍正更是經常大動肝火。

雍正五年（一七二七年）六月，廷臣因效率低下沒能及時完成所辦事務，雍正勃然大怒，罵道：我整天坐在勤政殿內，不顧暑熱地想辦事，為什麼諸大臣對我交待的事情毫無動靜，也不來回奏？如果不能辦，為何不講明原委？如果只是不想辦的話，乾脆交給我，我來替你們辦！

眾臣被責罵後百口莫辯，戰戰兢兢不敢多言半句。

無獨有偶，雍正六年（一七二八年），新任御史鄂文善和曾元邁在值班時早退，大學士瑪律賽深知雍正最厭惡這種懶惰的員工，就奏請將二人交部議處。

這次，雍正的脾氣小了不少，對瑪律賽說：「不必交吏部處理。他們不過是新進小臣，還敢這樣怠惰，更要嚴加教導，以警戒那些越禮偷安的人。」

雍正親自給這兩個倒楣的御史擬定處罰方法，命他們每天到圓明園值班，日出之前就要到宮門，日落以後才准許下班，頗有幾分黑色幽默。

在雍正眼皮底下，哪個官員還敢上班偷懶？

雍正皇帝就是這樣個性十足，不僅自己勤政，還要手下的官員向他看齊。

在批閱名臣田文鏡的奏摺時，為人率真的雍正直言：「朕就是這樣的漢子！就是這樣的秉性！就是這樣的皇帝！爾等大臣若不負朕，朕再不負爾等也。勉之！」

五、皇帝的殺伐日常——總是在糾結，要不要殺個人

古往今來，開國皇帝常常有一種「愛好」，那就是殺功臣。

在這方面，漢高祖劉邦和明太祖朱元璋，是兩個登峰造極的例子。與之相比，光武帝劉秀和宋太祖趙匡胤，則以善於柔下和「杯酒釋兵權」聞名後世。

到底是什麼因素，讓不同的開國皇帝，都執著於對付功臣呢？

01

在位三十一年的朱元璋，前後濫殺十幾萬人，其濫殺功臣的殘酷，最後連太子朱標也看不下去了。

與在腥風血雨中一路走來的父親朱元璋不同，太子朱標接受的是儒家教育，信奉仁慈寬厚，他忍不住勸諫父親朱元璋說：「陛下誅殺過多，恐怕會傷了和氣。」

朱元璋聽後默默不語。第二天，他把太子叫去，指著放在地上的一根長滿刺的荊棘，讓朱標撿起來。

朱標怕扎手，猶豫著不知如何下手。

這時朱元璋慢慢開了口，他說：「我是怕你不好拿，為你剝光了刺，再給你，難道不好嗎？現在我殺的人，都是對國家社稷有危險的人，除掉他們，對你是很有好處的。」

在朱元璋看來，為了老朱家的江山代代傳承，別說什麼功臣，殺十幾萬人，又算個啥？

朱元璋是苦孩子出身。他一方面忍辱負重、堅毅剛強；另一方面卻又極度自卑、敏感和猜忌。

從小出身貧寒的朱元璋，只上過幾個月私塾，教育水準不高，後來長期務農，給地主放過牛。為了生計，他還兩度出家當過和尚，最悲慘的時候，甚至只能乞討為生，連父母兄長死去，都無錢安葬。最後是因參加了紅巾軍起義，才得以逐漸起家，飛黃騰達。

朱元璋晚年時，浙江府學教授林元亮在一份奏表裡寫有「作則垂憲」四個字，朱元璋認為「則」與「賊」近音，是在諷刺他農民軍出身，毫不客氣地殺了林元亮。無獨有偶，常州府學訓導蔣鎮，在寫的《正旦賀表》文中有「容性生知」四個字，朱元璋也認為「生」與「僧」近音，是在諷刺他當過和尚，隨即就將蔣鎮斬首。

朱元璋儘管貴為帝王，但這種貧微的出身，是他極度自卑的根源，誰要是敢掀這個老底，或者是影射諷刺，那會就叫他人頭落地。

在修自己的帝王出身和譜牒時，朱元璋曾經動過念頭，想攀朱熹為祖先，但因為太過勉強，最終只好作罷。後來，他乾脆坦言說，自己「本淮右布衣」、「起自田畝」、「出身寒微」，但這種話，只能在他自己有所感觸的時候偶爾提一下，別人是不能說的；說了，那就是揭帝王傷疤，找死。

02

朱元璋自卑的根源，隱藏著中國古代社會的密碼：階級與出身。

可以說，一個貴族出身的開國皇帝，將直接提高一個王朝的地位，也將左右和影響一大幫開國功臣的命運。

在這方面，貴族出身的劉秀和李淵，是很明顯的例子。

作為劉邦的九世孫，劉秀在出生時雖然家世已經沒落（父親僅僅是一個縣令），但作為皇族後裔，他深知家族的榮譽與期望。十九歲時，他就遠赴長安，並在太學中刻苦求學達五年之久。他深刻學習《尚書》等古典經文，享受著儒家文化的滋養。

今天我們常說「以人為本」，其實劉秀早在兩千年前，就深刻認識到了這個道理。他曾經很明確地提出：「天地之性人為貴。」

由這樣一個貴族出身又學識出眾的人來創立王朝，帝國的素質自然也不差。而對於功臣團隊的保全和愛護，歷朝歷代沒有一個皇帝能超過劉秀。

西漢早期，「功臣受封者百有餘人」，但從劉邦誅殺異姓諸侯王開始，到漢武帝太初年間的一百多年裡，封侯的一百多位功臣中，僅僅剩下五位的後代仍然保有爵位；其他一百多位封侯的王公貴族，要麼被殺，要麼被廢，要麼被貶，結局普遍悲慘。

反觀劉秀，他對於功臣團隊卻是倍加愛護。他的愛，是一種發自內心的愛護，以及對人性的尊重。

大將耿弇，跟隨劉秀到處東征西討，「凡所平郡四十六，屠城三百，未嘗挫折焉」，在當時號稱「韓信第二」。到了晚年，耿弇心中自我疑慮，擔心自己也會落得跟韓信一樣的下場，但劉秀卻對他十分信任，始終委以兵權，並直言道：自己絕不會學習先祖劉邦，「朕終不使耿弇為淮陰（韓信）也！」

劉秀是這麼說的，他本人跟他的子孫也確實做到了。耿弇以及他的子孫，在整個東漢兩百多年歷史中，前後共出「大將軍二人，將軍九人，卿十三人，尚（娶）公主三人，列侯十九人，中郎將、護羌校尉及刺史、二千石數十百人」，成為顯赫無比的大家貴族。

劉秀也衷心愛護自己的功臣團隊。他的臣子如果有功，劉秀馬上就賞賜土地和金銀財寶；即使當了皇帝多年，每次只要遠方有人上貢珍稀佳餚或是美味，劉秀也一定會把它們先賞賜給各位功臣列侯，「遠方貢珍甘，必先遍賜列侯」。

劉秀一朝中，功臣們「皆保其福祿，終無誅譴者」，這種對待功臣的優容和寬厚，在各朝各代中是極其少有的。

應該說，這與劉秀出身貴族，並從小接受寬厚仁愛的儒家教育有很大的關係。

如同對待家人一般，劉秀熱愛自己的功臣團隊，卻並不溺愛，對此他採取的做法是「退功臣而進文吏」。

「退功臣」的具體做法是，逐步解除一些功臣的實權，但又給予他們極為豐厚的賞賜和榮耀；然後「進文吏」，轉入文治，並通過察舉、征辟，大規模選召賢人入朝輔政。其中名儒伏湛就被征為尚書，杜詩被升為南陽太守。

在「退功臣、進文吏」的治理下，劉秀最終實現了「高秩厚禮，允荅元功；峻文深憲，責成吏職」的光武中興局面。

03

開創大唐盛世的唐高祖李淵，本人就是超級貴族出身。

李淵的遠祖，是十六國時期西涼開國君主李暠；李淵的祖父李虎，是西魏時期的太尉、八柱國之一；李淵的父親李昞，北周時曆官御史大夫、安州總管、柱國大將軍，襲封唐國公；李淵的外祖父，則是西魏的驃騎大將軍、北周時期的太保、衛國公獨孤信；李淵的母親，是隋文帝獨孤皇后的姐姐。

而李淵本人，則是隋煬帝楊廣的表哥。七歲時，李淵就襲封唐國公，後來起兵爭奪天下時，已是獨鎮一方的太原留守、晉陽宮監。史書對李淵的評價極高，說他為人灑脫，性格開朗，待人寬容。

提到大唐盛世的開創，儘管史書都過分吹捧李世民的功勞，但李淵無疑給了這個王朝很好的基礎：從一開始就有著博大、寬容的胸懷，這不僅表現在對功臣上面，而且表現在整個帝國的氣象之上。

再看「杯酒釋兵權」的趙匡胤，也是顯貴出身。

趙匡胤的高祖趙朓，在唐朝時曾官至幽都（今北京）縣令；曾祖趙珽，是唐朝的御史中丞；祖父趙敬，曾經歷任營州、

薊州、涿州刺史；父親趙弘殷，則是後漢的護聖都指揮使，在後周時任檢校司徒、封天水縣男爵，是掌管後周禁軍的大將。

在這種家庭出生長大的趙匡胤，本身也是後周掌管禁軍的大將，出任殿前都點檢。有了優越的家世薰陶培育，可以說，趙匡胤也是個準軍事貴族出身的官宦子弟，從小就格局遠大，並非猜忌多疑之輩。

趙匡胤熱愛讀書人，他的精神更是深刻影響了他的子孫。有宋一代，讀書人地位很高，帝王也相對寬容。

宋仁宗時，四川有個讀書人，給成都知府獻了一首詩，其中兩句寫道：「把斷劍門燒棧道，西川別是一乾坤。」意思是勸成都府進行割據獨立，這把當時的成都知府嚇得不輕，趕緊就將這個讀書人抓了起來，並上奏朝廷。沒想到宋仁宗聽說後卻很淡定，說：「這無非是老秀才急著想當官罷了，不足治也。」

接下來，宋仁宗不僅沒治這個讀書人的罪，還給了他一個閒職，做司戶參軍。試想此事若發生在朱元璋手下，這老秀才不被滅族才怪，但趙匡胤的子孫，顯然氣量比較大。

04

從另外一個角度看，年輕的開國皇帝，往往相對開明包容；而年紀越大的開國皇帝，往往越容易陷入一個猜忌多疑的怪圈。

所以，殺不殺功臣，也牽涉到一個很關鍵的因素，那就是開國皇帝的年齡。

西元前二〇二年，劉邦正式建立西漢時，已經五十五歲了。在漢初人均壽命低下的年代，這已經是一個垂垂老矣的年紀。因此，老來才正式創立帝業的劉邦，難免對自己的漢帝國和柔弱的太子劉盈懷有一種深深的憂慮感。

從西元前二〇二年建立西漢稱帝，到西元前一九五年去世，這七年間，劉邦一直忙著討伐各個異姓諸侯王，以翦除威脅。

楚漢戰爭結束後，劉邦前後共分封了八位功臣為異姓諸侯王，分別是楚王韓信、梁王彭越、淮南王英布、韓王信（與韓信不是同一人）、趙王張敖、燕王臧荼（臧荼後又分封盧綰為燕王）、長沙王吳芮。

這八個人中，楚王韓信，韓王信，燕王臧荼、梁王彭越、淮南王英布五個人相繼被殺；趙王張敖因為是劉邦之女魯元公主的丈夫而得以保命，被廢降為宣平侯；長沙王吳芮則裝瘋賣傻，將自己大部分領地讓給劉邦的子女，又將自己的部分精銳親兵分到荊王劉賈（劉邦堂兄）帳下，由此才得以免禍；繼任的燕王盧綰，則被迫逃亡，病死於北方匈奴境內。

可以看出，劉邦在建立西漢後，開始馬不停蹄地誅殺功臣，這與他老來登基，作為一個老年人具有猜忌和多疑的心理有很大關係。

因為在劉邦看來，兒子劉盈暗弱，各個諸侯王在外面又獨立強盛，如果不加以翦除，勢必危害到漢帝國的安全，所以他才在打敗項羽後，前腳剛分封，後腳就開始大規模屠戮功臣。

與五十五歲老來做皇帝的劉邦不同，劉秀稱帝時才三十一歲，趙匡胤稱帝時才三十四歲。由於年富力強、品性寬厚，所以劉秀與趙匡胤對於功臣並沒有老人那種多疑猜忌的心理。

另外，朱元璋稱帝登基時，也僅僅四十一歲。起初年輕力壯時，朱元璋與功臣們的關係還算融洽，洪武初年，每當有功臣去世，朱元璋甚至經常感傷不已。例如，「鄂國公常遇春卒，靈車之至，（朱元璋）親臨奠……痛哭而還」；大都督府同知康茂才在陝州病逝後，朱元璋甚至「親為文祭之」。

但隨著年齡增長，朱元璋越來越冷酷。應該說，年輕時長期緊張的戰鬥生活，在他心中種下了陰冷的種子。到了晚年，隨著國事的繁冗勞累，他的身體也每況愈下。當上皇帝後不久，朱元璋就「患心不寧」，得了心跳過速的病症，甚至常發高燒，「每心火炎上，喜怒不常」。心裡一煩，早期對待功臣和部屬的那種忍讓和細心便開始消失，經常想殺人。

回到開頭所說的故事「除刺」，朱元璋與劉邦一樣，也認為他的太子朱標太過文弱，擔心他難以震懾群臣，帝國江山可能在他死後不穩。

明朝洪武十三年（一三八〇年），朱元璋以「擅權植黨」的罪名殺掉宰相胡惟庸，並廢除中國存在了一千五百多年的宰相制度，從而開啟了明清兩代皇帝高度獨裁集權的歷史。為了協助太子「除刺」，洪武二十三年（一三九〇年），朱元璋又興起黨獄，以與胡惟庸交通謀反的罪名，殺掉了功臣李善長、陸仲亨等一大批功臣宿將，「所連及坐誅者三萬餘人」。

正當朱元璋努力為兒孫「除刺」的時候，洪武二十五年（一三九二年），太子朱標突然病故。六十五歲的老頭子朱元璋，無奈之下只得立皇太孫朱允炆為繼承人（即後來的建文帝）。

感覺到自己時日無多的朱元璋，覺得皇太孫朱允炆也是非常懦弱。在此情況下，他再次興起黨獄，將大將軍藍玉等全部誅殺，僅被滅族的就達一萬五千多人。整個大明王朝的開國老將及其家族幾乎全被誅殺，「功臣宿將相繼盡矣」。

對於這位老來更加猜忌多疑、冷酷殘忍的明太祖，清朝學者趙翼曾經評價說：

借諸功臣以取天下，及天下既定，即盡舉取天下之人而盡殺之，其殘忍實千古所未有。

朱元璋的殘忍，與他老來多病和對子孫後代的憂慮有著很大的關係。

05

對於劉邦的屠戮功臣，後世有人評論說，當時異姓諸侯王各自擁兵、形同割據，劉邦對他們的討伐和殺戮，其實也相當於是對漢帝國統一戰爭的繼續。

從後世的角度來看，也有道理，但從先秦漢初的時代來看，當時分封制是一種習慣做法，劉邦真正想做的其實是殺異姓諸侯王，改立自己的子孫親族等同姓諸侯王，並沒有後世所想的那麼高明和偉大。

西元前一九六年，就在出兵追擊盧綰之前，劉邦甚至強迫自己的臣子們發了個毒誓：「非劉氏而王者，天下共誅之。」這就是著名的「白馬之盟」。

由此可見，劉邦的真正用心所在，是鞏固自己的私家江山，並非追求一統。另外是否殺功臣也牽涉到幾個問題，那就是作為開國皇帝，究竟是要行「王道」還是「霸道」？是行「集權」還是「分權」？

對朱元璋來說，他屠戮功臣、廢除宰相制度，希望為子孫「除刺」，其實是一種行集權的帝王「霸道」；劉邦也是這樣，在翦除異姓諸侯王的過程中，建立一種集權的霸道。

對劉秀來說，他對於功臣團體的優厚賞賜，其實是一種行「王道」的仁義統治；趙匡胤也是這樣，「杯酒釋兵權」的背後，也是一種帝王權術、駕馭安下的「王道」。

相比「霸道」，施行「王道」的開國皇帝劉秀和趙匡胤，帝國國祚也照樣延續了兩百多年，並且分權行王道、連文人都不殺的宋朝，還成為一個讓後人感念至深的朝代。

這種殺不殺功臣的區別，還可以從一個朝代的滅亡時刻看出分別來。

一六四四年，李自成進京，從朱元璋時期就開始喜歡濫殺朝臣的明代，終於走到了最後時刻。崇禎皇帝敲遍黃鐘，群臣都無人來朝，他只能大喊著說：「諸臣誤我！諸臣誤我！」最終，他在煤山腳下上吊自盡，孤家寡人，好不淒涼。

而劉秀得到的回報，是無數開國功臣的後代，歷經兩百多年，即使到了漢獻帝末期，仍然為了整個大漢帝國奔走呼籲。其中，被劉秀封為「雲臺二十八將」之一的名將耿弇，他的後代耿紀，面對曹操的威權英勇起兵，試圖誅殺曹操，最終反被曹操所殺，「滅三族」。為了保衛東漢帝國，曾經擊破匈奴、震懾鮮卑、精忠報國的耿弇家族為劉秀和他的帝國，流盡了最後一滴血，「遂與漢俱興亡」。

不能不說，這也與功臣家族感念劉秀等東漢帝王的仁厚，有著至深的關係。

六、皇帝的旅遊日常——是玩樂，也是工作

乾隆四十五年（一七八〇年），一生最好遊玩的乾隆皇帝，第五次巡幸江南。

這一天，已經六十九歲的乾隆乘坐著御船，去往江蘇鎮江。離鎮江城還有十幾里水路時，遠遠就望見一枚顏色紅翠、無比巨大的「仙桃」立在岸邊。這使得一生吃喝玩樂、見怪不怪的乾隆，都覺得有點詫異了。

這仙桃究竟有多大呢？

乾隆皇帝的船繼續往前走，待到快接近大仙桃時，突然煙花齊放，「光焰四射，蛇掣霞騰」，場面炫目得讓周圍觀眾的眼睛都睜不開了。正當乾隆覺得有趣的時候，又是一聲巨響，大仙桃突然裂開，中間竟然出現了一個大劇場，上面有幾百個人，開始演奏一出《壽山福海》的戲曲，引得乾隆皇帝嘖嘖稱奇。

話說回來，能容納幾百個人和一座劇場的大仙桃，估計這人世間，也就只有那些善於揣摩乾隆心意的官員們才能做得出來吧？

01

自古皇帝大多愛出巡，但論耗費民力，乾隆絕對是此中的極品。

在《御制南巡記》中，乾隆不無得意地說：「予臨御五十年，凡舉二大事，一曰西師，二曰南巡。」對於自己的六下江南遊玩，乾隆得意得很，甚至將它與用兵西北，擊滅準噶爾餘部、平定新疆相媲美。可以想見，乾隆對於自己吃喝遊玩的行徑，該是多麼的引以為傲。

乾隆在位六十年（一七三六年到一七九五年），又當太上皇三年多（一七九六年到一七九九年），有好事者曾經做過統計，他一生至少有一百五十四次出巡：八十次巡視京畿，其中包括四十四次拜謁清東陵、清西陵，十七次到南苑行圍，十三次登盤山，六次出巡天津；此外，他還到過一次河南，五次去山東祭拜孔子、封禪泰山，六次西巡五臺山，四次東巡盛京，五十二次北狩，六次下江南。

02

乾隆愛好遊玩在帝王中創了紀錄，而在乾隆之前，秦始皇也時常四處出巡。秦始皇一生曾有五次大出巡，西至甘肅隴西，東至遼寧綏中大海，南至湖南衡山，無不留下他的足跡。

翻開《史記》可以發現，從西元前二二一年始皇帝統一天下，到西元前二一〇年他去世，這十一年間，除了有三年沒有記載外，其餘八年幾乎年年出巡。最終，始皇帝年僅四十九歲，死在了巡遊的路上，可以說，出巡幾乎耗盡了秦始皇全部的生命和氣力。

與喜歡吃喝玩樂的乾隆不同，秦始皇出巡，比較喜歡工作，例如巡視、祭祀各路神明。乾隆是繼承祖先康熙、雍正的老底，起碼中原大地還是太平的，可秦始皇剛剛平定六國，整個秦帝國境內並不安生，因此勤奮努力如始皇帝，自然要經常出巡察看了。

儘管大部分出巡都是工作，但在秦始皇看來，他巡視東方，其實還潛藏著秦帝國深處的祕密。彼時，東方六國剛剛平定，內部並不安定，而民間紛紛傳言「東南有天子氣」，於是始皇帝東巡，除了耀武揚威之外，也有「厭勝」東南王氣的目的。

坊間就紛紛傳言，南京的風水絕佳，但建都在此的王朝卻普遍壽命不長，原因就是當初秦始皇察覺此間有王氣，透過破壞山水的方式，破了金陵的王氣。

秦始皇是典型的工作狂，他深刻明白，「國之大事，在祀與戎」。對於一個古代皇帝來說，動盪時處理戰爭，和平時祭祀鬼神，是他應盡的職責。比起明朝那些能幾十年不上朝的嘉靖、萬曆皇帝，秦始皇簡直敬業得要命，他最喜歡做的事，就是到處祭拜秦帝國內的各路神明。

有一次，秦始皇封禪泰山，下山時，突然碰到狂風暴雨，無比狼狽，只好躲到一棵大樹下避雨。過後秦始皇非常感動，說：大樹，你為我遮風擋雨，我要好好感謝你，於是他給這棵大樹封了個官職，叫「五大夫」，這件事還正兒八經地載入了《史記》。

後世的小說家和電視劇作者喜歡寫皇帝微服私訪。但實際上，到了清代，康熙、乾隆之類的帝王已經不做這種事了，微服私訪風險太大，也是有不少教訓的。

以秦始皇為例。他喜歡出巡，儘管經歷過被荊軻刺殺事件，但還是樂此不疲。擊滅六國後，有一次他在出巡河南陽武一帶時，又碰上了刺客，雖然有驚無險，但身邊的護衛們，竟然在眼皮底下讓刺客給溜走了。

由此可見，即使有大軍護衛，帝王出巡也潛藏著巨大的安全隱患。

還有一件事，也給後世想微服私訪的皇帝們提了個醒。

在統一全國五年後，也就是西元前二一六年，秦始皇突發奇想，想著微服在首都咸陽城內私訪。於是，他帶著四名武士一起巡行，沒想到在咸陽城內的蘭池宮附近，竟然遇到了一夥不知道是強盜還是刺客的惡賊。秦始皇一度危急，還好隨行武士誓死擊退了敵人。事後，秦始皇被嚇得不輕，在整個關中地區戒嚴二十天大行搜捕，結果還是沒有抓到刺客。

而工作狂皇帝秦始皇也不能免俗，後期開始尋求長生不老。

感慨於人生苦短，秦始皇先是派遣徐福率領三千童男童女出海尋仙，又先後派遣燕人盧生、韓終、侯公、石生等人，到處去尋找長生不老藥。但眼看著都沒啥效果，急於求成的秦始皇決定親自出馬，到海上尋仙。

此前，秦始皇曾經多次巡視到遼寧綏中、山東琅邪等地海邊，然而始終沒見著神仙，這讓秦始皇內心感到深深的失落。為了彌補這種遺憾，他下令在咸陽城中的蘭池宮中，建造了蓬萊、方丈、瀛洲三座仙山，還「引渭水為池，築為蓬、瀛，刻石為鯨，長二百丈」。

到了生命的最後一年，西元前二一〇年，四十九歲的秦始皇親自出海了。

這一年，徐福在坑騙了諸多錢財後，擔心被秦始皇怪罪，於是忽悠秦始皇說：我本來是可以到達蓬萊仙山採集長生不老藥的，但是我每次一出海，就老是有大鮫魚阻撓我們的船隊，所以我懇請皇帝您派遣一些神箭手跟我們一起出海，去射殺這些大魚。

聽說只要射殺了大魚，就可以到達蓬萊仙山了，秦始皇浮想聯翩，馬上下令，準備「連弩」和「捕巨魚具」出海。

秦始皇跟著船隊一路出海，終於在快到山東之罘（今山東煙臺的芝罘島）時，見到了一條「巨魚」，他馬上下令，將這條大魚射殺。

神仙沒見著，長生不老藥更是影子都沒有。在歸途中，秦始皇一病不起。這位千古一帝，最終在出巡中耗盡了生命的最後氣力，病死在趙武靈王殞命的河北邢臺沙丘一帶。

03

與秦始皇一樣，漢武帝也非常喜歡到處出巡。據《漢書・武帝本紀》記載，從西元前一二二年至西元前八十七年，這三十五年間，漢武帝僅僅外出祀神、巡行、封禪就達二十九次之多。而且，漢武帝比秦始皇更喜歡出海尋仙和找長生不老藥。

漢武帝的體力、耐力也非常驚人。

我們來看看漢武帝在五十歲這一年的出巡路線，就可以知道這位皇帝，在古代艱難的交通環境下，體力和精力是有多麼驚人：西元前一〇六年，他從長安出發，先到達盛唐（安徽六安），然後登天柱山，又從尋陽（今湖北黃梅一帶）過長江，並親自在江上射殺了一條蛟。船隊浩浩蕩蕩，舳艫千里，又北上山東琅邪出海，去尋找神仙，無奈因為海風太大，最終才返航回岸。

此後在五十七歲、六十歲，甚至在他去世前兩年的六十七歲時（西元前八十九年），漢武帝還親自從山東出海尋仙。

不僅是喜歡出海尋仙，漢武帝還喜歡約匈奴人單挑。元封元年（西元前一一〇年），他親自率領十八萬大軍，從陝西長安穿過上郡、西河郡、五原郡，穿越長城，登單于臺，最後抵達位於今天內蒙古一帶的北河地區。

漢武帝派遣使者昭告匈奴單于說：「你們單于能戰，我們天子（漢武帝）將親自在邊境和你決戰；你要是不能戰、不敢戰，那就快點來投降，你整天逃亡藏在那些苦寒的地方，有什麼能耐！」

匈奴人看漢武帝這架勢，自然避開鋒芒不戰，於是乎，漢武帝最後率領著十八萬大軍打了個空轉，又回去了。

然而，好大喜功的漢武帝也將漢代初期數十年的國庫積蓄揮霍一空了。經過連年戰爭，境內百姓流離失所、生活悲苦，加上天災人禍，到了漢武帝晚年時，漢帝國內部已是內患重重。

元光三年（西元前一三二年），黃河瓠子段（今河南濮陽西南）發生決口，以致黃河改道殃及十六個郡治百姓，但是漢帝國對此不聞不問，放任黃河氾濫。

這種狀況一直延續到二十年後。當時，漢武帝前往泰山封禪，途中才發現黃河氾濫竟然給百姓帶來了如此深重的災難。他當即命令隨從將軍以下人員，全部背負柴薪，堵塞瓠子地區的黃河決口，並親自寫了《瓠子歌》進行自我反省：「不封禪兮安知外！為我謂河伯兮何不仁，氾濫不止兮愁吾人。」

在外出巡遊的旅途中，漢武帝逐漸感覺到了生命的流逝和無可奈何，他在一次出遊汾河的旅途中，寫了《秋風辭》：「歡樂極兮哀情多。少壯幾時兮奈老何！」

即使是再偉大的君王，也在生命的旅途中，感受到了悲傷與寂寞。

在逝世前兩年，也就是西元前八十九年的最後一次出巡中，當時已經是六十七歲老人的漢武帝，在山東的海邊等了十幾天，最終也沒能見到神仙的影子。歸途中，他路過山東矩定（今山東省廣饒縣），看見田裡正在忙耕種的農民，非常感動，於是親自下到田裡和百姓一起耕種。

後來，他下了一道罪己詔，決定與民休息，這才使得漢武帝末期動盪不安的國內局勢逐漸好轉，並為後來的「昭宣中興」奠定了基礎。

04

帝王在出巡旅途中的孤獨和悲哀，隋煬帝楊廣也深刻感受到了。

隋朝大業五年（六〇九年），隋煬帝楊廣巡行西北，親自率領數十萬大軍從長安遠赴河西走廊。他沿著渭河，越過隴山，繞寶雞，經青海樂都，穿越大鬥拔谷（今甘肅省民樂縣扁都口），最終橫貫祁連山，到達甘肅張掖，並在此會見西域二十七國使者。

在當時所作的《飲馬長城窟行》一詩中，隋煬帝寫道：

千乘萬旗動，飲馬長城窟。秋昏塞外雲，霧暗關山月。

河西之行歸來後，隋煬帝又先後發動百萬軍民營建東都洛陽，三次遠征高麗，還先後三次巡遊江南。由於濫用民力，大隋帝國境內烽煙四起。

在連續多年征戰與窮奢極欲後，隋煬帝終於在去往江南的旅途中，走到了生命的盡頭，被內部的叛軍縊殺於江都城中。

對於這些過往的帝王，乾隆皇帝似乎看到了一面鏡子。在晚年，他似乎終於有所感悟，儘管他一生的出巡也多有祭拜皇陵、撫慰蒙古王公、禮祭孔廟等國家公務，但他在退位當太上皇後，有一次對臣下自我反省說：「朕臨御六十年，並無失德，惟六次南巡，勞民傷財，作無益，害有益。」

是的，古來君王出巡，有公務也有私幸，耗費民力者如秦始皇和隋煬帝，最終死在出巡途中，換來身死國滅的結局，而能自我反省的君王，最終才能換來帝國的延續。

七、皇帝的整人日常——天子也喜歡「惡作劇」

雍正五年（一七二七年）正月，黃河水變清。雍正帝收到一起祥瑞之兆的奏報，龍顏大悅。

一個叫鄒汝魯的官員，逮著時機，作了一篇《河清頌》，進獻皇帝。

沒想到，還未出正月，雍正就傳下諭旨，對鄒汝魯劈頭大罵。沒有其他原因，僅僅因為《河清頌》裡邊有一句話惹怒了皇帝。

這句話叫「舊染維新，風移俗易」。歌功頌德的詞，往往說者無心，聽者有意。這八個字，讓雍正聯想了很多，乃至上綱上線，開始揣測鄒汝魯的居心。

01

雍正說，朕登極以來，各項制度都效法皇考康熙帝的做法，未作更張，鄒汝魯用「舊染維新，風移俗易」，不知其出自何心，亦不知其何所指！

當雍正看到這幾個字的時候，他馬上想起了《尚書》的原文「舊染汙俗，咸與維新」。意思是，沾染惡習或犯過錯誤的人，准予他改過自新。又聯想起自己登上帝位後的風言風語，他認定鄒汝魯是有意化用這個典故來「譏訕」自己。

雍正在諭旨裡說，天下出現黃河水清的祥瑞，但朕並未讓你們進獻詩文呀，鄒汝魯這麼積極主動，又在詩文內夾雜悖謬之語，「顯系譏訕，甚屬可惡」。

這可把鄒汝魯嚇慘了，原本想著投皇帝所好，拍皇帝馬屁，莫名其妙拍出一個大逆不道來。

鄒汝魯趕緊上了供詞，說自己讀書少，從沒讀過《尚書》，不是有心引用。

皇權面前，解釋就是掩飾。鄒汝魯最終被革職，發往荊州府沿江堤岸工程效力，還算是寬大處理吧。

在此一年前，另一個本意阿諛奉承的官員，下場可就沒這麼好了。

02

雍正二年（一七二四年），皇帝的大舅子、大將軍年羹堯進京，雍正又是賜孔雀翎，又是噓寒問暖。他曾肉麻地對年羹堯說過：「朕實不知如何疼你，方有顏對天地神明也。」；「朕此生若負了你，從（天地）開闢以來未有如朕之負心之人也。」

此時的年羹堯寵遇有加，扶搖直上。他剛剛平定了青海的叛亂，幫助新上位的皇帝穩住了西北局勢，可謂戰功赫赫。

為了彰顯年羹堯的豐功偉績，雍正還要求天下人和他一起「傾心感悅」年羹堯，否則便不是他的臣民。

在這種膜拜、塑造當朝英雄的氛圍中，江蘇武進人錢名世給年羹堯大將軍獻了一首詩。

錢名世和年羹堯頗有些淵源。二人的字都叫「亮工」，二人同年鄉試中舉，只是年參加的是北榜，錢參加的是南榜。

但除此之外，二人其實沒有更多交集。錢名世在康熙四十二年（一七〇三年）中了探花，是《明史》寫作班子成員。他確實很有文才，據說當年跟萬斯同編《明史》，萬斯同口述，他負責記錄，如瓶瀉水，順暢得不得了。

不過，錢名世的人品有爭議。萬斯同病逝後，他主持完喪事，把老師的藏書也卷走了，還將部分手稿據為己有。

年羹堯炙手可熱的時候，錢名世在翰林院侍講的閒職上，響應雍正的號召，贈詩歌頌年羹堯。

詩中有「分陝旌旗周召伯，從天鼓角漢將軍」；「鐘鼎名勒山河誓，番藏宜刊第二碑」等句子，說的是年羹堯武功蓋世，堪比衛青、霍去病，建議在康熙平藏碑之後，為年羹堯立一碑，永紀戰功。

誰知道政治翻雲覆雨，形勢很快急轉直下，這首詩就成了錢名世的罪證。

03

雍正三年（一七二五年）二月，年羹堯上賀表，頌揚皇帝「朝乾夕惕，勵精圖治」，但把「朝乾夕惕」誤寫為「夕惕朝乾」。

雍正總算抓到了年羹堯的把柄，遂拿這件事開刀，說年羹堯「不欲以朝乾夕惕四字歸於朕耳」，又說年羹堯「謬誤之處斷非無心也」。

實際上，這個讓雍正「不知如何疼」的大舅子，這時功高震主，又有結黨之嫌，雍正已經在找機會把他做掉，還要做得漂漂亮亮。

於是文字成了雍正的工具。

很快，年羹堯被連續削權降職，又被下獄。雍正發動眾大臣，大家一共給年羹堯羅列了九十多款罪名，其中應處極刑的就有三十多條，簡直是天下奇觀。

年羹堯最終被勒令自裁而死。

年羹堯死後三個月，雍正四年（一七二六年）三月底，有人給皇帝打小報告，說錢名世「作詩投贈年羹堯，稱功頌德，備極諂媚……應革職，交刑部從重治罪」。

官吏之間相互告訐是清代文字獄密布的原因之一。統治者極力提倡和鼓勵告密，使整個社會遍布渴望邀功進寵的眼睛。錢名世就是這樣，作為別人的獵物，進獻到皇帝面前。

雍正整人的天賦和想像力，在這一刻被激發了出來。他說，錢名世「頌揚奸惡，措詞悖逆」，但罪不至死，該怎麼懲處呢？他創造性地想到了兩條辦法：

第一，雍正親書「名教罪人」四字，讓人製成匾額，令錢名世懸掛在自己家中，還讓地方官不定時上門檢查，以防錢名世偷偷把匾額摘下來。

名教，就是名聲與教化，是古代社會對知識分子規定的禮法規範和道德標準。崇奉儒家封建禮教的古代士人也稱「名教中人」。所謂「名教罪人」，就是敗壞儒林道德，玷汙名教聲譽，為「名教中人」所不齒的士人。

第二，雍正下令在京官員中凡舉人、進士出身者，每人都要寫詩，批判錢名世。這些詩匯總後須呈御覽，由雍正看過後，沒問題再交給錢名世，讓他自己出錢刊印這本羞辱他的詩集。

04

錢名世一案是雍正整人的一次操練，所以他本人跟得很緊。按照他的要求，在京符合條件的近四百名官員真的每人寫了一首詩，對錢名世進行批判和謾罵。有人說，這是一次士大夫階層集體折腰的批判運動。

因為是開創性的工作，雍正很上心。他真的花了工夫，把批判詩一首一首看了。他用他的評價標準，對這些詩進行了評判。

寫得好的，表揚。一個叫陳萬策的官員的詩裡有兩句「名世已同名世罪，亮工不異亮工奸」，獲得雍正好評。

這兩句詩巧妙地化用了錢名世的名和字，對仗工整，罵人罵出了新高度。其意思是說，錢名世是和戴名世（康熙朝《南山集》文字獄首犯）一樣的大罪人，又是與年羹堯（和錢名世表字相同，都叫亮工）一樣的大奸大惡。

對雍正來說，讓官員集體寫批判詩，除了公開羞辱錢名世，還有更重要的目的——每一個官員在寫作過程中都應該反躬自問，我有沒有和錢名世一樣的念頭，然後果斷掐滅。

那些寫得不合皇帝心意的詩作，也因此被認為是思想認知上出了問題。

有六人因為問題不大，雍正給予了重寫的機會，重寫後勉強過關。有三人，都是錢名世的同事，因為認識不到位，批判如隔靴搔癢，被雍正以「謬誤舛錯」、「文理不通」等名義，革職回鄉。

最慘的是錢名世的另一個同事，翰林院侍讀吳孝登，他的批判詩被指「謬妄」，流放寧古塔為披甲人奴，所受處分竟比錢名世還重。

由此不難看出，雍正把寫批判詩當成了檢驗官僚隊伍忠誠度的一次契機。

雍正在上諭裡，已經把他的意圖闡釋得明明白白：

其人（指錢名世）為玷辱名教之人，死不足蔽其辜，生更以益其辱……朕君臨天下，凡一顰一笑皆系天下之觀瞻，故內外臣工有賜以匾額者，非僅勉一人，欲使大小臣工各思淬礪，以盡臣職也。

錢名世諂媚奸逆，特書與匾額，令諸臣賦詩以昭懲創者，亦非僅為此宵小一人，蓋欲使天下臣工知獲罪名教雖靦顏而生，更甚於正法而死。

雍正的話裡包含了兩個意思：第一，不對錢名世做物理攻擊，而是對他使用精神羞辱，是要讓他生不如死，讓他靦顏活在世上；第二，如果只是為了整錢名世，不用如此大動干戈，錢名世的個案，是做給所有官員看的。

05

諷刺的是，三百八十五名寫詩批判錢名世、涉險過關的官員中，至少有兩人後來也成了「錢名世」，同樣成了被整的人。其中一個，叫查嗣庭。

查嗣庭，浙江海寧人，進士出身，因隆科多推薦，任內閣學士，兼禮部左侍郎。在奉旨寫詩批鬥錢名世時，他那首詩是這樣寫的：

羞惡廉隅了不明，讀書堪笑負平生。昧心語已顏忘赧，悖理辭尤惡貫盈。一網開恩寬斧鑕，百年遺臭辱簪纓。從今負罪歸鄉里，掩口人慚道姓名。

但他沒想到，僅僅幾個月後，他的命運就跟他詩裡寫的一樣，他也被批倒搞臭。他的名字，人們也羞於提起。

查嗣庭被批鬥，是因為有人舉報他主考江西期間，出的考試題目動機不純，別有用心。但因為要從那些題目聯想到顛覆雍正的合法性，必須要有雍正這麼敏感而奇葩的腦回路才行，一般民眾根本無法想像，所以民間以訛傳訛，出了一個簡潔版的版本，說查嗣庭出的題「維民所止」，「維止」兩字，正好是「雍正」兩字去頭。

實際上，查嗣庭出事的根本原因在於，他是隆科多舉薦的人。像年羹堯一樣，隆科多被雍正用完就扔，就像拔出蘿蔔帶出泥，是免不了牽連的。文字上的犯禁，不過是羅織罪名的需要罷了。

雍正整人，慣常的操作手法正是這樣：先定人有罪，然後從他的文字，包括日記中翻找罪證，各種附會解讀，總可以找到你「大不敬」的蛛絲馬跡。

舉個更典型的例子。廣西人陸生楠，本來要升官了，但面見雍正時，雍正對他印象不好，於是指示人去查他。查了半天，陸生楠只寫歷史，不寫時政。但是很抱歉，寫歷史也有政治問題。

而查到這些還不夠，雍正甚至赤裸裸地說，你們看看這個陸生楠，用的紙這麼小，寫的字這麼細，「蹤跡詭秘」，他當初的功名一定是作弊得來的。

既然皇帝都下結論了，陸生楠有沒有作弊，還很重要嗎？

說回查嗣庭。查嗣庭最終瘐死獄中。但這事情還沒有結束，雍正命人將他戮屍示眾，繼續做戲給活人看。

批鬥者，轉身就成了被批鬥者。這是雍正整人術最可怕的地方。

06

總之，錢名世案之後，雍正整人的技術上了一個新臺階。對於靈魂羞辱的手法，越練越純熟。

錢名世案的次年，鄒汝魯案的同一年，雍正指使人開始「修理」雲貴總督楊名時。楊名時很注重個人聲譽，一直以聖人君子自我要求。也許正是這一點，被雍正認為是沽名釣譽，遭到了雍正的忌恨。

雍正曾頗有深意地說，楊名時是「有名人物，漢人領袖」。他決心對這名士人領袖下手。審訊楊名時的時候，好不容易審出了他的一條罪證：他曾收受手下四匹緞子和一對金杯。

面對這十分難得的進展，雍正卻不滿意。他後來跟心腹大臣鄂爾泰說：

若不先治其假譽，反成伊千百世之真名矣……此輩假道學，實系真光棍，誠為名教罪人，國家蠹毒，若不殲其渠魁，惡習萬不能革。但此種類，若不治其名而治其身，反遂伊之願也。

意思很明顯，針對楊名時這樣的人，不批倒、搞臭他的名聲，只是從肉體上去懲罰他，是意義不大的，反而會助長他的名氣。

雍正始終認為，搞倒楊名時並不真的是要弄死他，而是要撕破這樣一個士人領袖的「假道學」偽裝，給全國科甲出身的士人一個深刻的打擊和教訓。

可見，這個案子的套路，跟他整錢名世如出一轍。

又過了兩年，雍正七年（一七二九年），曾靜案爆發。

湖南落第書生曾靜指派學生張熙投書，策反封疆大吏岳鐘琪一事被告發。該案牽涉範圍之廣，實屬空前。因查出曾靜受反清志士呂留良思想影響，儘管後者已經死了半個世紀，但還是遭到剖棺戮屍。呂氏後人或被鞭屍，或被斬首，或流放為奴，慘不忍睹。

但是，出乎所有人的意料，曾靜案的兩名主犯，關了一年大牢後，竟然沒事。不是雍正寬容，而是他又發明了新的整人辦法。

雍正將曾、張二人的口供和懺悔書，連同批判文章，編輯成書出版，命令各地學校都要收藏此書，好讓讀書士人、鄉曲小民都讀得到。

這還不過癮。二人被命為義務宣講員，到各地現身說法，當眾作踐自己，真誠懺悔，痛哭流涕地傾訴皇上的大恩大德，並逐條批判他們對雍正進行過的指責，消除社會不良影響。

整個清代，順治、康熙時還有明遺民的兩根硬骨頭在撐著，經過雍正這麼一操作，在心靈上或鞭打，或「按摩」，已經沒有人知道骨氣這兩個字是什麼意思了。

07

在整人這方面，雍正的兒子乾隆，可謂得到了父親的「真傳」。

根據歷史學家統計，乾隆一朝，有各種類型的文字獄案件一百多起，幾乎占了整個清朝全部文字獄案件的百分之七十左右。這些文字獄對當時和此後中國社會文化的發展，產生了極為惡劣的影響。

江蘇人徐述夔中過舉人，但參加會試時，被認為答題語出不敬，遭到禁考的處罰。從此，他回到故鄉以詩酒消愁，晚年才得到一個揀選知縣的身分。他病逝後，他的兒子徐懷祖將其詩集《一柱樓詩》等著作刊刻發行。這本詩集為後來的事情埋下了禍根。

大約十幾年後，徐懷祖也病故了。這時，徐懷祖的兒子徐食田與同鄉大家族蔡家發生土地糾紛。蔡家人放言，如果徐食田不讓步，他們就將其祖父的遺著《一柱樓詩》呈交朝廷，因為他們發現，詩集裡有「詆毀本朝」的句子。

這件事從東臺縣衙一直鬧到了省裡。江蘇布政使陶易最終認為，蔡家是挾私報復，故將案子壓了下去。

但蔡家並不死心。

僅僅兩個月後，蔡家又托人將《一柱樓詩》遞給了江蘇學政劉墉。劉墉的政治敏感性很高，旋即將此事報告乾隆。

乾隆看完詩集，震怒。他從徐述夔的詩集中，翻出了兩句詩——「明朝期振翮，一舉去清都」，然後解讀說：「借『朝夕』之『朝』，作『朝代』之『朝』，且不言『到清都』，而云『去清都』，顯有欲與明朝去本朝之意……實為罪大惡極。」

但按現在的理解，乾隆顯然對這兩句詩作了過度解讀。徐述夔不過是把自己比喻成一隻鶴，希望展翅高飛罷了，卻因為出現了「明」、「清」等字眼而給了多疑的乾隆整人的「藉口」。

乾隆命兩江總督薩載和江蘇巡撫楊魁調查這起所謂「逆詩重案」。其實，皇帝本人已經有結論了，也不用調查有罪與否，只需要確定涉案人員的波及面有多大。

最後，因為一本詩集，已經去世的徐述夔、徐懷祖父子二人遭開棺挫屍、梟首示眾；徐食田、徐食書兄弟被判斬監候，秋後處決；徐述夔整個家族，年十六歲以上者，皆處斬，十五歲以下男丁及女子，皆付給功臣之家為奴，共兩百餘人受到牽連。

不僅如此，連為《一柱樓詩》寫跋、校對、刊刻的人，也受到處死或流放的罪罰。著名詩人沈德潛儘管已去世多年，但因為曾為徐述夔寫傳記，受該案連累，其禮部侍郎官爵、尚書加銜及「文愨」諡號盡被革去，御制祭葬碑文一併被毀，其在鄉賢祠內的牌位亦被撤去。

《一柱樓詩》案爆發三年後，乾隆四十六年（一七八一年），乾隆西巡五臺山返程經過保定，退休官員尹嘉銓讓兒子給皇帝送去了兩份奏摺。

直隸博野（今河北保定博野縣）人尹嘉銓，出身理學世家。他的父親尹會一，因為孝順而聞名，官至吏部侍郎。尹嘉銓為官時，曾奏請乾隆皇帝，提出讓八旗子弟讀朱熹編寫的兒童教育讀本《小學》，深得乾隆贊許。此後，尹嘉銓以名儒自居。

乾隆經過保定時，尹會一已去世三十多年，尹嘉銓則退休在家。尹嘉銓讓兒子帶給乾隆的奏摺，內容是請求皇帝把尹會一和名臣湯斌、范文程、李光地等一併從祀孔子，並請求給尹會一一個諡號。沒想到，乾隆看後怒氣衝天，御筆朱批：「竟大肆狂吠，不可恕矣！」

尹嘉銓為了光宗耀祖，竟然敢向乾隆索要「家族榮譽」，真是老糊塗了。但乾隆對於尹嘉銓的「過分要求」，並不是罵兩聲就完事了，他想到背後肯定有更深層次的陰謀。於是，他當即下令革去尹嘉銓的頂戴，交給刑部審訊，並指定官員前往抄家，而且特別囑咐，一定要留心搜索檢查「狂妄字跡、詩冊及書信」。

這位皇帝又想從文字入手整人了。

而刑部的人終於從尹嘉銓的文章中查到了兩處「大逆不道」的地方：一處是，尹嘉銓寫有「為帝者師」的字句；另一處是，尹嘉銓自稱「古稀老人」。

對於前一處，乾隆自己批駁道：「尹嘉銓竟儼然以師父自居，無論君臣大義不應加以妄語，即以學問而論，內外臣工各有公論，尹嘉銓能否為朕師父？」

對於後一處，刑部的人指出，當今聖上已經寫了《御制古稀說》，皇帝臨御四十六年，勵精圖治，這才是「自古所稀」，你怎麼敢妄稱「古稀」呢？

人生活到七十，按慣例就稱「古稀」，誰知道到了乾隆這邊竟成了皇帝的專用詞了？尹嘉銓沒有辦法，只能說自己「狂悖糊塗」。

最終，七十餘歲的尹嘉銓被判處絞立決。乾隆還特地解釋說，他本意不想殺人，但「為世道人心起見，不得不明示創懲以昭炯鑒」。那個只想著藉由皇恩浩蕩來光宗耀祖的尹嘉銓，恐怕到死也搞不清楚，自己怎麼就成了皇帝殺雞儆猴的犧牲品。

關於尹嘉銓的結局，清代的野史筆記還有另一種說法，說在執行絞刑前，乾隆召見了尹嘉銓，將他數落一番，准其免死，讓他回家種紅薯。尹嘉銓千恩萬謝，說我以後天天燒香祈求上天保佑聖上，我爭取活到一百歲，不敢一天間斷。乾隆哈哈大笑說：「汝尚欲活至百年乎？」於是揮手讓尹嘉銓出去。

兩種結局雖然相去甚遠，但對於乾隆而言，意義是一樣的。只要讓人對他服服帖帖。

第六記：浮生記富

一、古代富豪發家祕笈——發財是有技巧的

西元前四七三年，拉鋸多年的吳越爭霸終於進入了尾聲。

越軍一舉攻破姑蘇城，被圍困數年的夫差出逃，留下一句「孤老矣，不能事君王也」，然後引劍自刎，吳國滅亡。

自此，越王勾踐統領江淮一帶，成為新一代霸主。

眼看著越國萬丈高樓平地起，作為大功臣之一的范蠡卻向勾踐遞了辭呈，乘著一葉扁舟「浮於五湖」。

效勞越國多年的范蠡，說走就走，不過是因為早已洞穿人心：「飛鳥盡，良弓藏；狡兔死，走狗烹。」

但范蠡的傳奇人生並不隨著他離開越國而終止。在六十多歲的時候，他憑藉一副好頭腦，從著名謀臣搖身一變，成為了天下巨富。

更傳奇的是，他歸隱後「十九年之中三致千金，再分散與貧交疏昆弟」，聚財散財，皆泰然自若。經過史籍的記載和傳頌，范蠡被後世譽為商聖、商祖，其經商之道更是引得後人前仆後繼地鑽研。

兩千多年間，總有一些人「複製」了范蠡的「發財」之術，但卻很少有人「拷貝」他的「散財」之道。所以，歷史上鮮有富豪能夠重寫范蠡式的完美結局。

01

范蠡出身普通，但在街坊鄰居眼中早就是個出了名的人物：「其為結童之時，一癡一醒，時人盡以為狂。」

范蠡之狂，狂在他一介草民，卻胸懷奇才，深諳霸王之道。

范蠡辭別越國後，一路北行至齊國，停在了一塊臨海之地上。范蠡一眼便察覺出這是塊寶地——適合發展農耕經濟。於是，范蠡帶著家中老小在這片臨水之地發展農牧業，很快便攢下了第一桶金，「致產數十萬」。

齊國聽聞他賢良，邀他為相。但他重返官場不久，便發出了新的感慨：「居家則致千金，居官則至卿相，此布衣之極也。久受尊名，不祥。」於是他歸還相印，散盡家財，繼續遊歷。

很快，他又找到了第二塊寶地，並且在那裡將自己的哲學思想、軍事思想運用起來，再次開創了一番商業傳奇。

范蠡認為，「陶」的地理位置極佳：「天下之中，諸侯四通。」而交通便利，人口旺盛，這是經營貨物交易的重要條件。隨後，范蠡再次從農耕和畜牧做起，等有了產出以後，便開始組織運輸、銷售，將貨物運往多地，順道還開起了屠宰、飲食、釀造、皮毛加工廠等周邊產業。

也在此時，他把自己喚作朱公，後人尊稱他為陶朱公。

他做生意，大多是運用了從師父計然那裡繼承的謀略，最為著名的，莫過於「時用知物」、「貴出賤取」、「薄利多銷」等經商策略。

縱觀范蠡隱退官場後的發家史，不難發現，經商首先要找對地方，該地的生產條件和販運條件，缺一不可。

關於擇地治生，趙國冶鐵富商卓氏也深以為然。當年秦國攻破趙國之際，趙人被迫遷徙，不少人都掏出家當走門路，指望能分到近一些的地方。而卓氏卻與這些人不同，主動提出要遷往較為遙遠的「汶山之下」，原因在於那裡土地肥沃、物產豐盈，容易發展商業。最後，卓氏一家來到了臨邛，開山冶鐵，後來過上了十分優渥的生活，「田池射獵之樂，擬於人君。」

其次，范蠡緊緊抓住了農牧業的重要地位。曾有窮人猗頓專門拜訪陶朱公，詢問如何致富，陶朱公告訴他：「子欲速富，當畜五牸（雌性牲畜）。」聽罷，猗頓照辦，找了個地方養牛羊等牲畜，很快便累積起財富，隨後再發展鹽業，也成為一代富豪。

最後，范蠡以農牧為基業，發展相應的手工業，隨後利用地理位置的便利構建起龐大的運輸、售賣網路。這種連接多地的長途販運生意，是富上加富的重要手段。

孔子最富有的學生子貢也是長途販運裡的佼佼者之一。

那些年，子貢在周遊列國的途中，逐步摸清了各國行情，關於何地盛產何物，何地緊缺何物，他都了然於心。隨後，子貢便採取賤買貴賣的策略，採購各地「土特產」在不同的地方進行交換，從而獲取利潤。

范蠡在後世之所以被尊稱為商聖，受到供奉，最主要的原因是其經商策略洞悉了市場規律，小至發家，大至治國，皆能讓人有所收穫。其次，便是他誠信經營、仁能去富的精神讓人欽佩不已，畢竟在人的欲望下，散財可比聚財難多了，如太史公所言：「此所謂富好行其德者也。」

02

像范蠡這樣兢兢業業、穩紮穩打發家的有錢人自是受到敬仰，但靠「運氣」發家致富的人，更讓人充滿好奇。

這就不得不提到漢文帝寵臣、壟斷鑄錢業的鄧通。

鄧通小時候，家境還不錯，平時一邊讀書一邊到河裡捉魚摸蝦。然而，書沒讀進去，「馴服」水的本事倒學了不少。

某日，他年至弱冠，該想想未來的出路了，當時朝廷用人還不依靠科舉制，由下至上薦人的察舉制也還未興起，按照鄧通的文才水準，被官府指名徵召的概率小之又小。所以，他只能靠家中財力前往京師，謀個郎官，等個被朝廷重用的機會。

他的夢想很快就實現了。靠著划船這一項特長，鄧通被徵召到皇宮裡做黃頭郎，掌管行船。

鄧通的發家史，從這裡開始，便如同讖緯之學盛行的漢朝一般，蒙上了一絲玄幻色彩。

根據史書記載，鄧通與漢文帝的相識來自於一場夢境。某日，漢文帝夢見自己要上天，但怎麼都差一點。這時，忽然有一位衣帶系結在背後的黃頭郎推了他一把，然後就成功了。夢醒之後，漢文帝對夢境念念不忘，於是來到了未央宮蒼池中的漸臺，仔細觀察有無夢中人，而很巧的是，鄧通那天就是這麼穿衣的。

漢文帝問其姓名，不問不知道，一問嚇一跳，對方姓鄧名通，那不就是登天的意思嗎？漢文帝大喜，把他召到身邊來，天天跟他一起玩。

這時，鄧通的另一個特長就派上用場了：他十分善於阿諛奉承，總是把漢文帝哄得很開心。漢文帝一開心就賞錢給他，累計下來，鄧通得到的賞錢「巨萬以十數」，官職也達到了上大夫。

但這樣還不夠，鄧通走上了「錢生錢」的道路：壟斷漢文帝時期的鑄錢業。

根據史書記載，相士對鄧通發表「當貧餓死」的判語，漢文帝就決定將蜀郡嚴道縣的銅山賞賜給他，允許他鑄錢。但有學者提出，這個賞賜並不單純是一個寵幸弄臣的故事，背後還潛藏著漢文帝要打破吳王劉濞壟斷錢幣市場的動機，以此保證中央財政安全。

鄧通所鑄錢幣，許是出於以質取勝、占領市場的目的，從來不摻假，與國家貨幣標準相同，因此，不久後鄧錢也確實廣布天下，保證了漢朝的財政安全。

但是，當漢景帝上臺後，鄧通的好日子就到頭了。漢景帝因舊時鄧通為漢文帝吮吸癰瘡一事，記恨至今，一即位便用罪名把鄧通的官給免了，隨後收回銅山，沒收家產。曾富甲天下的鄧通，最後身無分文，死在了別人家中。

這下場，竟應了當初相士「當貧餓死」的預言。鄧通的一生，玄得讓人有些懷疑其真實性，但無論如何，有個道理倒是真的：光靠一張嘴和賞賜得來的東西，終歸是要「還」回去的。

03

有的人靠賞賜發家，還有的人靠搶劫發家，此人，乃西晉首富石崇是也。

石崇是富二代，但父親臨終前卻沒把財產留給他，只留下一句預言：「此兒雖小，後能自得。」儘管他聽了一頭霧水，但事已至此，也沒辦法了。

士族出身和良好的教育，讓石崇二十多歲便當上了修武縣令，以有才著名。由於確實有兩把刷子，石崇的升遷之路一直都較為順暢，但是也因為有才能、受器重，他行事經常十分狂野，不是個省油的燈。

在荊州任職之時，他竟然搶起了山賊的飯碗，劫掠遠行的使者和商客，取得巨額財物，由此一躍登上首富之位。當上首富以後，他的行為就更加狂放不羈了，以炫富、鬥奢聞名。

生活質樸的高官劉寔到他家拜訪時，恰逢三急需要上廁所。他來到廁所，卻見裡邊陳設絳紗帳大床，還有兩位美女持錦香囊迎接，嚇得他趕緊往回跑，跟石崇連聲道歉：不好意思，剛才誤入你的臥房了。

石崇回一句：不用懷疑，那就是廁所。

當王愷給他炫耀皇帝賞賜的二尺高珊瑚樹時，石崇竟然拿出了一把鐵如意，毫不含糊地把這珊瑚樹擊碎。王愷被氣得半死，厲聲喝斥，石崇卻淡淡地來了一句：沒什麼好惋惜的，還你一棵就是了。於是，他命人取來了家中所有的珊瑚樹，均約三四尺高，枝幹都堪稱一絕，流光溢彩。

見這陣仗，王愷也無話可說了。

這樣的事，比比皆是。而他這樣狂妄的性格，也給自己埋下了禍根。

由於政治鬥爭，石崇受牽連失勢，發動政變的司馬倫黨羽孫秀故意向石崇索要其愛妾綠珠，石崇一口回絕。孫秀懷恨在心，便找機會抓了石崇。

臨死前，石崇在囚車上慨歎道：「這些奴才是想謀我身家啊！」隔壁的押送人員聽罷，回了一句：「知道是家財害了你，為何不早早散去？」

石崇語塞。最後，一家老小共十五人，皆被殺害。
不義之財，取了也守不住啊。

04

在以小農經濟為主導的古代，多數統治者對於商業持有的是不能放棄、也不能放任的態度。商人參政，素來為統治者所忌憚，尤其是特別有錢的商人。

在這樣的背景下，清末竟然有位商人逆向而行，從商場滲透進官場，成為了著名的「紅頂商人」，他就是胡雪岩。

胡雪岩出生於安徽績溪，家中有幾畝田地，雖不富裕，但自足有餘。作為家中老大，他時不時給家裡放放牛，生活也算自在。不幸的是，在他十二歲那年，父親忽然離世，胡雪岩被迫挑起家中的經濟大樑。

猶記得父親臨終前說：「欲興吾家，其惟順兒（胡雪岩小名順官）乎？」於是，胡雪岩暫別母親，在親戚的推薦下，來到杭州的信和錢莊，成為一名學徒。

他的致富之路，就從這裡開始。

錢莊的學徒生活並不輕鬆，比如，剛進門有一項「坐功」，要求連續三十天閉門練習數銀票，如若出錯，便要再數三十天。胡雪岩憑藉著聰明與勤奮，出色地完成了各項學徒任務。

與此同時，胡雪岩日常待人處事的情商極高，誰遇上急事他都會搭一把手，　明其渡過難關，久而久之，便在行業內留下了樂於助人的好名聲。

某一天，他在茶樓裡碰見「候補浙江鹽大使」王有齡，交談之中，胡雪岩得知王有齡正苦於無錢加捐官職。出於善心，也出於商人的敏銳感覺，胡雪岩進行了人生中第一項風險投資——把一筆剛收回的五百兩銀子的「爛帳」借給王有齡進京「投供」。

儘管胡雪岩因私自挪用借款被錢莊辭退，但王有齡很快便回來提攜這位識于微時的貴人了。

王有齡北上後不負所望，當上了浙江海運局坐辦。他找到胡雪岩的第一件事兒，便是替胡雪岩在錢莊重建信譽。隨後，王有齡又利用職務之便，讓胡雪岩參與到漕運事務當中。

胡雪岩也正是在此時開始自立門戶，逐步辦了米行、絲行、藥行等，還有他金錢帝國裡最重要的部分——阜康錢莊。

胡雪岩的生財之道，大約就是他自己所說的「八個罈子七個蓋，蓋來蓋去不穿幫」的靈活處事原則。另外，還有來自徽商的重要經驗：「中國人做生意不能沒有靠山」。

胡雪岩由商場進入官場，一路平步青雲，第一座靠山是王有齡，第二座靠山則是晚清重臣左宗棠。

胡雪岩三十九歲那年，即一八六一年，太平軍第四次攻占杭州，胡雪岩受王有齡之托到上海購買和運輸糧食、軍火等，以接濟受阻清軍。最後，堅守杭州的王有齡以身殉節，而胡雪岩也轉投至新任浙江巡撫左宗棠旗下，被委任為浙江糧臺總管，主持全省錢糧、軍餉的籌集，開啟了向帝國首富進發的歷程。

多年後，李鴻章與左宗棠的派系鬥爭日益激烈，作為左宗棠左膀右臂的胡雪岩首當其衝，被李鴻章手下的另一富商盛宣懷設局，先是把大量現金流都投入「鬥絲」和墊付清廷借款上，後又遭到全國人民的擠兌，最終家財散盡。

儘管胡雪岩最後成為了封建社會政治的犧牲品，富豪傳奇無以延續，但是，其早年的誠信、義氣和慧眼識珠，都值得後人借鑒。

05

清末亂世，像胡雪岩這般由商入政的人不少，但像張謇這般棄官從商的，更值得欽佩。一切可歸於「實業救國」四字。

一八九五年夏天，張謇為張之洞起草《條陳立國自強疏》，比較系統地闡明了自己的救亡主張，包括加強國防、廣開新學、提倡商務等。其中，對後世影響最大的，莫過於發展近代實業和近代教育。

世人皆言外洋以商務立國，此皮毛之論也。不知外洋富民強國之本實在於工。講格致、通化學、用機器、精製造，化粗為精、化少為多、化賤為貴，而後商賈有懋遷之資、有倍徙之利。

憑藉這樣的認識，張謇在張之洞的指示下，開啟了他的實業之路。

一八九六年，張謇奉張之洞的命令，在通州設立大生紗廠。

選擇辦紗廠，並非偶然。張謇經觀察發現，通州當地盛產棉花，且品質較高，十分暢銷。同時，辦紗廠還能帶動手工棉紡織業的發展，而當地生產的布料很受東北市場歡迎，又能帶動專營運銷的布莊興起，形成一條完備的產業鏈。

幾經討論和周旋，張謇最後決定以「紳領商辦」的形式建辦大生紗廠。但從籌辦到開工，他經歷了一次又一次資金籌募的困境：建廠房、雇職員、買機器、購原料，這些全都要錢！從商人那裡找來的投資，不夠；找官員要，不理。

沒辦法，張謇決定去上海集資，連旅費都是靠賣字得來的。他找各地官員籌措資金，就像個到處化緣的和尚。

憑著堅定的意志和強大的魄力，輾轉四年，大生紗廠終於開起來了，投入了對抗外國資本的「戰鬥」之中。

隨著資本的不斷積累，張謇又陸續開辦了油廠、麵粉廠、發電廠和電燈廠等大大小小的企業，合計有二十多家，成為了當時國內最大的民營企業集團。

張謇所操辦的實業，讓民族工業崛起，大大推進了中國近代化進程。同時，實業賺到的錢，又成為了近代教育的啟動資金，一所所新式學校創辦起來，培養出一批又一批新式人才。

胡適曾評價張謇：「張季直先生在近代中國史上是一個很偉大的失敗的英雄……他獨力開闢了無數新路，做了三十年的開路先鋒，養活了幾百萬人，造福於一方，而影響及於全國。」

儘管到最後，張謇的實業集團還是因戰亂、商業競爭和投資失利等原因，破產易手，但他挽救中國的努力和決心，已深深地注入這片土地之中，影響深遠。

在發家致富的行列之中，有走運的人，但更多是腳踏實地又能夠抓住機會的人。若對金錢過分執著，常囿於個人或小團體的利益，千萬家產終有一天會成為人生的絆腳石。而那些堅守本心和德行的人，終將「千金散盡還復來」，成就惠及千秋萬代的功業。

二、古人請客的套路——「豪門盛宴」往事

紹興二十一年（一一五一年）十月，宋高宗在宰相秦檜等高官陪同下，親臨大臣張俊的府第。

皇帝到家裡做客，這可是榮耀至極的恩寵，張俊特意為宋高宗準備了一場史無前例的豪門盛宴。

菜單上囊括各種飛禽走獸，近兩百道美食，琳琅滿目，應有盡有，更不乏羊舌簽、鯊魚膾、洗手蟹等名菜。酒過三巡後，張俊還將其珍藏的大量寶物進奉給宋高宗。

這場與唐代燒尾宴、清代滿漢全席等齊名的奢華筵席，堪稱南宋權貴耽於享樂的縮影。

張俊本是弓手出身，早年與岳飛一樣從底層打拼，後來卻成為權奸秦檜的忠實追隨者。這位中興名將為人貪婪好財，到處霸占田產，搜刮金銀，用巧取豪奪的方式，家積巨萬，這才有錢請皇帝吃飯。

在中國這個古老的禮儀之邦，請客吃飯這事，來不得半點含糊。在推杯換盞之間，酒水裡折射出的往往是人心。

01

中國最早的宴飲活動，一般是坐在地上進行，哪怕請客吃飯也是如此，因為那時沒有桌椅。

先秦時期，主人請客，在地上鋪筵加席，分餐而食。人們「席地而坐，憑俎案而食」，彼此間隔相當的距離，案上各有一套飯菜與餐具，與當今西餐分盤而食相似。

有學者認為，分餐制在中國至少存在了三千多年，從遠古一直延伸到隋唐。歷經魏晉數百年的胡漢文化融合，高桌大椅等新傢俱出現後，在唐代發展出合餐制，並在北宋時期正式取代分餐制，逐漸轉變為現在常見的圍桌而食。

在先秦，代表尊卑禮儀的分餐制鬧出過不少事故，也成就了許多耳熟能詳的故事。春秋霸主楚莊王有一次請群臣吃飯，擺上盛大的筵席，命姬妾斟酒，與眾人宴飲到夜晚。楚國將領唐狡喝多了，看著眼前美女的曼妙身姿，動了歪腦筋。

此時，一陣疾風吹滅了燭火，全場一片漆黑。唐狡有酒壯膽，暗中扯下美女的衣袖，不由自主地拉住她的手，幸好人家姑娘反應迅速，反手就把唐狡帽子上的簪纓扯下來，嚇得他趕緊鬆手。

這位美女是楚王的寵姬。她急忙躲到楚莊王身邊，告訴他，自己剛剛被騷擾，現在手裡還攥著那人的帽纓，只要點上燈燭，就知道是誰這般無禮。

出人意料的是，楚莊王聽完寵姬告狀，淡定地對大家說：「先別急著點燈！今晚我們要喝個痛快，大家不必拘束，都把帽纓摘去，取下冠飾。」

燈火重燃後，在場的人皆已取下帽纓，摘下冠帽，誰也不知道剛才發生了什麼事，只有唐狡明白，自己撿回一條命，是楚莊王饒恕了他。

後來，楚國與鄭國交戰，唐狡自請為先鋒，在戰場上拼死作戰，為楚國立下大功。寬以待人的楚莊王沒有因寵姬被調戲而動怒，反而得到一名誓死效忠的大將。那場君臣宴飲，被後世稱為「絕纓之宴」。

同樣在請客時遭遇事故的，還有戰國四公子之一的孟嘗君田文。

孟嘗君在齊國權傾一時，養食客數千人，善於籠絡人心。孟嘗君聲稱「公司」福利好，自己作為「老闆」，都與門客穿一樣的衣、吃一樣的飯，不論高低貴賤。

有一天晚上，孟嘗君請眾門客吃飯，其中有一個門客不久前剛慕名來投，對孟嘗君的人品半信半疑。

席間，有人無意中擋住了這個門客食欒前的燈光。這名新門客十分惱怒，以為孟嘗君一定是給他安排了次等酒菜，因此，才命人遮擋。

他推開食案，起身就要離去。此時，孟嘗君也站起身來，端起自己的飯菜，同門客的那份相比較。門客見他們的食物並無二致，才知自己錯怪了孟嘗君，頓時感到無地自容。

先秦的俠士大多剛烈。這名門客二話不說，當場拔劍自刎，向孟嘗君謝罪。孟嘗君為此遺憾不已。但也正因為這名門客的自盡，讓更多士人得知了孟嘗君誠實守信，都投靠到其門下。

孟嘗君對他們盡心款待，後來失勢時，正是得益於門下食客的相助，才能逃出生天。

有人請客吃飯，得到門客忠心輔佐，有人卻因請客失了國。

中山國有個國君，也喜歡請客吃飯。有一天，他燉了一大鍋羊肉湯，分給手下，唯獨忘了請一名叫子期的將軍。

子期得知後十分憤恨，想不通國君為何不分羊肉湯給自己，一生氣，就跑去投奔敵國，把中山國的底細全交代出去了。結果，中山國被打得大敗，國君也被迫逃亡。

中山國君那叫一個鬱悶啊，太冤枉了，不就一碗羊肉湯嗎？幸好，國君逃亡的時候，有兩個年輕人扛著武器，拼了命保護他。中山國君一看這兩個生面孔，問：「你們是誰啊？」

他們二人說，我們兄弟是聽從家父之命前來保護您的，以前鬧饑荒，我們老爹快餓死了，是您請他吃了一壺熟食，才救了他的命，如今我們來報恩了。

中山君恍然大悟，說了一句：「吾以一杯羊羹亡國，以一壺饗得士二人！」

02

古人請客有很多門道，比如宴席的座位，可表示尊卑主次的順序。著名的鴻門宴上，與會人物的座次在《史記》中有詳細記載：「項王、項伯東向坐，亞父南向坐，沛公北向坐，張良西向侍。」

在當時，東向坐是最尊之位，項羽是這場酒席的主人，就坐在這一主位；項伯是項羽的叔父，依禮不能坐在低於侄子的座位，於是稍加權變，同向而坐；范增是謀士，被項羽尊稱為「亞父」，地位次於項羽，所以朝南而坐。劉邦是前來請罪的客人，就面朝北方而坐，地位低於范增；張良在劉邦帳下，只能坐在西向的位上作陪。

鴻門宴是劉邦與項羽命運的轉捩點。

此前，劉邦率領一支義軍，率先攻入秦都咸陽。西元前二〇六年，當項羽率領在巨鹿之戰取勝的大軍到達函谷關時，發現關中已為劉邦所占，難免有些不服氣。劉邦手下的左司馬曹無傷火上澆油，偷偷派人告訴項羽，劉邦想在關中稱王，將咸陽的珍寶據為己有。

項羽聽說這個消息後大怒，駐軍於咸陽城外，對劉邦虎視眈眈。項羽的大軍數倍於劉邦的軍隊，一旦開戰，劉邦必敗無疑。劉邦決定親自到項羽營中解釋，這才有了鴻門宴。

雖然項羽聽信劉邦可憐巴巴的辯解，擺上酒席表示和好，但他手下的謀士范增一再給項羽丟眼色，讓他下決心殺了劉邦。

席間，范增見項羽拿不定主意，就私自找項羽的堂兄弟項莊上前舞劍，讓他伺機殺了劉邦。項莊舞劍，嚇得劉邦直冒冷汗，幸得項伯也拔劍起舞，多次用身體掩護劉邦。

張良則趁機溜出帳外，找到劉邦手下的猛將樊噲，跟他說宴會形勢不妙，趕緊進來保護劉邦。

樊噲一聽，那還得了！他提著寶劍和盾牌，氣沖沖地闖進項羽的軍帳中。

樊噲指責項羽說，誰先打敗秦軍進入咸陽，誰就做關中王，這是楚懷王與諸將事先的約定，何況沛公（劉邦）打進咸陽，什麼東西也沒拿，您要是聽信小人的讒言殺害他，就跟秦王一樣無道。

自尊自大的項羽面對樊噲的責備，一時也不知如何回答。

項羽欣賞樊噲的豪氣，賜給他一斗酒、一隻豬肘子。樊噲因地位較低，在宴席中沒有坐席，只能「立而飲之」。之後，把肘子放在盾牌上，蹲下身子，用劍割肉吃，既有豪氣，又合時禮。

樊噲闖入鴻門宴後，劉邦總算冷靜下來，觥籌交錯之間，假裝要上廁所，趕緊溜之大吉，從飯局中死裡逃生。項羽本可在宴會上殺掉劉邦，卻優柔寡斷，錯過了這次易如反掌的機會。事後，范增看著天真的項羽，不得不感慨：「奪項王天下者，必沛公也！」

歷史證明，這次請客失誤，造成了項羽的終生遺憾。

然而，劉邦打敗項羽，統一天下之後，也在請客吃飯時遇到了難題。

劉邦當上皇帝後，一起打天下的弟兄一如既往地把他當老大哥看待。在這位新皇帝的宴會上，由狗屠樊噲、吹鼓手周勃、布販灌嬰等組成的大漢創業集團成員，發酒瘋大喊大鬧，爭論功勞，有人甚至動不動就將刀劍砍在柱子上。

皇帝難得請吃飯，一場宮廷盛宴卻辦得跟黑幫聚會似的，劉邦覺得很沒面子。

於是，劉邦讓擅長研究禮法的儒生叔孫通幫他制定一套禮儀，便於約束這幫開國功臣，讓他們知道，我劉邦已經不是當年的大哥，而是高高在上的皇帝。

叔孫通接到任務，馬上回到儒家的發源地魯國，找了三十幾個儒生，整日排練，採用古禮製成了漢朝皇家宴會的禮儀。

在當年長樂宮建成的典禮上，群臣按照叔孫通制定的新儀式入宮覲見。面對種種等級森嚴的規章制度，群臣第一次感受到皇帝的威嚴，「自諸侯王以下，莫不振恐肅敬」。

此後，朝廷再舉辦宴會，殿堂上莊嚴肅穆，文武百官再也無人鬧事，劉邦得意揚揚地對左右說：「我今日才知道做皇帝的尊貴啊！」

在中國古代，封建帝王的宮廷宴飲是國家宴飲活動中等級最高的大宴。除了帝王平時的飲膳外，按照禮制，每逢除夕、元旦、上元、中秋、冬至等重要節日，以及慶祝帝后壽辰、處理外交國事時，都可舉辦隆重的宴飲。

皇帝請吃飯，往往儀式繁縟，有明顯的政治目的，是歷代統治者維護統治、鞏固統一的手段之一，並隨著統治者等級制度的日益森嚴而成為定制，相沿遵行。

03

帝王宴飲在於宣揚皇帝的恩榮與威儀，而文人請客，以文會友，更多強調一個「雅」字。在文會宴的漫長歷史中，古人發明了酒戲，將各種遊戲引入宴席，比現在的劃拳、搖骰豐富得多。

這其中有考驗射術的宴射，有以箭矢投入壺中為勝的投壺，有類似於猜謎遊戲的射覆、藏鉤，有需要一定文化素養的吟詩、作對、唱曲等各類口頭文字令。

不得不提的，還有蘭亭會中出現的曲水流觴。

東晉時期，永和九年（三五三年）三月初三，正逢上巳節，書法家王羲之與謝安等四十餘人結伴春遊，在紹興的蘭亭聚會，於水邊玩起了這個遊戲。

他們坐在河渠兩旁，將酒杯放入水中，任其順水而流，停在誰的面前，誰就得喝酒。除此之外，有時還要吟詩作賦，一觴一詠，可謂風雅典範。

作為這場宴會的主角，王羲之在後世成為雅士宴會上的代名詞。

相傳，王羲之極好吃鵝，因他曾官拜右軍將軍，後來江南吳中一帶的文人，乾脆把鵝叫作「右軍」。同理的還有被稱為「曹公」的梅子，因為曹操有望梅止渴的典故，故有此雅號。

在《夢溪筆談》中，記錄了這樣一個故事：有位風雅之士請客吃飯，特意吩咐廚子說，「醋浸曹公一甕，湯燉右軍兩隻，聊備一饌」。不知道這名廚子到底有沒有聽懂。

文人請客，不但會玩，還好為雅言，也就是不好好說話。

北宋初年，有個叫陶穀的文臣，是宋太祖的筆桿子，專門負責起草各種規章制度。陶穀是個大才子，但他這件工作往往只需要把以前的文字稍加修改，交給皇帝一看就能交差，因此被宋太祖調侃為「依樣畫葫蘆」，有些人很看不起他。

陶穀不服氣，也想建功立業。有一年，宋太祖就派他出使南方的吳越國。

當時的吳越王錢俶有意歸順宋朝，聽說宋太祖派人前來，趕緊設宴款待，還特意為陶穀準備了當地的特產——蒸螃蟹。

吳越一帶產蟹，各種品種都有，錢俶為盡地主之誼，命廚師將各種蟹都做了一份。陶穀

作為大宋的使者，自然要在吳越王面前威風一回，他見席間呈上的螃蟹先大後小，擺了十幾種，就拿這事「尋開心」，說：「你們可真是一蟹不如一蟹啊。」

這句話的意思，是嘲諷吳越國日薄西山，一代不如一代。

錢俶氣不過，也想辦法反將一軍，就叫來廚子，端上一鍋湯。

陶穀看到這鍋裡綠油油的，不禁感到好奇，問了一句：「這是什麼湯？」

錢俶逮到機會，回答道：「葫蘆做的，就叫『依樣畫葫蘆』。」

陶穀瞬間臉色就變了，錢俶總算扳回一城。

還有一個類似的故事。

北宋有一任鄭州知府，叫李獻臣。有一天，他府上來了個客人，這人是漕運官孫長卿的部下，剛好也在李獻臣手下當過差。

李獻臣看到老部下來訪，似乎也挺高興，要留他吃飯，問他：「餐了未？」這是文縐縐的說法，可能還帶點口音。

那個手下聽成了「孫來未？」以為對方是詢問自己上司的行程，就回答說：我來時，孫大人已經在收拾行李了。

李獻臣聽著牛頭不對馬嘴，說：「我是問，你餐了未？」

當時有些地方把打板子叫「餐」，這名手下誤解了老領導的意思，只好老實交代：「我以前當差的時候，挨過十三大板。」

這時，李獻臣自己都無奈地笑了，說：「我是問你吃飯沒有，我要請你吃飯。」

一句「吃了嗎」就能搞定的事，愣是問了個有來有回。

04

俗話說：「三天為請，兩天為叫，當天為提溜。」古人請客吃飯，一般三天之前就要送上請帖，發出邀請，而被邀請的客人也要及時回帖，準時赴宴，方不為失禮，跟現在發個訊息、打個電話就能叫上三五好友聚餐相比，大不相同。

南宋詩人范成大約人吃飯時，留下了一封簡短的請帖：「欲二十二日午間具飯，款契闊，敢幸不外，他遲面盡。右謹具呈，中大夫、提舉洞霄宮范成大劄子。」

這封請帖是說，朋友啊，我想請你二十二日那天中午來我家吃飯，我們邊吃邊聊，談談各自的近況，希望你一定要來，千萬別跟我見外，我就寫這麼多，其他的事情等見面再說。

作為朝中高官的范成大，請別人吃飯也必須說客氣話，並用幾句話說明請客的時間、地點、原因，這才顯得不失禮。

但是在明代，有這麼一個人，敢於打破請客吃飯的規則。

明朝人陳音在南京當官時，官至太常寺卿，生活卻過得像個邋遢大王。有一天他下班時，跟侍從說：「你們送我到某友人家。」

侍從沒聽清，糊里糊塗地把馬牽回了陳府。

陳音一進門，就傻了，說：「這人家怎麼裝修跟我家一樣啊？我家的畫怎麼掛到他家來了？」家僕愣在一旁，一臉詫異地說：「老爺，這是我們自己家啊！」

這位大人有一天收拾房間，搜出了一張請柬，上面寫著某朋友請他幾月幾日到家中赴宴。陳音算算日子，到了那天，就前往朋友府上赴宴。

朋友見他不打招呼就來，感到莫名其妙。這時，陳音掏出那張請柬，問朋友：「今天不是你請客嗎？」

朋友看了哭笑不得：「兄弟，這張請柬是去年發的啊！」

陳音不僅會搞錯別人請客的時間，自己請客的時間也記不住。有一回，他發請柬給朋友，請對方來家裡吃飯，結果自己把這事忘了，當天直奔朋友家，找人家下棋。

到了吃飯的時間，家人提醒陳音的朋友：「今天有人請你吃飯，別忘了。」

陳音一把拉住朋友的袖子，說：「別走啊，你去吃飯了，我怎麼辦？」

陳音忘了，自己就是那個請客的人。

05

古人請客宴飲，名目之繁，不勝枚舉：小到婚喪嫁娶、生辰祝壽、年節慶賀、親朋聚會的民間家宴，大到朝廷因各種國事舉辦的官宴，如皇帝賜予老人的「千叟宴」、賜予舉子的「鄉飲宴」、宴請外交使者的「外藩宴」、聚集皇室貴族的「宗室宴」、節日慶典的各種「大宴」等。

一般來說，請客吃飯，是為了增進感情，但官僚士大夫之間的宴飲，意義主要在於阿諛奉承、攀結權貴；皇室請客，也不過是為了鞏固統治，且皇家宴飲往往耗資巨大，極度奢侈浪費。

清光緒二十年（一八九四年），清廷上下為慈禧太后的六十大壽操碎了心。為了滿足慈禧的虛榮心，清廷提前一年成立慶典處，專門負責此事。慈禧一邊對光緒皇帝率領群臣為她祝壽加以首肯，另一邊又虛情假意地強調「毋得稍滋糜費」。

在京的王公大臣為了拍馬屁，將慈禧的壽辰當成壓倒一切的頭等大事，撥用經費數百萬兩，在西華門至頤和園的幾十里大道旁，搭建經壇、戲臺、彩殿、牌樓，命僧道念經、戲班演戲，沿途點綴景觀。

日本人得知清廷為了給慈禧過六十大壽忙裡忙外，更是下決心與清交戰，「知今年慈聖慶典，華必忍讓」。

這一年，中日甲午戰爭爆發，宮中也曾下令節省開支，支援前線，但直到北洋水師與日軍鏖戰，從西華門到頤和園的工程仍未停工。最後，北洋水師一敗塗地。

此時，朝鮮前線連連告急，慈禧的生日慶典卻照常進行，宴請皇帝、嬪妃、王公大臣，讓他們伴侍膳，陪看戲，一連慶祝了好幾天。史載，慈禧平時的御膳就極為豪華，但是面對幾十道、上百道菜，她仍依照慣例，只嘗幾口就撤下，十分鋪張。

據戶部奏稱，此次慈禧六十大壽，各衙門共花費白銀五百多萬兩，而整個甲午戰爭中，戶部給前線的籌款，還不到慶典支出的一半。

在古往今來的賢士眼中，請客不是為了虛榮，更在於禮與德。

先秦的智者晏嬰，是齊景公的寵臣。有一次，齊景公派一名大臣到晏嬰家中辦事，晏嬰請客人一起吃飯，結果飯根本不夠兩人吃，晏嬰和大臣都沒吃飽。

那名大臣回去後告訴了齊景公。齊景公說：「這是我的過錯，我竟不知晏子家中這樣窮困潦倒。」說完，他就命人給晏嬰送去糧食和金錢，可晏嬰不收。

事後，晏嬰向齊景公解釋道：「我家並不缺少東西。一個大臣拿著國君的賞賜，如果是為百姓辦事，那就應該用到該用的地方去；如果只是為了據為己有，那等我一死，財產就換了新主人，有頭腦的人，誰肯去幹這種事呢？」

安貧樂道，也是一種寶貴的品行，也只有能忍貧，善處貧，不屈於貧，才能脫貧致富。

三國時期，孫吳名相步騭早年清貧，靠種瓜為生。

有一次，他與朋友去拜訪郡中豪族焦矯。焦矯看不起這倆窮小子，自己在臥室裡睡了許久才推開窗戶接待他們，並命奴僕在窗戶外面擺上了一張簡陋的席子，上面只有幾盤小青菜，自己卻在室內吃著美味佳餚，喝著上等美酒。

步騭的朋友為此大為不滿，面露難色，步騭卻淡然自若，不以為恥，香香甜甜地吃飽才離去。

回去的路上，步騭的友人問他：「你為何能忍受如此屈辱？」步騭卻說：「你我二人本就地位低下，無法要求主人按照貴客的禮儀來接待我們，這有什麼值得羞恥的呢？」

就因為這份心性，後來，步騭在孫吳官至宰相。

三、皇帝的致富經——一國之主的賺錢之道

元朔二年（前一二七年），匈奴大軍南下，侵略上谷、漁陽，殺邊境吏民千餘人。衛青率領漢軍出擊，將匈奴人痛揍一頓，俘虜數千人，控制了河套地區。此後，漢武帝設置朔方、五原二郡（在今內蒙古）。

朔方成為漢軍與匈奴對峙的重鎮，負責營造這座新城的是將領蘇建，他也是西漢名臣蘇武的父親。在漢代，這是一項浩大的工程，急需大量的人力物力。

為此，漢武帝從內地遷徙十萬人口到邊境，派往朔方修築新城，穿渠溉田，還順便命人修繕了秦代蒙恬所築的長城。為了供應這十萬人的口糧及物資運載，中央政府的耗費是數以億計，要勒緊褲腰帶過日子。皇帝家也沒有餘糧啊。

天下之大，又何止一個朔方城？

漢武帝在位時開疆拓土，經略四方，北征匈奴，南服滇、越，招降羌族，定朝鮮四郡，通西南夷道。這一系列戰爭打下來，帝國財政難以支撐，只能說「我太難了」。元朔六年（前一二三年），大將軍衛青兩次出擊匈奴，殲敵過萬，為大漢狠狠地出了一口惡氣。

勝利的喜悅之後，是沉重的財政包袱。此戰，漢武帝拿出黃金二十萬斤犒賞三軍，將士封賞、軍械馬匹、糧食衣甲、安撫降眾，一個也不能少。

> 連年的戰爭耗盡了文景之治的國庫儲蓄，使大漢王朝陷入「藏錢經耗，賦稅既竭，猶不足以奉戰士」的財政困難。
> 這場賭局，劉徹可輸不起，他決定改弦更張，找尋挽救帝國財政的良藥。

01

巨額軍費開支。文景之治留下的家底，不到二十年就快花光了。

為彌補財政缺口，漢武帝最初採用的是賣爵，這是個飲鴆止渴的老辦法。

當年他爺爺漢文帝抵禦匈奴時，就曾採納晁錯的建議，沿用秦代二十等爵制，規定有人向邊關輸送糧食，就授予爵位，高等爵位的人享有免賦免役的特權。

錢穆先生曾說，朝廷賣爵，其性質亦略如近世國家之發行公債。

在財政危機下，漢武帝開始大規模賣爵，下詔設十一級武功爵，鼓勵民眾購買，明碼標價，童叟無欺：

一級曰造士，二級曰閑輿衛，三級曰良士，四級曰元戎士，五級曰官首，六級曰秉鐸，七級曰千夫，八級曰樂卿，九級曰執戎，十級曰政戾庶長，十一級曰軍衛。

買爵的人可以免罪，還有優先選任官吏的資格，「大者封侯卿大夫，小者郎吏」。漢代賣官鬻爵的歪風，正是從這個時期開始吹起的。

武功爵最高的可以一次賺黃金三十餘萬斤，足夠前線的將士和匈奴戰俘兄弟們吃幾頓好的了。

但賣爵解得了近渴，卻解不了遠憂。隨著買爵者日漸增多，國家也就失去了一部分賦稅收入，而且這些人沒有通過「公務員考試」就進入政府，帶來的直接後果是官吏素質下降，官僚系統腐敗，「吏道雜而多端，則官職秏廢」，可謂顧此失彼，並不能給大漢帶來長期穩定的財政收入。

賣爵現象在宋朝也很常見。

宋真宗年間，有一年山東遭遇災荒，官員謊報災情，導致天災險些演變成人禍，讓受災群眾陷入倒懸之急。

登州富商鄭河聽說此事，大手一揮，給朝廷捐了五千六百石糧食，沒別的要求，就是想幫弟弟鄭巽要個官職。宋真宗本不想答應，大臣卻勸他給富豪樹立個榜樣，好讓他們都願意贊助朝廷，於是朝廷就給鄭巽補了個官。

到了北宋末年，賣官鬻爵的現象就更嚴重了。

02

真正為漢武帝解決財政危機，並深刻影響後世的是幾場大刀闊斧的經濟改革。

年輕的漢武帝先是將目光投向了貨幣制度。

漢初，政府允許民間和諸侯國鑄造貨幣，採取貨幣自由競爭的制度。中國貨幣史專家彭信威認為，漢初統治集團是將貨幣看作普通財富，認為它的購買力不變，國窮民困只是因為沒有錢，鑄幣就是生產，有了貨幣，就可以購置各種各樣的消費品。

開放鑄幣權，確實使投入流通的貨幣量大大增加，但其中必然摻雜一些偷工減料的不足值貨幣，即「劣幣」，而物資並沒有隨之增加。這就導致貨幣貶值，物價飛漲，甚至出現米石萬錢、馬匹百金的局面。

漢文帝在位時，賈誼就曾建議文帝收回鑄幣權，甚至要從源頭禁止，不許民間開採銅礦。他認為任民自由鑄錢有四害：

有人偷偷摻用鉛、鐵，鑄造不合規格的「劣幣」；劣幣日多，良幣減少，二者異用，市場混亂；農民棄耕作而爭相采銅鑄錢，背本趨末，田園荒廢；官吏到處追捕盜鑄者，「榜笞奔走者甚眾」，社會動盪不安。

這是漢代第一次提出鑄幣權收歸國有的理論。但漢文帝是一個較為民主的皇帝，不願與民爭利，未予採納。到後來，一些掌握鑄幣權的豪強地主權力日盛，甚至威脅中央。

漢景帝在位時發生七國之亂，吳王劉濞之所以敢帶頭造反，其中一個原因就在於他依靠其封地的銅礦開礦鑄錢，掌握了大量貨幣。他在給諸侯王的信中說：

寡人金錢在天下者，往往而有，非必取於吳，諸王日夜用之弗能盡。有當賜者，告寡人，寡人且往遺之。

七國之亂後，朝廷就開始收攏鑄幣權，但仍有不少人為了牟取暴利，以身試法。到了漢武帝時期，戰爭頻繁，朝廷需要更多錢來填補財政漏洞。透過壟斷鑄幣權來達到斂財目的不失為一個好辦法，中央如果收回貨幣話語權，控制金融市場，朝廷不就有錢了嗎？

元狩四年（前一一九年），經過一番爭論，漢武帝採納大臣張湯的建議，進行第一次幣制改革，推出了「白鹿皮幣」和「白金幣」。

所謂「皮幣」，主要材料就是一張方尺寬的白鹿皮，飾以紫色花紋，價值四十萬錢。這種用禁苑的白鹿皮製成的超級貨幣，只有漢武帝才有權力製造，他可以利用皇權，人為地操控其價值，將地方的大量貨幣無條件地收歸國庫。

皮幣發行後，漢武帝就下了詔令，以後諸侯朝覲皇帝或祭祀祖先使用的玉璧，必須花錢換皮幣作為墊子。一個玉璧價值幾千錢，一張皮幣卻要賣四十萬。

皮幣主要是針對王侯的經濟掠奪，而「白金幣」則面向民間市場。所謂「白金幣」，是以銀、錫熔鑄而成的合金貨幣，其本身價值不高。當時銀價每兩不過五十錢，而官方對白金幣的定價卻遠遠高過其實際價值，已接近黃金的三分之二。

與皮幣類似，白金幣是漢武帝政府意欲用價值虛高的貨幣，來購取商人物資而採取的措施。此令一出，朝野上下一片譁然。

大農令顏異以廉潔正直著稱，敢於說真話，對新幣制的推行表示強烈反對：王侯朝賀的玉璧一個價值才幾千錢，而作為墊子的皮幣卻值四十萬錢，這不是本末倒置嗎？

漢武帝聽到這話後很生氣，而顏異的後果也很嚴重。張湯順著皇帝的意思，找人告發顏異，以腹誹罪將顏異給處死了。

「白金幣」本身兌換率極不合理，一入市場就遭到抵制，同時民間又大量盜鑄，以其人之道，還治其人之身，用仿鑄的白金幣來套取政府、百姓的合法貨幣與物資。

囤積商人只入不出，偷鑄之風屢禁不止，市場混亂不堪，白金幣頓失信用，只用了五年就支撐不下去了。到元鼎二年（前一一五年），漢武帝只好下令廢止白金幣，並赦免了一些犯偷鑄罪的死刑犯。

除了皮幣和白金幣，一直到元鼎年間，漢武帝都在雷厲風行地推行幣制改革，不斷更鑄新錢，先後推出了三銖錢、郡國五銖、赤仄五銖等貨幣，但這些貨幣都沒能從根本上解決私人鑄幣、貨幣貶值等問題。

元鼎二年（前一一五年），赤仄五銖流通時，漢武帝已經將這種貨幣的發行權收歸中央，規定只能在京城鑄造，並以紅銅鑲邊作為辨識，一個赤仄五銖要頂五個郡國五銖。

看到赤仄五銖使其他錢幣貶值後，民間紛紛仿造赤仄五銖，使貨幣流通更為混亂。赤仄五銖只通用了兩年就退出市場，成為漢武帝幣制改革的最後一次過渡。

由於主持幣制改革的酷吏張湯遭人誣陷，自殺身死，貨幣改革的重任落在了桑弘羊等一批新銳財政官員身上。

在接受之前幾次的教訓後，桑弘羊認為，只有將鑄幣權徹底收歸中央，嚴禁任何形式的私鑄、盜鑄，才能緩解財政危機。

元鼎四年（前一一三年），武帝下令「悉禁郡國毋鑄錢」，一概禁止郡國和私人鑄錢，將之前的鑄錢統統銷毀。同時，國家壟斷銅礦的所有權和鑄錢權，天下錢幣全由上林苑鑄造，命水衡都尉所屬的鐘官、辨銅、均輸三官負責，史稱「上林三官五銖」。

新的五銖錢法定面值與實際價值相符，民間難以仿造，且銅礦被國家壟斷，民間私鑄已經無利可圖，之前的各種錢幣也全部退出流通。

至此，中央政府直接控制鑄幣材料、貨幣鑄造權和發行權，幣制從短暫的自由鑄幣時期過渡到了國有壟斷階段。五銖錢也成為中國歷史上行用最久的銅幣，直到唐初才廢除，改用開元通寶，共歷時七百多年。

實際上，官方壟斷貨幣，也就掌握了另一種獲取財政收入的直接方式。上林三官五銖剛流通時量足質優，從漢武帝到漢平帝元始年間，西漢共鑄造兩百八十億萬枚，到後期，難免出現偷工減料的情況。

如果皇帝在鑄幣中摻入一半的假，就可以多鑄造一倍的貨幣。這些貨幣可以買多一倍的物資，劣幣驅逐良幣，最後貨幣也就貶值一半，政府相當於多收了五成的通脹稅。

當市場發現漢武帝「陰謀」的時候，為時已晚。

03

壟斷鑄幣權的同時，漢武帝還將國有化改革延伸到當時利益最為豐厚的幾大製造業——鹽、鐵、酒，進而掌握國家經濟命脈。

在漢武帝建設「國企」之前，統治者以黃老之學治國，實行輕徭薄賦、與民休息的政策，經濟發展十分自由。有學者評價：「漢初實為中國商人第一次獲得自由發展之安定時期也。」

而漢高祖劉邦建國那時候，出行還配不齊顏色一樣的駿馬拉車，一些諸侯和官員只能以牛車代替。

在滿目瘡痍、百廢待興的情況下，政府只好「開關梁，馳山澤之禁」，也就是不再設關徵稅，並將包括鹽、鐵等在內的山林礦藏資源向民間開放。這兩項便民政策一下子啟動了工商業，從此「富商大賈周流天下，交易之物莫不通，得其所欲」，正所謂「法律賤商人，商人已富貴矣」。

經過多年的自由發展，舉國上下形成一幅和平安寧、經濟繁榮的景象，史稱「文景之治」。對當時的盛世氣象，司馬遷有這樣一段經典描述：

漢興七十餘年之間，國家無事，非遇水旱之災，民則人給家足，都鄙廩庾皆滿，而府庫餘貨財。京師之錢累巨萬，貫朽而不可校。太倉之粟陳陳相因，充溢露積於外，至腐敗不可食。

不過，對鹽、鐵等工商業放任自流，也造成了地方膨脹的經濟勢力。一些豪商巨賈「上爭王者之利，下錮齊民之業」，如臨邛卓氏、南陽孔氏、魯地曹邴氏、洛陽師氏等富甲一方，橫行天下。

司馬遷將富商大賈稱為「素封」，他們沒有官爵和封地，卻富比王侯，實際上是對中央政府的威脅。一些商人與權貴勾結，敗壞吏治，如南陽孔氏「連車騎，交守相」；一些商人積累的財富沒地方投資，便大量收購土地，於是「富者田連阡陌，貧者無立錐之地」，土地兼併嚴重。

加上打仗太燒錢，漢武帝很是頭疼。

為了補貼國家財政，他以身作則，將山澤稅中數目龐大的鹽鐵稅，從少府劃歸大農令管理。少府負責管理皇帝的私財，而大農令主管全國財政經濟，漢武帝把自己的錢包都交給國家了，可還是拆東牆補西牆。

豪強富商如此不差錢，漢武帝又缺錢，那麼，從這些工商業主手中奪回「山海之利」，實行「鹽鐵官營」，將利潤最為豐厚的兩大支柱產業收歸國有，豈不美哉？

最初負責推行鹽鐵專賣制度的，是大商人出身的大農丞孔僅和東郭咸陽。

在鹽業官營方面，漢武帝採納孔僅、東郭咸陽的建議，實行鹽戶出資煮鹽、政府統購統銷的方式。由政府招募民眾組成鹽戶，煮鹽費用由鹽戶自己承擔，國家提供煮鹽的牢盆等器具，還在全國各地設立鹽官，煮成的鹽由鹽官收取，壟斷專賣。

在鐵業官營方面，漢武帝在各地設置鐵官，鐵的冶煉和鐵器的製作、銷售，全部由鐵官負責，這是從源頭壟斷了鐵器生產。

漢武帝頒布嚴格的法律，任何人不得私自煮鹽、冶鐵，或者擅自轉運銷賣，違犯者要在左腳戴上鐵鐐，淪為「刑徒」，或罰去戍邊並剝奪其政治權利，官府還要沒收其生產工具。

鹽、鐵是老百姓生活必需品，擁有龐大而穩定的市場，實行官營後為帝國財政帶來了顯著變化。《管子》曰：「十口之家，十人食鹽；百口之家，百人食鹽。」胡三省曾統計，鹽業官營一度為漢武帝貢獻了財政收入的一半，「其利居天下稅入之半。」

冶鐵技術也因規模化生產而得到發展，對漢朝軍隊的軍備大有助益。時人認為匈奴與漢軍交戰，到後來需要用五個人才能抵擋一個漢軍，就是因為漢軍裝備精良，「夫胡兵五而當漢兵一，何者？兵刃樸鈍，弓弩不利」。

元封元年（前一一〇年），漢武帝罷免了孔僅的職務，任命曾在宮中擔任侍中多年的商人之子桑弘羊為大農令，主管鹽鐵專賣。

漢武帝曾在十年內罷免或處死六任大農令，但桑弘羊領大農令後，直到漢武帝去世，竟主管帝國財政長達二十三年。

漢武帝終於找到一個能夠為其斂財充當左膀右臂的聚斂之臣。

據史書記載，桑弘羊上任一年後，鹽鐵專賣就取得顯著效果，「民不益賦而天下用饒」。這個「天下用饒」指的是政府解決了財政危機，漢武帝終於不用哀歎「用度不足」，有錢去應付各項經費，締造自己的豐功偉業了。

在對羌、南越的戰爭中，也全靠桑弘羊主持的專營改革籌錢，戰爭經費「皆仰給大農」。時人說，漢武帝對桑弘羊言聽計從，好比當年越王勾踐重用謀臣文種、范蠡。後來，在鹽鐵專營之外，桑弘羊又增設酒類專營制度，與鹽、鐵並稱為「三榷」。

04

桑弘羊為了擴大鹽鐵專營、整頓市場秩序，還推出了均輸、平準制度。

「均輸」，就是「調劑運輸」，辦法是將各郡國繳納的貢物，按當地市價折換成豐饒而廉價的土特產品，上繳各地均輸官，然後再將這些商品運往價格較高的地區出售。

在「就近去遠，就賤去貴」的原則下，政府經過輾轉貿易，獲取買賣的差價。

與均輸互為補充的是「平準」，規定在京師設置平準令，透過各地均輸官「盡籠天下之貨物，貴則賣之，賤則買之」，在為皇帝創收的同時又起到平抑物價的作用。

均輸平準的出發點是好的，但實際推行卻弊病頗多。

漢武帝的經濟政策，實際上在地方培植出了商人、地主、官僚三位一體的統治集團，他們相互勾結，強買強賣，依靠政府資源大發橫財，賺起錢來比私人工商業主還要兇狠。

有些地方，「未見輸之均也」：官吏索取百姓不生產的東西，迫使他們賤賣自己生產的貨物，而買進官府所要的東西來繳納，甚至違背生產規律，在齊地徵收絲綢，在蜀地徵收麻布，還要不產絲、麻的地區也製作這些商品，然後低價收購，如此農民加倍受苦，女工雙重納稅（《鹽鐵論・本議》）。

有些地方，「未見准之平也」：官吏與奸商狼狽為奸，關起城門壟斷市場，乘機囤積居奇，賤買貴賣。百姓嫌官鑄鐵器太貴而不願購買，官吏還要強賣，「縣官作鹽鐵，器苦惡，賈貴，或強令民買之」。

漢武帝在位時，董仲舒、卜式、司馬遷等支持經濟自由的知識分子，都對如此高度專制的經濟政策表達過不滿，甚至發表過一些違抗聖命的言論。

為漢武帝提出「罷黜百家，獨尊儒術」的董仲舒上書，要求「鹽鐵皆歸於民」，認為政府不該與民爭利；御史大夫卜式是商人出身，曾上書為富商鳴不平，請求罷鹽鐵專賣，還因此被貶官；《史記》中的《平準書》和《貨殖列傳》，也被不少史學家看作是司馬遷為反對官營工商業而寫的兩篇學術論文。

理想很豐滿，三十年後，當來自全國各地的六十多名儒生與年逾古稀的桑弘羊在鹽鐵會議上辯論時，儒生們強烈抨擊鹽鐵官營的政策，卻提不出任何有建設性的建議，只剩下滿口仁義道德。

桑弘羊如被告一般接受儒生們的口誅筆伐，桓寬在《鹽鐵論》中真實地記錄了這位老人舌戰群儒的情形，「大夫默然」、「悒悒而不言」、「憮然內慚，四據而不言」……可是當桑弘羊發問時，言語中卻暗藏刀劍，且刀刀致命。

在這場關於官營政策存廢與否的討論中，他提出了至今難解的「桑弘羊之問」：如果沒有國有經濟，帝國如何解決財政收入？我們拿什麼打仗？地方割據勢力膨脹怎麼辦？

國進民退，還是國退民進，這始終是一個千古難題。

05

漢武帝為剝奪民間資產，增加財政收入，還實行了算緡、告緡。

緡，是穿銅錢用的繩子。算緡，顧名思義就是透過計算商人手中的財產，按實際數目徵收財產稅，以充盈國庫。有一種說法是兩千錢而一算，即每二千錢課稅一百二十錢，也就是抽取百分之六的財產稅。

另外，除了官吏、三老和北邊騎士等特殊人群外，普通百姓有軺車（一馬所駕的輕便車）者，每輛徵稅一算，即征一百二十錢；商人的車加倍徵稅，如多買幾輛豪車，每一輛就抽稅二百四十錢。同時，田宅、貨物和船隻等財產也被歸入算緡課稅範圍。

當年製作白鹿皮幣是明目張膽地向諸侯索取財物，算緡令則是向全國中產階級以上的人民直接要錢，手段更具強制性。老百姓有多少錢，就得照規矩拿出一部分來做貢獻，幫助國家打匈奴。

算緡令頒行後，天下富商卻跟漢武帝玩起了捉迷藏，爭先恐後地隱匿財產。漢武帝在前面喊口號，身後卻無人理睬，這就尷尬了。一場針對豪商大戶的清算就此展開。

漢武帝命楊可主持，頒布了告緡令。

告緡令針對豪商大戶隱匿財產的情況，放手發動群眾，鼓勵全民舉報，凡是被告發隱瞞不報或所報不實者，將抄沒其全部財產，並將一半財產獎予告發之人。

告緡令是國家對豪強富商的一次殘酷打擊，一經頒發，官府不斷接到告緡舉報，民間形成一股告密熱潮。一些市井之徒、無賴遊民在金錢的誘惑下，為了那一半財產而將貪婪的目光投向富商大戶的豪宅。而那些積財巨萬的豪強富商，還沒算清自己到底有多少錢就慘遭告發，被戴上刑具打入監牢、押往邊地，財產全部被沒收。

隨著告緡遍天下，不僅富商和高利貸者受到整治，中產以上的家庭幾乎都被捲入其中，面臨破產的命運。朝廷沒收的財物卻堆滿了上林苑，史書記載：

中家以上大抵皆遇告……得民財物以億計，奴婢以千萬書；田大縣數百頃，小縣百餘頃，宅亦如之。

漢武帝特意安排一幫酷吏審理相關案件，被投訴立案的人，很少會有翻案的機會，有的案件甚至拖延十幾年還未結案，監獄裡關押著十餘萬人。

其中有一個叫杜周的酷吏，當官前窮得叮噹響，只有一匹馬。出任廷尉後，他為皇帝斂財審理各種案件，多年以後「家資累巨萬矣」，成為富豪，安然善終，其子孫相繼為官，終西漢一代，簪纓不絕。

告緡運動中，有人妻離子散，有人幸災樂禍，只有那些官僚、商人、高利貸者三位一體的貴族仍然逍遙法外。這種「亂民」惡政在幾年後就宣告廢止。漢武帝實現了自己的目的，百姓們付出了慘重的代價，只能勒緊褲腰帶過日子，勞動積極性一落千丈，「甘食好衣，不事畜臧之業」。

最大的贏家只有漢武帝一人，他繼續揮霍大量錢財，去實現帝國的宏圖霸業。

漢武帝興師動眾打了那麼多年仗，匈奴潰敗，四方安定，衛青、霍去病將星閃耀，老百姓的日子卻不好過。這首漢代樂府詩《戰城南》，道出了人民心中的哀怨：

戰城南，死郭北，野死不葬烏可食。為我謂烏：且為客豪！

野死諒不葬，腐肉安能去子逃？

漢武帝後期，民生凋敝，哀鴻遍野，文景之治積累的財富幾乎消耗殆盡，過度集中的經濟大權和官僚機構帶來膨脹腐敗。各種與民爭利的措施，在為中央政府斂財的同時，也嚴重擾亂了社會秩序，以致「海內之士力耕不足糧餉，女子紡織不足衣服」。

宋代司馬光說，漢武帝「有亡秦之失，而免亡秦之禍」，晚年的漢武帝在締造偉業後也意識到自己的過失，並為之由衷懺悔。

06

在漢武帝之後，皇帝賺錢的手段更加五花八門。

西漢王莽之亂後，漢光武帝劉秀在群雄逐鹿中勝出，建立了東漢政權，擺在他面前的是一個經濟殘破的爛攤：天下「饑寒並臻，父子流亡，夫婦離散」。

為挽救凋敝的中央財政，劉秀從土地著手，頒布了「度田令」，要求清丈土地，核實戶口。

東漢時期，豪強地主擁有大量土地和政治特權，如劉秀冊封的開國元勳耿弇，一家出了兩個大將軍、十九個列侯，擁有成千上萬家的食邑；劉秀之子濟南王劉康，擁有「奴婢至千四百人，廄馬千二百匹，私田八百頃」。

無數農民庇蔭在大地主名下，朝廷無法對他們直接課稅。

劉秀頒布度田令，就是為了核實登記農民的土地和戶口，以作為徵發賦稅的證據，增加國家財政收入。但在度田的過程中，由於郡縣官吏多為豪強地主出身，他們不願如實丈量土地、呈報戶口，不願損害自己的利益。尤其是都城洛陽周邊地區，度田官深知這些土地不是在皇帝近臣手裡，就是屬於皇親國戚，更是不敢如實丈量。

儘管劉秀對徇私舞弊的官員嚴厲懲處，將大司徒歐陽歙、河南尹張伋與郡守十餘人下獄處死，可度田還是受到豪強地主的抵制，最後不了了之。

漢末，三國亂世之後，晉武帝統一天下。這位西晉開國皇帝雖留下了「羊車望幸」的荒唐故事，但在振興國家財政方面也挺有一手。

在經過長期戰亂、地多人少的情況下，為了補充人口、勸課農桑，司馬炎在曹魏屯田制的基礎上實行「占田制」，這是一種既保證政府收入，又保護士族特權的制度。

這一制度讓農民擁有一定數量的土地，同時國家要求他們必須繳納田租、戶調和負擔力役等義務。占田制又是一種限田制，它規定男子一人占田七十畝，女子三十畝，既可抑制兼併，也可保證稅收。如此一來，從戰亂中解脫的農民不愁吃穿，紛紛積極勞作，國家的財政收入也飛速增長，這才有了西晉初年的「太康之治」。

繁華盛世轉瞬即逝。西晉短暫統一後，再度走向大分裂，又在歷經兩百多年的亂世後，實現新的統一。

終結南北朝亂世的隋朝開國皇帝楊堅，與歷代皇帝一樣，對土地、貨幣、戶籍、賦稅等進行改革，同時還提倡「崇儉禁貪」、「精簡機構」，既要開源，也要節流。

在自己省錢方面，隋文帝楊堅可是認真的。他帶頭實行節儉，六宮經常穿著反覆換洗的衣服，不做新衣；皇帝乘坐的車輿如有破舊，也只是讓人進行修補，之後接著用；平時除了宴會，楊堅的飯菜只有一道肉菜。

在他的影響教化下，當時的貴族男子多穿絹布衣服，不穿綾羅綢緞，裝飾用品也只用銅鐵骨角，不用金玉之器。

太子楊勇就是因為驕奢淫逸，才被廢黜。而次子楊廣裝作一副清心寡欲的樣子，車馬侍從都儉約樸素，反而得到隋文帝夫婦的信任。可後來當上皇帝的楊廣揮霍無度，使隋朝財政遭受重創，自己也丟了江山。

唐初，唐太宗李世民開創了著名的「貞觀之治」。他治國理財時，仍然把農業作為財政收入的主要來源。貞觀初年，關中、關東連續發生水旱災害，百姓饑荒，賣兒鬻女，唐太宗聽說後，趕緊命人把皇宮府庫中的金銀布帛拿出來，幫災民贖回被賣掉的兒女，這是為了確保國家財政的來源不受損。

唐高祖在位時，已下令推行均田制與租庸調制。初唐實行的租庸調制，實際上是一種實物稅，每年向農民收取田租、穀物、布匹，或者命其為政府服役。徵收實物更能避免漢魏以來貨幣經濟長期破壞帶來的結果，保證財政收入的穩定。

這一政策卓有成效。從唐太宗到唐玄宗的一百多年間，唐朝財政收入經年增長，糧食價格漸趨下降，國庫得以充實，封建經濟蒸蒸日上，將大唐推向了頂峰。

到了宋元時期，社會經濟迅速發展，城鎮打破坊市界限，產生了最早的紙幣「交子」，海外貿易遠通西洋。與此同時，財政上卻呈現出高度中央集權的特點，處處充滿皇帝賺錢的套路。

宋朝為了避免唐朝安史之亂以來藩鎮割據的局面，實行「強幹弱枝」的策略，廢除武官藩鎮，地方改置文官，將財政兵馬之權移交中央，即「外州無留財，天下支用，悉出三司」。

此舉沒有加強兩宋的國防實力，卻滿足了一部分權貴奢侈享樂的腐朽生活。

元朝統治者為滿足日益浩繁的財政支出，不斷增加賦稅收入，自元世祖忽必烈至元文宗天歷年，在七十年時間裡，鹽課增加二十餘倍，茶課增加兩百多倍，商稅增加近十倍。

明清時，皇室支出繁多，在財政上也實行了高度的集中和統一，由皇帝親掌財政大權。明朝的萬曆皇帝為了斂財，讓宮裡太監傾巢出動，到各地徵稅、開銀礦。他們出任礦監、稅監，為皇帝搜羅錢財，所到之處極盡吸髓飲血之能事，導致民不聊生。

清朝的乾隆皇帝六下江南，花錢大手大腳，管理皇家事務的內務府出現虧空。此時，乾隆的心腹大臣和珅給他提出了一個理財辦法，即以錢抵罪的「議罪銀」。

乾隆依照和珅所說，讓一些犯罪的官員把錢交到內務府，依據犯罪情節的輕重交銀子來免除刑罰。如此一來，貪官汙吏的錢就到了乾隆的私人小金庫中，既增加收入，也可滿足乾隆六次南巡、修建行宮的開支。

在本文開頭說到的故事裡，漢武帝曾為營建朔方城調動十萬人力和上億物資。時過境遷，到了征和四年（前八十九年），漢軍出兵西域，桑弘羊建議擴大輪臺（今新疆輪臺縣）屯田的規模，漢武帝卻否決了。

漢武帝頒發了「輪臺罪己詔」，與當年雷厲風行的態度截然相反。

在《輪臺詔》中，漢武帝提到：曾經有人奏請百姓每口增收賦稅三十錢，作為邊防軍費，這會使老弱孤獨者困苦不堪；這次派人去遙遠的輪臺開荒，更會使天下人勞累，朕不忍心這麼做；如今應該致力於禁止苛刻暴虐的政策，減輕對民間的剝削，使天下安定。

波瀾壯闊的人生即將走到盡頭，在生命的最後兩年，年邁的漢武帝終於放下了執念。然而，他開啟的財政政策，卻已成燎原之勢不可逆轉。

這一「必要的惡」，在此後的兩千年中不斷地循環往復，是非功過，自有定論。

四、明清巨富家族往事——財富來得快，去得也快

洪武二十六年（一三九三年），藍玉黨案發。作為巨富之家，沈萬三的兒子、女婿、姻親等人都被牽連進去，要麼抄家，要麼流放，要麼被誅。

這次打擊對沈家是致命的，曾經的首富之家，急劇衰落。

對於一個家族來說，財富或許來得快，但往往去得更快。

01

沈萬三是一個傳奇人物，迄今在一些地方被供奉為財神，但關於他生活的年代，卻仍有爭議。我們只能根據部分史料，相信他是一個生活在元末明初的富商。

沈萬三的財富來源很神秘。他的父親擅長施肥灌溉，置地種田，幹得不錯，積累了一些家產。沈萬三及其弟弟沈萬四子承父業，但充其量只是個富農，最多能算是個小地主。這樣的富農或小地主在江南地區，一抓一把，憑什麼沈萬三就能一夜暴富？沒有人能弄懂他的財富從哪裡來，只能神祕化地解釋。

這些解釋包括：沈萬三挖地挖到了金礦、學會了點金術、行善救了一批青蛙、得到了聚

寶盆……總之人們猜測他的財富不是降自天上就是湧自地下。

還有一種說法，他的財富來自元末富豪陸道原。陸道原晚年散財避禍，把巨額家產分給了沈萬三，自己做道士去了，深藏功與名。時值元末亂世，農民起義此起彼伏，富豪們很容易因財招禍。有些富豪看透歷史大勢，散盡家財求平安。當時的大畫家倪雲林就放棄了家財，漂泊江湖。所以人們猜測，陸道原甘願放棄財富，拱手送給外人，也並非沒有可能。

總之，沈萬三得到神秘的第一桶金後，就開始錢生錢了。明人筆記《雲蕉館紀談》記載，沈萬三「變為海賈，奔走徽、池、寧、太、常、鎮豪富間，輾轉貿易，致金數百萬，因以顯富」。可以看出，沈萬三積累財富，最主要的還是靠海外貿易。

元朝鼓勵海外貿易，沈萬三踩到政策的關鍵點，從而享受了政策紅利。一三五六年，張士誠攻占蘇州。這個私鹽販子出身的新霸主，知道外貿的重要性，設立市舶司，繼續元朝的開放政策。沈萬三家族從財力上支持張士誠，換取政治上的靠山。這名老資格的「海賈」在張士誠統治蘇州的十餘年間，穩坐富豪榜首席。

但這也為朱元璋上臺後沈萬三家族遭受打擊埋下伏筆。

02

明朝開國後，沈萬三必須馬上重新站隊，向新主表示誠意。他認為，只有得到新建皇權的承認，他的事業才能做得更大，財富才能在家族中被繼承。

多種史籍記載，進入明朝，沈萬三曾組織兩浙大戶主動納稅獻金，用於新王朝的日常開支。朱元璋修築南京城，沈萬三以一家的財力承擔了三分之一的築城任務。

為了進一步表達誠意，這個富可敵國的首富主動提出要給朱元璋的軍隊發餉。朱元璋反問他，我有百萬軍隊，你發得過來嗎？沈萬三回答，每人發一金，沒問題。

而就在犒軍這件事上，沈萬三犯了政治大忌。天子的軍隊豈是什麼人都有資格勞軍發餉的？

蕭何當年拿出自己家裡所有的財產資助軍用，劉邦很不高興。蕭何不得不多買田地、貪小便宜，引得沿路都是告狀的老百姓，劉邦才放下心來。沈萬三要是多讀點歷史，就不會犯這種低級錯誤了。

犯忌的結果便是，朱元璋暴怒，說沈萬三是亂民，要把他拉出去砍了。

馬皇后趕緊勸諫，說這個社會仇富的人大有人在，上天自然會滅掉他的，不用你親自動手。

朱元璋聽了馬皇后的話，沒殺沈萬三，將他流放到了雲南。

03

詭異的是，沈萬三出事後，沈家的財富傳承似乎沒受到多大的影響。其中的原因，可能是俗話所說的「瘦死的駱駝比馬大」，即便他本人遭流放，但他積累下來的財富仍足以蔭庇沈家三代人的榮華富貴。

到了洪武二十一年（一三八八年），沈萬三已過世多年，沈家姻親、官居正三品的莫禮過訪沈家，結果驚呆了。

一般暴發戶用金銀器皿，沈家做宴席用緙絲（絲綢中的精品）、紫定器（定窯中的至尊），連筷架都是羊脂玉做的。

莫禮也是見過大場面的人，但還是被沈家的奢華震住了。他隨即想到，沈家人真是富貴慣了，一點都不知收斂，恐怕很快又要惹禍上身！

與沈家不同，明朝一些有遠見的富豪跟元末亂世一樣，散財避禍。

當時有個段子說，嘉定一個富戶，問剛從京城返鄉者的見聞，那人對他說，皇帝作了首詩：「百僚未起朕先起，百僚已睡朕未睡。不如江南富足翁，日高丈五猶擁被。」富戶一聽，馬上警覺起來，隨即把家產託付給僕人，自己買舟帶著妻兒漂浮別處去了。不到一年，江南的富家大族幾乎都難逃厄運，這個嗅覺敏銳的富戶卻獲得善終。

朱元璋對江南富族的打擊是逐步推行的，先是課以重賦，再到沒收其田地作為官田，然後是強制遷徙、流放，最後放大招，利用「胡惟庸案」、「藍玉案」、「空印案」等案件，借通黨之名，全力打擊江南地主富紳勢力。每一次大案，被牽連的富商大戶都達數萬人。

就在莫禮過訪沈家五年後，藍玉黨案爆發，沈萬三家族牽連其中。至此，一個富豪家族完全淪為普通家庭。

04

伍秉鑒家族

沈萬三家族衰落四百年後，十八世紀晚期的中國，又出現了一個傳奇的財富家族——伍秉鑒家族。

伍秉鑒的祖上在清朝初期移居到了廣州，到伍秉鑒這一代已是移民的第六代。此前，伍秉鑒的祖上一直默默無聞，自伍秉鑒的父親伍國瑩開始，伍家開始參與對外貿易。是的，跟沈萬三家族一樣，伍家的發跡也是源於外貿。

乾隆二十二年（一七五七年），清廷宣布僅保留粵海關一口對外通商，並且這種對外貿易的特權，還被清廷所特許經營的少數商行所壟斷把持，這就是後來俗稱的廣州十三行。

乾隆五十七年（一七九二年），伍國瑩的兒子伍秉鈞（伍秉鑒二哥）創辦了怡和洋行。然而不到十年，伍秉鈞壯年去世，伍秉鑒從哥哥伍秉鈞手中，接過了怡和洋行的家業。儘管父親和哥哥為伍秉鑒留下了商業基礎，但伍家在世界商業史上的真正起步，卻是源自伍秉鑒的創造。

在聯合官府進行壟斷經營多年後，伍秉鑒的生意擴張到了世界範圍。透過代理人，他甚至投資了美國的鐵路生意，並廣泛參與美國的證券交易和保險業務。他還是當時在世界範圍內赫赫有

名的英國東印度公司最大的債權人。可以說，在清朝中期，伍秉鑒是大清帝國絕無僅有的具有世界意識的大商人。

美國學者稱，「到一八三四年，伍浩官（伍秉鑒）不僅是廣州行商最重要的成員，而且可能是那個時候的世界首富」。

05

實際上，一八三四年，伍秉鑒已經退休多年了。

早在道光六年（一八二六年），五十八歲的伍秉鑒就宣布退休，將家族生意交給了下一代。

但在伍秉鑒宣布退休後的第五年，即一八三一年，作為怡和洋行的接班人，伍秉鑒的兒子伍

受昌受了英國人的委託，請求朝廷允許英國商館在珠江邊搭建一個碼頭。沒想到的是，時任廣東巡撫在獲悉此事後勃然大怒，並表示要將伍受昌處死。伍受昌嚇得渾身哆嗦，當場就下跪磕頭求饒。當時在場的粵海關監督，平時收了伍家不少好處，也幫著一起求饒，伍受昌這才逃過一劫。

或許是在商海和政治的博弈中並不如意，兩年後，伍受昌不幸去世，死因不得而知。伍秉鑒在六十五歲這一年，飽經了喪子之痛，只得重新選用了自己的第五個兒子伍崇曜作為接班人。而他自己在宣布退休後，也仍然不得不經常為家族的生意站崗、撐腰。

在伍秉鑒、伍崇曜父子的經營開拓下，伍家的財富逐漸達到巔峰。在伍秉鑒被西方人稱為「天下第一大富翁」的一八三四年，伍秉鑒計算了他在國內的田地、房產、商鋪、錢莊、貨物和現金，以及在世界範圍內的投資後說，他擁有多達兩千六百多萬白銀的資產。作為對比，當時整個大清帝國一整年的財政收入，不過才四千萬兩白銀。

06

巔峰之後，即是漫長的下坡路。鴉片戰爭爆發在即，伍家的生意版圖日漸衰退。當時，與廣州十三行做生意的外國商人，夾帶大量鴉片入華售賣，這已經成了公開的祕密。在此情況下，由林則徐發起的虎門銷煙運動，即將拉開帷幕。

奉命到廣東查禁鴉片的欽差大臣林則徐，自然拿廣州十三行的行商代表、怡和洋行接班人伍崇曜開刀問責，並要求伍崇曜必須勒令洋商們交出鴉片進行銷毀。

但洋商們哪裡肯交？無奈之下，伍崇曜只得求爺爺告奶奶，讓洋商們交出一些鴉片做做樣子，加上自己又從洋商手裡買了一些，這才湊了一千零三十七箱鴉片上交給清廷，希望能結案了事。

林則徐勃然大怒，認為這是十三行的行商，與英國商人串通一氣欺詐朝廷。

一八三九年，林則徐下令將伍崇曜收捕入獄。同年，林則徐在廣東虎門強勢進行銷煙。經此變故，儘管伍崇曜隨後獲釋，但怡和洋行在洋商中的地位，從此一落千丈。

一年後，鴉片戰爭爆發，英國海軍封鎖了珠江口。一位美國商人記載道，在聽聞鴉片戰爭爆發後，已經七十二歲的伍秉鑒「嚇得癱倒在地」。戰爭過程中，伍崇曜曾代表清廷當局與英軍談判議和，從此伍氏父子被戴上「漢奸」的帽子。

隨著清廷的戰敗和《南京條約》的簽訂，廣州一口通商的壟斷地位被廢除。在英國人的要求下，清廷又新增了廈門、福州、寧波、上海作為通商口岸。五口通商局面的出現，加上《南京條約》取消了外商在華做生意必須經過十三行行商代理仲介的規定，各種壟斷特權的消失，使得伍秉鑒家族等十三行行商的壟斷貿易地位一去不返。

伍秉鑒家族，迅速走下神壇。就在《南京條約》簽訂後幾個月，一八四二年十二月，伍秉鑒在寫給他的美國朋友羅伯特・福布斯的信中說：「如果我現在是青年，我將認真地考慮乘船前往美國，在你附近的某處定居。」

這封信發出半年多後，七十五歲的伍秉鑒病逝，由他的家族建立和掌控的商業帝國，亦逐漸崩潰瓦解。

古人常說「富不過三代」，縱觀明清兩大巨富家族的興衰起落，不得不由衷得感慨一句：古人誠不我欺也！

五、富貴王公的日常——藝術與「有閒階級」

嘉靖二十九年（一五五〇年），大明宗藩鄭王府世子朱載堉剛滿十五歲（虛歲）。按祖上的規定，此時意氣風發的朱載堉，正是娶妻生娃的最佳時期。

然而，其父鄭王朱厚烷一度看不慣嘉靖帝嗑藥修仙求永生，犯顏直諫，惹得嘉靖帝震怒，為朱載堉擇選世子妃的大事也隨即泡了湯。

更悲劇的是，一向跟朱厚烷關係不好的宗親趁此機會，向嘉靖帝誣告其謀反。雖事後查無實據，但憤怒的嘉靖皇帝還是將這個讓自己不爽的王爺，發配回老朱家的「龍興之地」——鳳陽。而受父親影響，朱載堉也被革去了世子冠帶，以示懲戒。

按規定，親王、郡王獲罪禁錮高牆、閒宅，並不奪其封國，子孫仍需在封國王府內居住，只是暫時不能管理府內宗族大小事宜。因此，身為鄭王世子的朱載堉，仍舊必須居住在指定的王府內。

但一早便知父親無罪的朱載堉，一時氣不過，不惜違抗明朝宗室規定，卷起鋪蓋，搬到了王府外邊。他蓋起一座小土屋，住了進去，自號「狂生」，並發誓父親的冤案什麼時候平反，他什麼時候回家。

直到嘉靖的兒子明穆宗即位後，朝廷才下旨平反了鄭王冤案。至此，朱載堉已經「築土室宮門外，席槁獨處者十九年」。

01

在朱載堉賭氣離開王府之後，嘉靖皇帝順勢將鄭王府內大小事務交托他人，將離家出走的朱載堉徹底邊緣化。

投身草根階層的日子，朱載堉常常迫於生計，走市井，串集鎮，與販夫走卒為伍，同肩夫娼伶為伴。他慢慢看懂了過去從未有機會體驗過的世態炎涼。在其後來創作的《醒世詞》中，流露出這位落難王子的艱辛：「自己跌倒自己爬，指望人扶都是假。至親人說的是隔山話，虛情兒哄咱，假意兒待咱，還將冷眼觀。時下休誇，十年富貴，再看在誰家？」

嘉靖四十五年十二月（一五六七年一月），嗑藥修仙二十多年的嘉靖皇帝駕崩了。第二年，在鳳陽皇家監獄服了十八年無期徒刑的前鄭王朱厚烷終於獲釋，回到了闊別許久的王府。緊接著，遵守諾言的朱載堉也搬出自建房，返回王府居住。

按說，在外嘗遍辛苦的富貴公子，回家做的第一件事大致就是盡情揮霍，瀟灑度日。可朱載堉不是。這些年精研經史子集、結交三教朋友已是他生活的常態，回家等著繼承王位，反而讓他不自在。回到王府之後，他在《醒世詞》中寫道：「紙糊窗，竹做榻，掛一幅單條畫，種幾枝得意花，生前有一院，死後有一丘，足矣。」

與兒子的心態相近，復爵後的鄭王朱厚烷對這個無法擺脫的宗室身分——王爺，也無比討厭。但礙於現實，朱厚烷很難做出選擇。於是，年輕時便通曉音律的朱厚烷與兒子朱載堉一起，投身中國古典音樂事業。

彼時，中國人對於樂律的推算方式仍沿用先秦時期的著作《管子》中提及的「三分損益法」。所謂三分損益，即將樂律中固定的弦長分成三等份，以增加三分之一或減少三分之一弦長達到變音的效果。透過這種方式，在明朝以前，人們已經推算出樂律中的五聲音階——宮、商、角、徵、羽，並由此延伸至七聲音階中的變徵、變宮兩音。然而，當一段樂譜已經將五聲音階完美重現後，用「三分損益法」卻無法將樂曲進行精準昇華，也就是無法旋宮轉調，致使樂曲一直停留在音色不準的狀態。

為了達到旋宮轉調，朱載堉查閱了大量書籍。在與父親討論後，他認為，樂律運行的規律其實與「天道」有著莫大的聯繫，甚至可以說樂律本身就是天地自然在音樂當中的反映：「蓋十二律黃鐘為始，應鐘為終，終而復始，迴圈無端，此自然真理，猶貞後元生，坤盡復來也。」

因此，有所頓悟的朱載堉決定按自己的思維演奏樂曲。在傳統樂律的基礎上，他將一個「八度」平均分成十二等份，每等份稱為「半音」，並規定任意相鄰的半音為相同的音程，可組成一個「閉圈」，完成返宮，使音樂聽起來更協奏。這就是現代音律界通用的「十二平均律」，也稱為「新法密率」。十二平均律的發現，不僅解決了中國兩千多年來音樂界的轉音難題，更影響了後世歐洲古典音樂的發展。

融會貫通後，朱載堉知道，「天運無端，惟數可測其機」。既然透過推演數學，可得出相應的概率，預測天機，那麼，與天理相通的音律，同理也與數學相通。為了驗證自己的理論，朱載堉發明了一種橫跨八十一檔的特大算盤，進行開平方、開立方根的計算，提出了「異徑管說」。以此為據，他又設計並製造出用於定音調音的弦準和律管。正如朱載堉自己所說：「此蓋二千餘年之所未有，自我聖朝始也，學者宜盡心焉。」

為了將這套在世界音樂界和數學界皆具有劃時代意義的理論傳承下去，他嘔心瀝血，花了整整十四年時間，完成了體量巨大的《樂律全書》。

由於中國古代普遍認為樂律與曆法相通，因此，有了「十二平均律」理論體系加持的朱載堉隨即又投身天文曆法的研究。以明代首都北京為藍本，他經過仔細的觀測和計算，最終求出了計算回歸年長度值的公式，並獲得了明代北京城的大致方位座標。

一九八六年，當專家們用現代高科技的測量手段對朱載堉關於一五五四年和一五八一年這兩年的計算結果進行驗證時，他們驚訝地發現，朱載堉的測算結果與今天的精密測算幾乎相同。朱載堉因此被公認為中國歷史上第一個精確計算出北京地理座標（北緯 39° 56'，東經 116° 20'）的人。

02

萬曆十九年（一五九一年），父親朱厚烷去世，但此時年近花甲的朱載堉卻有過不當王爺的想法，一度以身體「微恙」固辭襲爵。

兩年後，朱載堉正式遞交請求出爵讓國的奏疏。

一時間，朝廷內外掀起軒然大波。但這讓萬曆皇帝頗感頭疼，因為當年《皇明祖訓》只規定了爵位、皇位繼承制度，卻從來沒有一條法則提及「讓國出爵」的具體處置辦法。辭爵讓國，大明開國兩百多年來，還是破天荒頭一回。因此，直到十二年後，朱載堉在萬曆三十三年（一六〇五年）第七次上奏後，萬曆才被這位宗伯的誠意所打動，准許朱載堉辭爵。

在這份奏疏中，朱載堉提到：「臣今年七十，衰病之人，死在旦夕，亦抱遺憾之地下。乞令載璽為盟津王，代臣管理府事……從公改正，以成臣忠。」

萬曆在准允其讓爵之後，也要求有司從優安排朱載堉一支宗室子弟日後的生活，允許朱載堉終身使用鄭王世子頭銜，並為其敕建「讓國高風玉音」牌坊。朱載堉如願以償，從此擺脫了宗族身分的束縛。

人生的最後幾年，離府的朱載堉自稱道人，舉家遷至九峰山下，造一精舍，名「東復卜園」，過起了與陶淵明「采菊東籬下」相類似的田園生活。在那裡，種桑樹、養豬、修竹剪花成了鄭王世子的庶務。人們也能常常見到這位高風亮節的王子，與三五好友一起，吹管、彈琴、擊缶，唱歌和之，儼然隱居山林的世外高人。這種隨心所欲的日子，持續了六年左右，直到朱載堉七十六歲病逝。

縱觀朱載堉一生，天文、歷數、樂律等無所不通，堪稱大明宗室全才。後來，他的《樂律全書》還漂洋過海，指導了歐洲音樂史上的偉大革新。參照《樂律全書》，義大利人克里斯多夫・李於一七一〇年前後在佛羅倫斯製造了世界上第一臺鋼琴，英文中的Piano，即義大利語「Piano e forte」的縮寫，意為弱和強。這種強弱柔剛意識，唯在中國古代道家學說中有所體現。英國歷史學家李約瑟曾言，朱載堉的十二平均律比歐洲人提前了數十年，現代樂器的製造都是用

十二平均律來定音的，王子朱載堉享譽歐洲。

03

朱載堉死後大約一百年，清朝也出了個有意思的王公貴族。他跟朱載堉一樣，也是搞藝術的，不過，用今天的話來說，他搞的是行為藝術。

此人名叫愛新覺羅・弘晝，是雍正帝的第五子，乾隆帝弘曆的弟弟。

雍正皇帝的十個兒子中，長大成人的只有弘時、弘曆、弘晝、弘瞻等四個皇子。在這四位阿哥中，三阿哥弘時與雍正關係不睦，早在弘曆即位前幾年就去世了。而弘瞻在弘曆登基之時，年僅三歲，還養在圓明

園中，對外面的世界知之甚少。弘曆即位時，只有弘晝感受到兄弟關係的微妙變化。

乾隆即位以前，弘曆和弘晝兩人都是雍正皇帝的庶子，從小一起讀書，一起練習騎射，也一起闖過禍，一起逃過課。除了頂著皇子的頭銜外，與平常人家子弟並無不同。就連乾隆皇帝晚年回憶起這段學習經歷時，也曾說：

予與王幼同學同課，習為詩古文詞。當是時侍奉皇考膝下，優遊書府，日寢饋於經史文字中，世綱塵務，毫髮不以嬰其心。吾兩人者，相規以善，交相勉勵，相得無間，如是者垂二十年，天倫之樂無過於是。

在雍正所遺四子中，弘時被削爵病死，弘瞻年紀還小，有資格繼承皇位的便只有弘曆、弘晝兩兄弟。而弘曆有著被康熙帝召到身邊陪伴其度過晚年的傳奇經歷，所有人都認為，這相當於中了頭獎，下一任皇帝不是弘曆還有誰？

可弘晝從不這樣認為。

《清世宗實錄》記載，雍正十一年（一七三三年），皇帝下詔：「皇四子弘曆、皇五子弘晝，年歲俱已二十外，著封親王，所有一切典禮著照例舉行。」他們兄弟二人的待遇，一直都是一樣的，沒有差別。因此，對於四哥弘曆的即位稱帝，弘晝思想上從來都無法接受。驟然間的地位落差，使得原本親密無間的兩兄弟，最後形成了一種比兄弟鬩牆還難受的「兄弟冷戰」。

04

據《嘯亭雜錄》記載，弘晝在某次上朝議事時，因意見不和，當著乾隆的面把反對他的軍機大臣訥親給揍得鼻青臉腫，場面相當尷尬。

弘晝這波操作著實有點不給哥哥面子了，如果換成其他皇帝，要治他個「大不敬」之罪也在意料之中。可乾隆皇帝坐在大殿上，一句話也不說，事後也沒對弘晝作出任何的處罰，導致滿朝大臣都不敢輕易再惹這位皇帝的好兄弟了。

其實，從乾隆的角度來看，這大致就是親情與皇權孰重孰輕的問題了。

為了安撫弟弟，乾隆將以前雍親王府的舊物盡數賞給了弘晝，希望用這些充滿他們舊日兄弟孝悌記憶的物件，喚醒弘晝的內心，減輕他心中的不平衡感。但弟弟在朝堂上公開打了人，也不能就這麼算了，得找個時機好好敲打一下。

很快，在弘晝授命監督八旗子弟考試時，乾隆找到了合適的時機。

當時，時近中午，擔心哥哥身體的弘晝請乾隆先行離開前去進膳，這裡有自己看著就行了，乾隆沒有同意。不承想，弘晝突然來了句：「皇上四哥，你是擔心我買通這些考生，擾亂考場秩序嗎？」

一瞬間，乾隆愣在那裡了，自己上次縱容的弟弟，這次又重蹈覆轍了。乾隆沒有當場回答他，但第二天弘晝進宮請安時，乾隆毫不客氣地發出了嚴重警告：「使昨答一語，汝齏粉矣！」意思是，你昨天開的玩笑大逆不道，如果我當時回答你，讓你解釋清楚那句話是什麼意思，恐怕你已經死無葬身之地了。

弘晝此刻才明白什麼叫「自古帝王多任情喜怒」。哪怕是親兄弟，萬一惹對方不高興了，殺掉你就跟碾死一隻螞蟻這般簡單。

此後的日子裡，在弘晝受封的和親王府邸內，時常上演著這樣一幕行為藝術：「王自高坐庭際，像停棺式，命護衛作供飯哭泣禮儀，王乃岸然飲啖以為樂。」

什麼意思呢？就是沒事在家擺設祭壇，辦喪事。完事後，再把供桌上的供品全部吃掉，以此取樂。在這個過程中，誰要是哭得最大聲，就代表最愛自己，可獲得贈賞。

當時人們多傳統迷信，覺得此事不吉利，容易導致弘晝短壽。但和親王弘晝就想要這個效果。給自己辦完喪事，他逢人便說：「人不可能長青，你不說死，怕說死，最後也難逃一死。」

為了消磨餘生，除了辦喪事外，弘晝還喜歡指導梨園班子唱戲。

據說，他極擅長使用經典歷史橋段為藍本創作劇本。在指導伶人唱昆曲時，還要求演員注重腔調的轉換，唱一段昆曲，轉一次弋腔。兩種腔調的結合，使他王府內的戲班子唱曲功夫冠絕北京城，相鄰各王府競相效仿。

對此，乾隆皇帝並沒有過多干預。畢竟這些古怪的自娛自樂，與他急需收攏的皇權半毛錢關係也沒有。再說，如果這樣能讓弘晝的心裡好過些，又有何不可呢？

但其實，弘晝心裡並不好受。

這種醉生夢死日復一日的生活，摧毀的不過是他的精神。身為皇室貴胄，天子最寵愛的弟弟，弘晝不缺錢。每天錦衣玉食的生活及乾隆時不時的關心，弘晝想死也死不了。他曾留下一首《金樽吟》，描述自己的生活狀態及心態：

世事無常耽金樽，杯杯臺郎醉紅塵。人生難得一知己，推杯換盞話古今。

乾隆三十五年（一七七〇年），在苦悶和壓抑之中，假裝瘋瘋癲癲的弘晝最終鬱鬱而亡，享年六十歲。

人生而不自由，富貴如王公貴族，也沒有例外。或許，天地之間，冥冥中另有牢籠吧。

古人生存手冊：上班摸魚？入贅相親？請客套路？透過古人的生活瑣事，體驗古代生活的百種滋味！

作　　者　艾公子

發 行 人　林敬彬
主　　編　楊安瑜
編　　輯　林佳伶
封面設計　高郁雯
內頁編排　方皓承
行銷經理　林子揚
編輯協力　陳于雯、高家宏

出　　版　大旗出版社
發　　行　大都會文化事業有限公司
11051 台北市信義區基隆路一段 432 號 4 樓之 9
讀者服務專線：（02）27235216
讀者服務傳真：（02）27235220
電子郵件信箱：metro@ms21.hinet.net
網　　　址：www.metrobook.com.tw

郵政劃撥　14050529 大都會文化事業有限公司
出版日期　2024 年 07 月初版一刷
定　　價　480 元
I S B N　978-626-7284-61-2
書　　號　History-165

Banner Publishing, a division of Metropolitan Culture Enterprise Co., Ltd.
4F-9, Double Hero Bldg., 432, Keelung Rd., Sec. 1,Taipei 11051, Taiwan
Tel:+886-2-2723-5216　Fax:+886-2-2723-5220
E-mail:metro@ms21.hinet.net
Web-site:www.metrobook.com.tw

◎本書由北京記憶坊文化信息諮詢有限公司經四川一覽文化傳播廣告有限公司授權繁體字版之出版發行。
◎本書如有缺頁、破損、裝訂錯誤，請寄回本公司更換。

國家圖書館出版品預行編目（CIP）資料

古人生存手冊：上班摸魚？入贅相親？請客套路？透過古人的生活瑣事，體驗古代生活的百種滋味！/ 艾公子　著 . -- 初版 -- 臺北市：大旗出版：大都會文化發行 ,2024.07；352 面；17×23 公分 . -- (History-165)
ISBN 978-626-7284-61-2 (平裝)

1. 社會生活 2. 生活史 3. 中國史

630　113008042